Verfassungsrecht konkret

Verfassungsrecht konkret

Staatsorganisationsrecht

Ein Lehrbuch

von

Dr. Andreas Fisahn
Professor für Öffentliches Recht, Umwelt- und Technikrecht,
Rechtstheorie an der Universität Bielefeld

BWV • BERLINER WISSENSCHAFTS-VERLAG

Bibliografische Information der Deutschen Nationalbibliothek

Die Deutsche Nationalbibliothek verzeichnet diese Publikation in der Deutschen Nationalbibliografie; detaillierte bibliografische Daten sind im Internet über http://dnb.d-nb.de abrufbar.

ISBN 978-3-8305-3072-5

Vorwort

„Verfassungsrecht konkret – Die Grundrechte“ ist inzwischen in der zweiten Auflage erschienen und findet nicht nur Zuspruch, der sich an den Verkaufszahlen ablesen lässt. Insbesondere die Studierenden finden das Konzept überzeugend – das Wichtige kurz und knackig dargestellt, ohne dabei auf kritische Fragestellung an die berühmte h. M., die sich in unverblümter Offenheit selbst als herrschend bezeichnende Meinung, zu verzichten. Im Vorwort zum Grundrechte Lehrbuch heißt es:

„Deswegen wollen wir mit „Verfassungsrecht konkret“ einen neuen Weg beschreiten: Die unverzichtbaren Grundelemente der Rechtsmaterie werden optisch besonders hervorgehoben und können so schnell erfasst und angeeignet werden. Die so hervorgehobenen Textteile sollen eine rasche und effiziente Prüfungsvorbereitung ermöglichen.

Wer sich gründlicher über die Herkunft bestimmter Regelungen, über aktuelle Konfliktfälle sowie die höchstrichterliche Rechtsprechung hierzu informieren will, soll durch den (kleiner gedruckten) „Hintergrundtext“ auf seine Kosten kommen. Wir haben uns bemüht, gegenwärtige Entwicklungen in Gesetzgebung, Rechtsprechung und Lehre mit der gebotenen wissenschaftlich-kritischen Distanz darzustellen. Fixpunkte der Orientierung sind dabei die Errungenschaften der europäischen Aufklärung und des Humanismus, die auch unter den politischen und ökonomischen Herausforderungen der Gegenwart nicht preisgegeben werden dürfen.“

Das gilt uneingeschränkt auch für dieses Lehrbuch zum Staatsorganisationsrecht. Marcel Raschke hat sich insbesondere um die schulmäßigen Lösungsskizzen für die Beispielsfälle und um das Kapitel Justiz verdient gemacht. Dank geht auch an meine übrigen Mitarbeiter, die ebenfalls ihr Scherflein beigetragen haben.

Bielefeld im Januar 2012 Andreas Fisahn

Inhaltsverzeichnis

A. Institutionen der Bundesrepublik

I. Staat und Verfassung

1. Begriff des Staates:

Da das Staatsorganisationsrecht die Organisationsprinzipien des Staates Bundesrepublik Deutschland betrifft, stellt sich zunächst die Frage, was ein Staat denn ist. Verbreitet in der juristischen Diskussion ist der klassische – eigentlich für das Völkerrecht relevante – Staatsbegriff von **Georg Jellinek**. Der Staat lässt sich danach durch drei Elemente (Drei Elementen Lehre) charakterisieren, nämlich die Staatsgewalt (mit Gewaltmonopol), das Staatsvolk (Bevölkerung) und ein Territorium, über das sich der Staat erstreckt. Der Jurist **Hans Kelsen** formuliert dagegen schlicht: „Der Staat ist eine Rechtsordnung." Die Philosophie hebt wiederum andere Aspekte hervor. Nach **Immanuel Kant** ist der Staat „die Vereinigung einer Menge von Menschen unter Rechtsgesetzen." **Georg Friedrich Hegel** grenzt den Staat von der bürgerlichen Gesellschaft folgendermaßen ab: „Gegen die Sphären des Privatrechts und Privatwohls, der Familie und der bürgerlichen Gesellschaft, ist der Staat einerseits eine äußerliche Notwendigkeit und ihre höhere Macht, ... aber andererseits ist er ihr immanenter Zweck und hat seine Stärke in der Einheit seines allgemeinen Endzwecks..." Abschließend die Definition des Soziologen **Max Webers**: „Staat soll ein politischer Anstaltsbetrieb heißen, wenn und insoweit sein Verwaltungsstab erfolgreich das Monopol legitimen physischen Zwangs für die Durchführung der Ordnung in Anspruch nimmt."

Die erörterten Staatsbegriffe leiden darunter, dass sie den Staat meist aus einer einzigen Perspektive zu erfassen suchen. Wie problematisch diese Definitionsversuche sind, lässt sich zeigen, wenn man versucht zu klären, ob die **EU ein Staat** ist. Mit Ausnahme der Definition Webers lässt sich die EU unproblematisch unter die Staatsbegriffe subsumieren. Auch die Definition Webers widerspricht allerdings nicht der Bestimmung, weil das Gewaltmonopol keineswegs zentralisiert sein muss, wie man in föderalen Staaten leicht erkennen kann.

Die Abgrenzung des Staates, des Öffentlichen vom Privaten kennzeichnet die Einteilung der verschiedenen Rechtsgebiete:

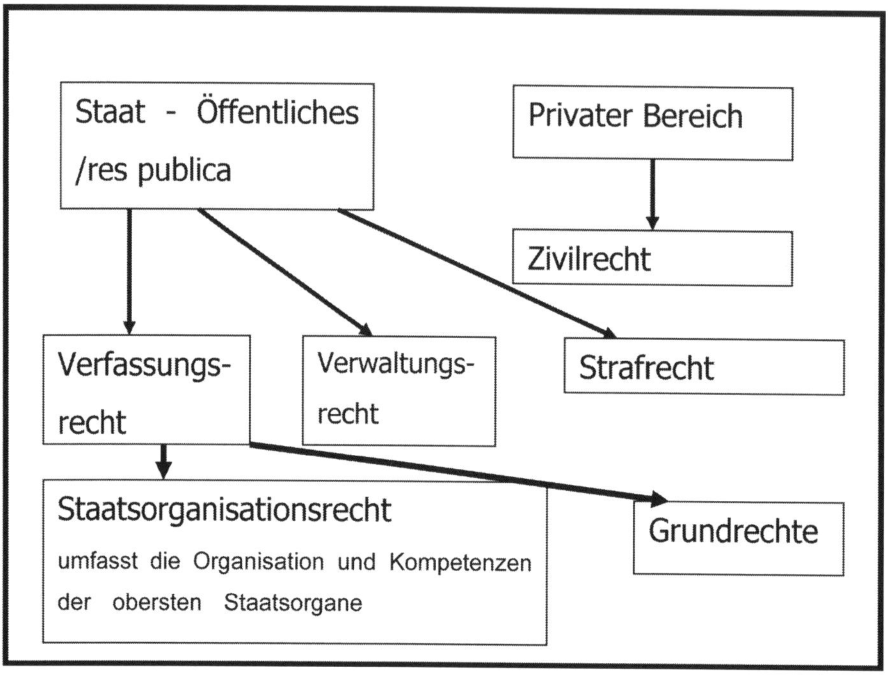

Das BVerfG bezeichnet die EU in der Lissabon Entscheidung gleichwohl als Staatenverbund, weil ihr die **Kompetenz-Kompetenz** fehle, also die Möglichkeit, die eigenen Kompetenzen selbst zu bestimmen (E 123, 267/ 349). Kompetenz-Kompetenz haben in der Bundesrepublik aber weder Bund noch Länder, die nur im Zusammenwirken ihre Kompetenzen neu ordnen können. Problematischer ist, dass die EU keine Steuerhoheit hat, was ein typisches Merkmal des modernen Staat ist.

So scheint es erforderlich, den Staatsbegriff etwas komplexer zu fassen und zumindest folgende Elemente einzustellen:

- Der Staat ist ein **Ensemble von Strukturen und Institutionen** mit unterschiedlichen aufeinander abgestimmten Kompetenzen, Aufgaben und Funktionen.
- Der Staat ist faktisch in der Lage, **finanzielle Ressourcen** jenseits eigener wirtschaftlicher Tätigkeiten zu erschließen.
- Zum Staat gehört eine gewisse institutionelle **Zentralisation von Macht**- oder **Zwangsmitteln**.
- Der moderne Staat ist gekennzeichnet durch die **bürokratische arbeitsteilige Organisation** seiner Institutionen,
- die regelmäßig auf **gesetztes Recht** gestützt ist und
- über die Mechanismen administrative Macht, Geld und rechtliche Regeln auf die Gesellschaft einwirkt.

- Der Staat wird konstituiert über das Wieder- oder **Anerkennen** der Institutionen als staatliche Institutionen und ihre Re-Produktion durch das Handeln der Bürger; nur wenn die Bürger mehrheitlich Gesetze befolgen und die Autorität des Staates anerkennen, kann dieser funktionieren – davon zeugen die failed states, Staaten, die deshalb gescheitert sind, weil sie von den Bürgern nicht als Staat anerkannt werden, sondern z. B. als eine Terrorbande neben anderen.
- Die verschiedenen Institutionen sind von unterschiedlichen **Kräfteparallelogrammen**, welche die unterschiedlichen gesellschaftlichen Kräfte nicht repräsentativ abbilden, durchzogen und sind gleichzeitig Elemente des Kräfteparallelogramms im staatlichen Feld.

Staaten sind beispielsweise die Bundesrepublik Deutschland, Frankreich, China usw. – das ist unproblematisch. Als Staat gelten aber auch der Vatikan und – wichtig – **die Bundesländer**.

Staaten konstituieren sich durch ihre Verfassungen, die ihnen eine (Staats)-Form geben. Die von **Aristoteles** begründete klassische Lehre, die bis ins 19. Jahrhundert vorherrschte, kennt drei **Staatsformen**, die jeweils eine gute Seite haben und eine degenerierte, pervertierte Form annehmen können. **Staatsformen** sind danach die **Monarchie** als Herrschaft eines Einzelnen, degeneriert wird sie zur **Tyrannis**. Heute unterscheiden wir **absolute Monarchie**, ohne Beschränkung der Befugnisse des Herrschers, die **konstitutionelle Monarchie**, mit verfassungsrechtlichen Grenzen der Macht und die **parlamentarische Monarchie**, wie sie beispielsweise Großbritannien kennt, wo der Monarch nur noch repräsentatives Staatsoberhaupt ist. Weiter kennt die klassische Lehre die **Aristokratie** als Herrschaft von wenigen Auserwählten oder der Besten, degeneriert sei sie eine Oligarchie. Nach heutigem Verständnis haben sich die Begriffe angenähert, weil auch die „gute Seite" als illegitim gewertet wird und vom GG ausgeschlossen wird. Dafür gibt es ein differenziertes Bild der **Tyrannis**, so lässt sich etwa eine **autoritäre Diktatur** (Griechenland in den 1970ern) von **faschistischen Staaten** (Deutschland, Italien) unterscheiden, die sich auf eine Massenbewegung stützen können. Aristoteles kannte als dritte Staatsform die **Republik**, worunter er die Herrschaft aller Bürger verstand, die pervertierte Form nannte er **Demokratie**. Beide Begriffe haben heute einen vollständigen Bedeutungswandel erfahren. Die Demokratie gilt als einzig legitime Staatsform und wird meist mit der Republik, die als Staat ohne Monarch verstanden wird, zusammen gezogen, zur demokratischen Republik. Innerhalb der Demokratie unterscheidet man die **parlamentarische Demokratie**, bei der die Gesetzgebungsbefugnisse ausschließlich beim gewählten Parlament liegen, was weitgehend identisch ist mit der **repräsentativen Demokratie**, da die Repräsentation über das Parlament erfolgt. Anders steht es um die **direkte Demokratie**, die durch Formen der Volksgesetzgebung zu kennzeichnen ist. Diese kennt die BRD nicht auf Bundesebene, wohl aber in den Ländern und Kommunen. Eine Form der Demokratie ist auch die **Rätedemokratie**, die meist als spontane Organisationsform in Revolutionen entsteht, etwa in der deutschen Revolution 1918. Die Rätedemokratie ist auch eine repräsentative Demokratie, die Repräsentanten werden aber im Delegationsverfahren von unteren Gliederungen in die höheren geschickt. Die bundesdeutschen Parteien sind mehr oder weniger nach rätedemokratischen Prinzipien organisiert. Die Weimarer Republik oder die USA und Frankreich werden als **Präsidialdemokratie** bezeichnet, weil der direkt gewählte Präsident eine ebenso bedeutende Rolle wie das gewählte Parlament im politischen Entscheidungs- und Gesetzgebungsprozess spielt.

2. Der Begriff der Verfassung

Verfassungen haben den Charakter einer grundlegenden **Konvention**, die – regelmäßig erschwert reversibel – festlegt, wie eine Gesellschaft auf sich selbst einwirken und nach welchen **Regeln** sie **soziale Auseinandersetzungen** und politische Konflikte austragen will und mit welchen grundlegenden Rechten die Mitglieder der Gesellschaft ausgestattet sind. Verfassungen sind zu begreifen als der grundlegende Gesellschaftsvertrag, über den ein Kompromiss pluraler kollektiver Interessen besteht, der Aufgaben und Kompetenzen staatlicher Organe bestimmt und der **individuelle Rechte** auf Mitwirkung (Demokratie) und persönliche **Freiräume** (Grundrechte) normiert.

Wolfgang Abendroth verstand die Verfassung als **Klassenkompromiss**, als Waffenstillstandslinie in den Klassenauseinandersetzungen, auf den sich die antagonistischen Gruppen einigen konnten. Diese Einigung beinhaltet die Verpflichtung, die sozialen Kämpfe und Auseinandersetzungen auf der Grundlage der vereinbarten Regeln, d. h. auf zivilem, friedlichem Wege auszutragen. Aus dem Kompromisscharakter folgt weiter, dass Gestaltungsmöglichkeiten für die zukünftige Entwicklung offen gehalten werden. Zu dieser Offenheit gehört etwa die **wirtschaftspolitische Neutralität** (So die Rspr. des BVerfG, vgl. E 50, 290) des Grundgesetzes.

Verfassungen existieren auf der Ebene der Bundesländer, der Bundesrepublik aber auch der Europäischen Gemeinschaft.

Das Grundgesetz ist gekennzeichnet durch eine teilweise Kontinuität und teilweise durch einen Bruch mit historischen Verfassungen Deutschlands. Der erste Verfassungsentwurf für Deutschland, der also mehr umfasste als Verfassungen für die deutschen Kleinstaaten entstand in der Revolution **1848**, bekannt als **Paulskirchenverfassung**. Geplant als konstitutionelle Monarchie scheiterte er am Widerstand der konservativ-monarchischen Kräfte, die sich schließlich durchsetzten und mit der Demokratie auch die nationale Einheit Deutschlands fürs Erste von der Agenda nahmen. Die Einheit entstand dann als Einheit von oben, durchgesetzt von Bismarck nach dem Krieg gegen Frankreich 1871. Die **Verfassung von 1871** war als konstitutionelle Monarchie angelegt, sah zwar das allgemeine und gleiche Wahlrecht vor, während in Preußen noch das Dreiklassenwahlrecht galt, die Exekutive wurde aber nicht vom Parlament, sondern vom König eingesetzt. Bismarck hatte sich eine Verfassung auf den Leib geschrieben. Eine Präsidialdemokratie entstand mit der **Weimarer Reichsverfassung** als Ergebnis der Revolution von 1918. Neben dem Reichstag, der in allgemeinen, gleichen Wahlen gewählt wurde, und die Reichsregierung wählte, gab es einen direkt gewählten Präsidenten. Dessen Machtfülle – am Ende der Republik regierte der Präsident durch **Notverordnungen** – war ein Konstruktionsfehler der Weimarer Verfassung, der aber nicht der Grund für das Scheitern der Republik war, sondern die Tatsache, dass insbesondere die herrschende Elite in Wirtschaft und Militär antidemokratisch blieb.

Nach dem zweiten Weltkrieg entstand das GG. Grundlage waren ein Verfassungsentwurf des **Herrenchiemseer Konvents** von 1948, der von den Ministerpräsidenten der Bundesländer eingesetzt worden war und im wesentlichen aus Verfassungsjuristen bestand. Ihm folgte ein überarbeiteter Entwurfs des **Parlamentarischen Rates**, dem 70 Abgeordnete angehörten, die von den jeweiligen Landesparlamenten gewählt worden waren. Das Grundgesetz trat am 24.05.1949 in Kraft, nachdem die Länderparlamente es angenommen und die Alliierten zugestimmt hatten. Seit dem 03.10.1990 gilt das GG auch in den neuen Bundesländern, die aus dem ehemaligen Gebiet der DDR bestehen. Die **Vereinigung** mit der **DDR** erfolgte nicht nach dem eigentlich dafür vorgesehenen Art. 146 GG. Das GG war als vorläufige Verfassung bis zur Wiedervereinigung angelegt, in deren Fall sich das gesamte deutsche Volk eine neue Verfassung geben sollte. Die DDR trat dagegen nach Art. 23 der Bundesrepublik bei, wodurch die Regierung Kohl eine Verfassungsdiskussion und eine Volksabstimmung über die deutsche Verfassung umgehen wollte.

Der Staatsaufbau der Bundesrepublik im Überblick

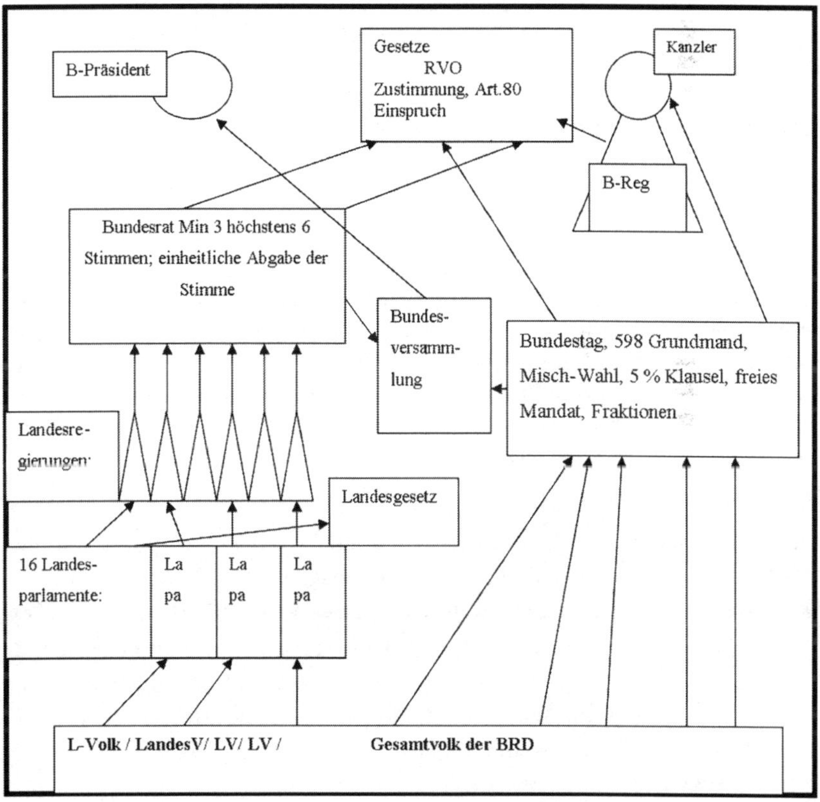

II. Bundestag, Bundesrat und die Parteien

1. Wahl des Bundestages

a) Bedeutung des Bundestages

Der Bundestag ist das gesetzgebende Organ, die **Legislative**, auf Bundesebene. Er ist das Charakteristikum der **parlamentarischen, repräsentativen Demokratie**. Das Volk wählt Vertreter, also seine Repräsentanten in den Bundestag, der die wesentlichen politischen Entscheidungen beraten (Art. 76, 93 II, 115 d II GG) und beschließen soll.

Wenn das GG dem Bundestag auch die Aufgabe der Beratung zuweist, hat es keine dezisionistische Vorstellung der Gesetzgebung. Es geht nicht um Entscheidungen, sondern um die Diskussion von Vorschlägen, über die auf die Gesellschaft eingewirkt wird, diese gesteuert wird. Die Parlamente haben ihren Namen aus dem im Französischen und Italienischen gleichen Wortstamm parler, oder parlare, was eben reden oder sprechen bedeutet. Über die **Beratung** sollen Interessen ausgeglichen, unterschiedliche Gesichtspunkte zum Vorschein kommen und am Ende eine für das Allgemeinwohl gute und **vernünftige Entscheidung** getroffen werden. Die Beratung des Bundestages findet selten im Plenum, also in den Bundestagsreden statt, diese werden für die Öffentlichkeit gehalten. Beraten wird vor allem in den Ausschüssen, in die die Abgeordneten meist aber auch mit einer vorbestimmten Parteimeinung, von der sie nur selten abrücken, gehen. Das heißt, die eigentliche Beratung und Willensbildung findet im Wesentlichen in den Parteien und Fraktionen statt, anschließend werden im Parlament allenfalls Kompromisslinien gesucht.

Ob die Entscheidungen des Bundestages diesen Anspruch einlösen können, ist eine andere Frage. Selbstverständlich sind politische Entscheidungen in einer sozial tief gespaltenen Gesellschaft immer auch eine **Machtfrage**, eine Frage, wessen soziale Interessen sich durchsetzen, wer über eine bessere Lobby oder Druckmittel verfügt, um seine Interessen durchzusetzen. Die Atomindustrie beispielsweise hat die Gesellschaft mehr oder weniger in Geiselhaft genommen und setzt ihre Interessen immer wieder auch gegen politische Mehrheiten durch. Von diesem Idealbild weicht die Verfassungswirklichkeit in vielen Fällen auch deshalb ab, weil es immer auch um Machterhalt der Regierung, Partei und um die Stellung des Abgeordneten geht und weil die einzelnen Abgeordneten oftmals schlichtweg überfordert sind.

Die Funktion der Beratung weist schon darauf hin, dass der Bundestag gesellschaftliche Entwicklungen nicht nur über Gesetze steuert. Er übernimmt als Volksvertretung verschiedene Steuerungsfunktionen, nämlich: Die **Gesetzgebung**, d. h. der Bundestag verfügt über das Steuerungsmedium Recht; beim **Budgetrecht**, d. h. der Verabschiedung des Haushaltes, setzt er das Steuerungsmedium Geld ein, mit der Wahl und Kontrolle der Bundesregierung verfügt der Bundestag auch über das **Steuerungsmedium Macht** – oder sollte zumindest darüber verfügen.

b) Prinzipien der Wahl

Der Bundestag wird alle vier Jahre vom Volk gewählt. Die Legislaturperiode beträgt, das bestimmt Art. 39, vier Jahre. Für das Wahlrecht ist Art. 38 und das Bundeswahlgesetz zentral.

Wahlberechtigt ist gemäß Art. 38 II, wer das 18. Lebensjahr vollendet hat; diese Person besitzt das **aktive Wahlrecht**, darf also wählen gehen. Wählbar ist, wer das Alter erreicht hat, mit dem die Volljährigkeit eintritt, was auch mit 18 Jahren der Fall ist. Mit dem aktiven hat man also auch das **passive Wahlrecht**, kann also Abgeordneter im Deutschen Bundestag werden, sofern man gewählt wird.

Die Abgeordneten des Deutschen Bundestages werden gemäß Art. 38 I in allgemeiner, unmittelbarer, freier, gleicher und geheimer Wahl gewählt. Sie sind Vertreter des ganzen Volkes, an Aufträge und Weisungen nicht gebunden und nur ihrem Gewissen unterworfen. Die Wahlgrundsätze sind die zentralen verfassungsrechtlichen Bestimmungen für die Ausgestaltung des Wahlrechts.

Die Wahlrechtsgrundsätze sind – mit Ausnahme der unmittelbaren Wahl – essenziell für die Organisation der politischen Demokratie. Sie sollen die Chance garantieren, dass sich eine Opposition in der Gesellschaft bilden und organisieren kann, dass sie eine eigene Willensbildung vornimmt und auf die Willensbildung in der Gesellschaft einwirkt. Das ist gemäß Art. 21, der immer neben den Wahlrechtsgrundsätzen zu lesen ist, auch nach dem Willen des GG die Aufgabe der Parteien. Die freie, gleiche und geheime Wahl soll es schließlich ermöglichen, dass gesellschaftliche Strömungen, die sich parteipolitisch organisiert haben, im Gesetzgebungsorgan des Bundes repräsentiert werden. Mit der Entstehung von Bündnis 90/Die Grünen und der LINKEN wurde demonstriert, dass das Wahlsystem der Bundesrepublik das entstehen neuer politischer Parteien ermöglicht, wenn auch die 5 % Klausel (siehe unten) hohe Hürden errichtet.

Allgemeine Wahl heißt, dass die gesamte Bevölkerung, nicht nur einzelne Gruppen, wahlberechtigt ist – eine Ausnahme ist in Art. 38 II geregelt – Kinder und Jugendliche sind nicht wahlberechtigt. **Unmittelbare Wahl** bedeutet, dass nicht Wahlmänner gewählt werden (wie z. B. in den USA), sondern die abgegebenen Stimmen direkt über die Zusammensetzung des Bundestages entscheiden. Das Prinzip der **geheimen Wahl** besagt, dass niemand – faktisch oder rechtlich – offenbaren muss, wen er gewählt hat. Es sind Vorkehrungen zu treffen, das die Entscheidung geheim bleiben kann (Wahlkabinen). Die **freie Wahl** soll garantieren, dass niemand dazu gezwungen wird, eine bestimmte Partei zu wählen. Außerdem ist die Gründung einer Partei frei und sie sind zu den Wahlen zuzulassen.

Welche Voraussetzungen erfüllt sein müssen, damit eine Vereinigung als Partei anerkannt wird, regelt das ParteiG, was unten näher erläutert wird.

Das schwierigste Prinzip ist die **Gleichheit der Wahl**. Abstrakt besagt es, dass die Parteien die gleiche Chance haben müssen, Stimmen zu erringen, d. h. es sind (zusammen mit der freien Wahl) Behinderungen und rechtliche Diskriminierungen von Parteien verboten.

Das heißt zunächst: Es gibt kein **Zensuswahlrecht**, sondern jede Stimme hat den gleichen Wert. Ein Zensuswahlrecht gab es in Deutschland in Form des Dreiklassenwahlrechts in Preußen zwischen 1848 und 1918. Die Gleichheit der Wahl hat auch Einfluss auf die Regelung der Parteienwerbung im öffentlichen Rundfunk. Parteien muss grds. in gleicher Weise Sendezeit zur Verfügung gestellt werden, allerdings kann aufgrund der Größe und Bedeutung der Partei differenziert werden. Die Parteien bekommen entsprechend ihrer Wählerstimmen Werbezeit – was selbstverständlich die etablierten Parteien bevorzugt, gleichzeitig aber dafür sorgt, dass die relevanten Parteien die Möglichkeit haben, ihre Programmatik darzustellen. Man kann darüber streiten, ob die Gleichheit hier gewahrt bleibt, weil Ungleiches auch ungleich behandelt wird (dann ist die Größe und Relevanz Gleichheitsmaßstab) oder ob der Gleichheitssatz gerechtfertigt durchbrochen wird (dann ist die Relevanz Rechtfertigungsprinzip, während bei der Bildung der Vergleichsgruppe (siehe Art. 3) nur auf das Kriterium Partei abgestellt wird).

Zum Prinzip der Wahlgleichheit gehört die Unterscheidung zwischen dem Zähl- und Erfolgswert der Stimme. Das Gleichheitsgebot gilt für beide. Mit **Zählwert** ist gemeint: beim Auszählen hat jede abgegebene Stimme das gleiche Gewicht. Die Gleichheit des **Erfolgswertes** garantiert, dass jede Stimme für das Ergebnis, die Zusammensetzung des Bundestags die gleiche Bedeutung hat. Offensichtlich stellt die im Wahlgesetz vorgesehene **5 % Klausel** dann ein Problem dar. Denn die Stimmen für Parteien, die keine 5 % erringen, haben nicht den gleichen Erfolgswert, wie Stimmen für die größeren Parteien, sie fallen bei der Feststellung der Zusammensetzung des Bundestages unter den Tisch. Dennoch wird dies vom BVerfG und der h. M. mit folgender **Rechtfertigung** für zulässig gehalten: Aus der Geschichte der Weimarer Republik sei zu lernen, dass Demokratie mit instabilen Mehrheiten und Regierungen aufgrund der Parteienzersplitterung, gefährdet seien. Im Interesse einer stabilen Regierungsbildung sei deshalb der ungleiche Erfolgswert und die 5 % Klausel gerechtfertigt (E 4, 31; 6, 8). Bei **Kommunalwahlen** wurde die 5 % Klausel jedoch für verfassungswidrig erklärt, weil eine stabile Mehrheit im Rat bei einem direkt vom Volk gewählten Bürgermeister nicht erforderlich ist (BVerfGE 120, 82; Entscheidung vom 13.02.2008, 2 BvK 1/07).

Angesichts einer stabilisierten Demokratie, in der die großen Parteien gleichzeitig unter erheblichem Verlust an Vertrauen und Glaubwürdigkeit leiden, wegen der 5 % Klausel aber als „alternativlos“ erscheinen, scheint ein grundsätzliches Überdenken der Klausel an der Zeit zu sein. Deutschland hat mit Blick auf die Regierungsbildung ein Sicherheitsdenken an den Tag gelegt, dass anderen europäischen Ländern fremd ist. Für Dänemark sind Minderheitenregierungen nicht ungewöhnlich, dennoch ist Dänemark eine funktionierende

Demokratie. Und auch Belgien, das zeitweilig als größte NGO (non gouvernemental Organisation) firmierte, weil aufgrund des Sprachenkonflikts Mehrheitsbildungen schwierig sind, lässt sich keineswegs als failed state bezeichnen. In der BRD erstickt die Demokratie dagegen zusehends an ihrer Vereinnahmung durch Parteibürokratie, die – auch wegen der 5 % Klausel – wie erstarrt wirkt. Kurz: es gibt gute Argumente, die Verfassungskonformität der Klausel zu hinterfragen.

Nicht zu rechtfertigen ist die Geltung der 5 % Klausel für die Wahlen zum Europäischen Parlament (E 51, 222). Das Europäische Parlament wählt keine Regierung, deren Stabilität die Verletzung der Stimmengleichheit rechtfertigen könnte. Die deutschen Parteien sind die einzigen, für die eine solche Klausel gilt. So ist es geradezu ein Anachronismus für die Europawahl an der 5 % Klausel festzuhalten. Dieser Ansicht ist das BVerfG gefolgt (BVerfG, 2 BvC 4/10 vom 9.11.2011).

Nähere Bestimmungen zum **Wahlsystem** finden sich im Bundeswahlgesetz. Einige wichtige Begriffe und Bestimmungen seien hier genannt. **Aktives Wahlrecht** meint das Recht zu wählen, also eine Stimme abzugeben. **Passives Wahlrecht** meint demgegenüber das Recht gewählt zu werden, also zu kandidieren. Die Mindestvoraussetzungen um das aktive Wahlrecht in Anspruch zu nehmen sind: Die Person ist 18 Jahre alt, besitzt seit mindestens einem Jahr die deutsche Staatsangehörigkeit und hat seit mindestens 3 Monaten Wohnung oder Aufenthaltsort im Wahlgebiet (das ist bei Landtags- und Kommunalwahlen besonders relevant).

Fallbearbeitung: Die Wahlrechtsgrundsätze sind sinnvollerweise ähnlich zu prüfen wie Grundrechte, schon weil sich Wahlbewerber auf sie berufen können. Die Verletzung der Wahlfreiheit ist wie ein Freiheitsgrundrecht, die Verletzung Wahlgleichheit wie das Gleichheitsgrundrecht zu prüfen. Dann folgt, dass die Grundsätze durch konkurrierende Verfassungsprinzipien eingeschränkt werden können, wie dies bei der Diskussion um die 5 % Klausel exemplifiziert wurde.

c) Wahlsystem

Mehrheitswahl bedeutet, dass das Wahlgebiet in ebenso viele Wahlkreise eingeteilt wird wie Sitze in der Volksvertretung zu vergeben sind. Die Parteien stellen in jedem Wahlkreis nur je einen Kandidaten auf. Gewählt ist, wer die meisten Stimmen erhält. Da eine Person und nicht eine Parteiliste gewählt wird, spricht man auch von Personenwahl. Davon zu unterscheiden ist die **Verhältniswahl**. Die Parteien stellen für das Wahlgebiet Listen auf, die Wähler können nur die Liste wählen. Die Sitze im Parlament werden entsprechen der Stimmenzahl für die Liste verteilt.

In der BRD wird im System der **personalisierten Verhältniswahl** gewählt. Jeder Wahlberechtigte hat zwei Stimmen. Mit der Erststimme wird nach der Mehrheitswahl der Direktkandidat in einem Wahlkreis gewählt. Mit der Zweitstimme wird eine Parteienliste, die in jedem Bundesland aufgestellt wird, gewählt. Zunächst erhalten alle direkt gewählten Kandidaten einen Sitz im Parlament. Das heißt die Hälfte der 598 gesetzlichen Parlamentssitze werden an die direkt gewählten Kandidaten verteilt. Dann wird die andere Hälfte proportional, nach dem Verhältniswahlrecht von Kandidaten der Parteien in der Reihenfolge der Liste besetzt.

Zur Auszählung und Errechnung der Sitzverteilung gibt es unterschiedliche Verfahren, die nach ihren „Erfindern" benannt sind. In der BRD wurde zunächst das d'Hondt'sche **Auszählverfahren** angewendet, 1985 wurde auf das Verfahren Hare / Niemeyer umgestellt. Danach werden die zu vergebenden Sitze im Bundestag mit der Zahl der Zweitstimmen der einzelnen Parteien multipliziert und durch die Gesamtzahl der Zweitstimmen aller an der Verteilung teilnehmenden Parteien dividiert. Dabei erhält jede Partei so viele Sitze, wie ganze Zahlen auf sie entfallen. Die dann noch zu vergebenden Sitze werden in der Reihenfolge der höchsten Reste, die sich bei der Berechnung ergeben, geteilt. 2008 wurde das Verfahren Sainte-Laguë/Schepers eingeführt. Zunächst werden danach die Zweitstimmenzahl durch die Sitzzahl geteilt und der resultierende Quotient dann so herauf- oder herabgesetzt, dass die Summe der damit für die einzelnen **Landeslisten** ermittelten und gerundeten Sitzzahlen mit der Gesamtzahl der zu vergebenden Sitze übereinstimmt. Bei den ermittelten Sitzzahlen werden die Zahlenbruchteile unter 0,5 auf die darunter liegende ganze Zahl abgerundet, solche über 0,5 auf die darüber liegende ganze Zahl aufgerundet. Zahlenbruchteile, die genau gleich 0,5 sind, werden standardmäßig so auf- oder abgerundet, dass die Gesamtzahl der zu vergebenden Sitze eingehalten wird. Aus den Landeslisten werden nur diejenigen Sitze besetzt, die nach Abzug der in den Wahlkreisen errungenen Direktmandate verbleiben

Problematisch mit Blick auf den gleichen Erfolgswert könnte dieses Wahlsystem sein, weil es **Elemente der Mehrheitswahl** enthält. Bei der reinen Mehrheitswahl sind nur die Kandidaten gewählt, die eine Mehrheit der Stimmen auf sich vereinigen können. Die auf Minderheitskandidaten verteilten Stimmen werden im Parlament nicht repräsentiert. Im Ergebnis entscheidet aber in der BRD grds. die Zweitstimme über die Zusammensetzung des Bundestags, so dass dies mit dem Grundsatz der gleichen Wahl vereinbar ist. Ein Mehrheitswahlrecht gibt es z. B. in England und Frankreich. Es wird zu recht als weniger demokratisch kritisiert, weil insbesondere kleinere und neue Parteien wenig Chancen haben, ins Parlament zu kommen.

Überhangmandate ergeben sich, wenn eine Partei mehr Direktmandate erlangt hat, als ihr Sitze nach dem Verhältniswahlrecht zugestanden hätten. Scheidet ein Direktkandidat einer Partei mit Überhangmandaten aus, rückt kein weiterer Abgeordneter von der Liste nach. Die Landeswahlgesetze kennen für die Landtage z. T. **Ausgleichsmandate**, d. h. auch die schwächeren Parteien dürfen entsprechend der Zahl der Überhangmandate mehr Abgeordnete ins Parlament schicken. Nach dem BWahlG ist das für den Bundestag nicht vorgesehen.

Die Landesverfassung Schleswig-Holstein schreibt beispielsweise vor, dass bei Überhangmandaten Ausgleichsmandate vergeben werden müssen (Art. 10). Als bei der Landtagswahl 2009 zu den 69 von der Verfassung vorgesehenen Mandaten 22 Überhang- und Ausgleichsmandate vergeben wurden, urteilte das LVerfG Schleswig-Holstein nicht – wie vom Antragsteller beantragt – über die ungleichen Erfolgswerte bei der Wahl, sondern erklärte, die Festlegung auf 69 Mandate verpflichte den Gesetzgeber, ein Wahlrecht zu schaffen, das „in der politischen Realität die Entstehung von Überhang- und ihnen folgend Ausgleichsmandaten so weit wie möglich verhindert." (NordÖR 2010, 389) Das Gericht setzte sich kurzerhand mit einer genetischen Auslegung - beabsichtigt war angeblich vorrangig die Verkleinerung des Landtags – über den Wortlaut der Verfassung, der explizit Überhangs- und Ausgleichsmandate vorsieht, hinweg.

Überhangmandate hat das BVerfG für grds. **verfassungskonform** erklärt, obwohl der Erfolgswert der Stimmen der Partei mit Überhangmandaten größer wird. Dies sei in Ordnung, weil der Gesetzgeber damit der personalisierten Wahl, mit größerer Nähe der Abgeordneten zum Wähler, Rechnung tragen durfte. Allerdings dürften die Überhangmandate **5 % der regulären Mandate** nicht übersteigen (E 95, 335, 365 f). Dagegen wird argumentiert, dass Überhangmandate verfassungswidrig sind, weil mit Ausgleichsmandaten die Ungleichheit leicht abzufangen wäre. Die verfassungswidrige Grenze lässt sich schließlich auch dort ziehen, wo die Mehrheitsverhältnisse durch Überhangmandate umgedreht werden. Als es nach der Wahl 2005, die in die große Koalition mündete, darum ging, wer den Kanzler stellen darf, lagen CDU und SPD deutlich weniger als 5 % auseinander, d. h. schon wenige Überhangmandate konnten damals schon das Mehrheitsverhältnis zwischen CDU und SPD kippen, was die 5 % Grenze als untauglich erscheinen lässt.

Bei einer Nachwahl zum Bundestag in Dresden im Jahre 2005 wurde sichtbar, dass es ein **negatives Stimmgewicht** geben kann, d. h. eine Partei kann mehr Sitze erringen, wenn sie in einem Land weniger Zweitstimmen gewinnt.

Wenn weniger Zweitstimmen für die CDU in Dresden abgegeben würden, propagierte diese, würden andere Landesverbände profitieren und die CDU bekäme einen Abgeordneten im Bundestag mehr. Die Wähler verstanden vermutlich nicht, warum das so ist, folgten dem Rat aber. Der Grundsatz der Stimmengleichheit mit dem Gebot des gleichen Erfolgswertes schien eklatant verletzt.

Wie ein negatives Stimmgewicht entsteht, erklärt das BVerfG so: „Büßt die Partei in dem Land, in dem sie Überhangmandate gewonnen hat, ein Listenmandat in der Unterverteilung (was die Verteilung der Mandate auf die Landeslisten meint, A.F.) ein, so erleidet sie dadurch keinen Nachteil, weil ihre Liste ohnehin nicht zum Zuge kommt. Eine andere Landesliste der Partei erhält hingegen einen Sitz mehr. Damit gewinnt die betroffene Partei bundesweit durch den geringeren Stimmenanteil einen Sitz hinzu." Das Problem entstehe nicht schon durch die Direktmandate, sondern durch die spezifische Verbindung von Überhangmandaten mit der Verteilung der Mandate auf die Landeslisten, bei der „in einem zweistufigen

Verfahren zunächst die Verteilung auf die Parteien (Oberverteilung) und dann auf die verbundenen Landeslisten derselben Partei (Unterverteilung) erfolgt." Das **negative Stimmgewicht** hat das BVerfG für verfassungswidrig erklärt und dem Gesetzgeber bis zum 30. Juni 2011 eine Frist gesetzt, eine Neuregelung zu schaffen.

Im November 2011 wurde das Bundeswahlgesetz dann geändert. Im ersten Schritt soll nach der Neuregelung in § 6 die Zahl der Sitze ermittelt werden, die jedes Land (nicht mehr jede Partei) erhält. Im zweiten Schritt werden diese auf die Listen des Landes verteilt. Warum auf diese Weise das negative Stimmgewicht vermieden werden soll, bleibt ein Geheimnis der Rechenkünstler des Gesetzgebers. Tatsächlich ging es insbesondere der CDU darum, die Überhangmandate so weit wie möglich zu erhalten, weil sie sich davon Vorteile ausrechnete, während SPD und Grüne sie streichen wollten. Es lässt sich zeigen, dass ein negatives Stimmgewicht auch ganz ohne Direkt- und Überhangmandate für eine Partei, nämlich nur aufgrund der Listenverbindung, möglich ist. Auf der Basis der Rechtslage und Wahlergebnisse von 2009 zeigt Fendrich, dass 50.000 weniger Wähler für die LINKE in Nds. der Partei ein Mandat mehr in NRW und der FDP eins weniger in Nds. gebracht hätten (http://www.wahlrecht.de/news/2011/11.htm). Andere Alternativen bieten sich an wie z. B. eine Listenwahl mit der Möglichkeit, innerhalb der Liste Personen zu wählen. Dieses System haben etwa Bremen und Hamburg eingeführt. Dann ließen sich die Direktmandate streichen, ohne dass die Personalisierung verloren geht. Eher wird sie – das zeigen die Wahlen in Bremen und Hamburg – gestärkt. „Mehr Demokratie e. V." schlägt Wahlkreise vor, in denen mehrere Personen direkt gewählt werden.

Die **Grundmandatklausel** ist in § 6 VI BWahlG formuliert: „Bei Verteilung der Sitze auf die Landeslisten werden nur Parteien berücksichtigt, die mindestens 5 vom Hundert der im Wahlgebiet abgegebenen gültigen Zweitstimmen erhalten oder in mindestens drei Wahlkreisen einen Sitz errungen haben." Wenn also die Partei, bzw. Personen, die für die Partei kandidiert haben, drei Wahlkreise direkt gewonnen hat, erhält sie nicht nur drei Mandate, sondern es wird ihre Sitzstärke nach errungenen Zweitstimmen berechnet, auch wenn diese weniger als 5 % betragen.

Das BVerfG (E 95, 408/ 420 f) hat die Regelung für **verfassungskonform** erklärt: „Die Regelung des § 6 Abs. 6 Satz 1, 2. Halbsatz BWahlG und ihre Anwendung auf die PDS bei der Bundestagswahl 1994 halten der verfassungsgerichtlichen Überprüfung stand. Die Grundmandatsklausel gibt zwar den Zweitstimmen für Parteien, die das Fünfprozentquorum nicht erreicht haben, unterschiedliche Erfolgskraft; dies ist jedoch gerechtfertigt." Denn: Drei direkt gewonnene Wahlkreise sprechen für eine starke Verankerung der Partei, die deshalb bei der Sitzverteilung berücksichtigt werden darf.

Einige Landeswahlgesetze sehen die Möglichkeit des **Kumulierens und Panaschierens** vor. In diesem Fall hat der Wahlberechtigte mehrere Stimmen, die er an die Kandidaten der Listen vergeben kann. Dabei kann ein Wähler einem Kandidaten mehrere Stimmen geben, um diesem so eine bessere Chance einzuräumen, ins Parlament zu kommen (Kumulieren), d. h. die Abgeordneten werden nicht nach der Reihenfolge der

Liste, sondern nach der Anzahl der auf sie entfallenen Stimmen bestimmt. Der Wähler kann seine Stimmen auch auf mehrere Abgeordnete sogar unterschiedlicher Listen verteilen (Panaschieren).

2. Fallübung zum Wahlrecht

I. Zulässigkeit der 5 % Klausel bei der Bundestagswahl

Die A-Partei erhält bei der Bundestagswahl „nur" 4,9 % der abgegebenen Stimmen und zieht auf Grundlage von § 6 Abs. 6 BWahlG nicht in den Bundestag ein. Sie meint, dies verstoße gegen Art. 38. Hiernach würden die Abgeordneten des Deutschen Bundestages in „gleicher" Wahl gewählt. Dies müsse doch bedeuten, dass jede Stimme gleich viel Wert sei und sich auch im Erfolg widerspiegele. Der Bundestag habe nach § 1 Abs. 1 Satz 1 BWahlG mindestens 598 Abgeordnete. Die 4,9 % müssten deshalb mindestens 29 Sitze ausmachen (0,049 x 598). Sie hält § 6 Abs. 6 BWahlG deshalb für verfassungswidrig. Trifft diese Rechtsauffassung der A-Partei zu?

Lösung:

§ 6 Abs. 6 Satz 1, 1. Alt. BWahlG könnte gegen den Grundsatz der Gleichheit der Wahl aus Art. 38 I S. 1 in Form der Erfolgswertgleichheit verstoßen.

1. Ungleichbehandlung / Verstoß gegen Gleichheitsgrundsatz

Fraglich ist, ob die 5 % Klausel Wählerstimmen ungleich behandelt. Der Grundsatz der Wahlgleichheit erfasst die Zählwertgleichheit („Jede Stimme ist gleich viel Wert"). Außerdem erstreckt sich der Grundsatz auf den Erfolgswert der Stimmen. Jede Stimme soll sich also auch gleich im Ergebnis widerspiegeln. Vorliegend führt die 5 % Regelung dazu, dass die Zweitstimmen, die für eine Partei abgegeben werden, die weniger als 5 % der Zweitstimmen erhält, bei der Zuteilung der Bundestagssitze gänzlich unberücksichtigt bleiben. Sie werden zwar gezählt, aber nicht für die Zusammensetzung des Parlaments berücksichtigt. Es entfällt daher ihr Erfolgswert. Ein Verstoß gegen den Gleichheitsgrundsatz ist damit gegeben.

2. Verfassungsrechtliche Rechtfertigung der Ungleichbehandlung

Sofern „nur" der Grundsatz der Erfolgswertgleichheit betroffen ist, hält es das Bundesverfassungsgericht für zulässig, diesen durch rechtfertigende Gründe einzuschränken. Der rechtfertigende Grund muss, da der Grundsatz der Wahlgleichheit in der Verfassung normiert ist, selbst konkurrierende Verfassungsprinzipien der Verfassung dienen.

Die volle Zählwertgleichheit muss aber immer gegeben sein, der Grundsatz der Zählwertgleichheit kann nicht rechtfertigend eingeschränkt werden. Fraglich ist vorliegend, ob eine Rechtfertigung möglich ist. Problematisch erscheint, dass ohne die Regelung der 5 % Hürde in § 6 Abs. 6 Satz 1, 1. Alt. die Möglichkeit besteht, dass auch Kleinstparteien in das Parlament einziehen. Dies könnte dazu führen, dass es zu viele Splittergruppen gibt, und könnte die Regierungsbildung / Mehrheitsfindungen erheblich erschweren. Dieses würde letztlich nicht dem in der Verfassung verankerten Demokratieprinzip dienen. Die Regierung wird nach dem Grundgesetz vom Parlament getragen, so erfolgt z. B. die. Wahl des Bundeskanzlers durch den Bundestag, sie braucht eine stabile Mehrheit.

Andererseits könnte man es auch als Sache des Wählers ansehen, für stabile politische Verhältnisse zu sorgen. Zudem sorgen die Erststimmen in den Wahlkreisen schon dafür, dass größere Parteien es leichter haben ins Parlament einzuziehen. Die 5 % Hürde kann auch ein Hemmnis sein, kleinere Parteien zu wählen und wird auch deshalb immer wieder als undemokratisch kritisiert.

Nach überwiegender Auffassung ist die 5 % Hürde aber dennoch gerechtfertigt. Das Bundesverfassungsgericht spricht vom Rechtfertigungsgrund der Funktionsfähigkeit des Parlaments. (BVerfGE 6, 84 : Die Wahl solle das „Parlament als funktionsfähiges Staatsorgan" hervorbringen). Dies dient folglich dem in der Verfassung verankerten Demokratieprinzip.

Für die Zulässigkeit der 5 % Hürde spricht, dass sie als Obergrenze verstanden wird. Letztlich geht es nur darum,, dass eine Partei eine gewisse Mindestverankerung in der Bevölkerung braucht, um im Parlament zu wirken Würden eine Vielzahl von Parteien einziehen, würde dieses auch nicht dazu führen, dass diese Ihre Ziele effektiv umsetzen könnten. Auch nach der Vorstellung des Grundgesetzes über Parteien, geht es nicht um die Vertretung von Einzelinteressen oder Einzelthemen, sondern Parteien sollen verschiedene politische Ziele vertreten.

Folglich verstößt § 6 Abs. 6 S. 1 1. Alt. BWahlG nicht gegen den Grundsatz der Wahlgleichheit und ist damit verfassungsgemäß.

II. Zulässigkeit der 5 % Klausel bei der Kommunalwahl
Die lokale Wählervereinigung W tritt in der nordrhein-westfälischen Stadt X zur Kommunalwahl an. Angenommen, das Kommunalwahlgesetz von NRW würde festlegen, dass auch bei der Stadtratswahl ein Einzug in das Stadtparlament nur erfolgt, wenn eine Partei mindestens 5 % der abgegebenen Stimmen erhält, wäre dieses mit der Verfassung vereinbar?

Lösung:

1. Ungleichbehandlung / Verstoß gegen Gleichheitsgrundsatz
Auch hier liegt wie oben ein Verstoß gegen den Gleichheitsgrundsatz vor.

2. Verfassungsrechtliche Rechtfertigung der Ungleichbehandlung
Auch hier käme eine Rechtfertigung mit dem Argument der Zersplitterung bzw. mit dem Rechtfertigungsgrund der Funktionsfähigkeit von Institutionen in Betracht. Dieser Rechtfertigungsgrund gilt aber nicht in gleichem Maße für Kommunalparlamente wie für den Bundestag oder die Landtage. Kommunalparlamente sind typischerweise kleiner, so dass eine völlige Zersplitterung weniger droht. Zudem gibt es kommunal keine „Regierung", die einer funktionierenden Regierungsmehrheit bedürfte. Die Bürgermeister werden in der Regel direkt gewählt. Die 5 % Hürde auf kommunaler Ebene ist daher verfassungswidrig. Entsprechend hat das Bundesverfassungsgericht 2008 geurteilt (BVerfGE 120, 82).

III. Die Grundmandate-Klausel
§ 6 Abs. 6 Satz 1 Alt. 2 BWahlG bestimmt, dass bei der Verteilung der Sitze auf die Landeslisten auch die Parteien berücksichtigt werden, die in mindestens drei Wahlkreisen ei-

nen Sitz errungen haben. Es handelt sich also um eine Ausnahme zur 5 % Hürde. Diese Grundmandate-Klausel hat eine erhebliche Wirkung. Die Partei zieht nicht nur mit den erworbenen (mindestens 3) Direktmandaten in den Bundestag ein, sondern eben auch mit den Mandaten, die ihr auf Grund des Zweitstimmenergebnisses zustehen. Erhält eine Partei wie im obigen Beispiel 4,9 % und erzielt drei Direktmandate, zieht sie eben mit (mindestens) 29 Mandaten ein, nicht lediglich mit den 3 Direktmandaten, obwohl sie die 5 % Hürde verfehlt. Ist dieses verfassungsgemäß?

1. Beeinträchtigung des Grundsatzes der Gleichheit der Wahl
Die Regelung des § 6 VI 1 BWahlG könnte gegen den Grundsatz der Gleichheit der Wahl verstoßen.

Der Grundsatz der Wahlrechtsgleichheit könnte in Form der Erfolgswertgleichheit verletzt sein. Andere Parteien, die weder 5 % der Stimmen erhalten, noch 3 Direktmandate erzielen, ziehen nicht ins Parlament ein, der Erfolgswert der abgegeben Wählerstimmen liegt bei diesen Parteien bei Null. Hier hingegen zieht die Partei in diesem Beispiel ins Parlament ein, und dies nicht nur mit den drei Direktmandaten.

Folglich liegt hierin ein ungleicher Erfolgswert der Zweitstimmen.

2. Zulässigkeit mangelnder Erfolgswertgleichheit ?
Fraglich ist aber, ob der Verstoß gegen die Erfolgswertgleichheit dennoch verfassungsrechtlich zulässig ist. Dies hängt vom Rechtfertigungsgrund ab.

Nach einer Auffassung ist der Zweck der Grundmandatsklausel die ausreichende Beachtung der Wählerstimmen. Gewinnt eine Partei mehrere Direktmandate, so kann hierin eine besondere Zustimmung des Wählers gesehen werden und die Partei hat eine gewisse Bedeutung. Diese Bedeutung kann zum Beispiel darin liegen, dass sie regional besonders stark ist, oder bestimmte Themen aufgreift. Außerdem schwächt die Grundmandate-Klausel die Regelung der 5 % Hürde ab, sie bietet Parteien damit eine Chance, trotz Verfehlens der Hürde in den Bundestag einzuziehen.

Nach anderer Auffassung werden Regelungen des Verhältniswahlrechts und des Mehrheitswahlrechts unzulässig vermischt. Die Erringung von Erststimmen (Erlangung der Direktmandate) wirke sich nämlich auf die Berücksichtigung der Zweitstimmen aus. Mit der Regelung des § 6 VI 1 Alt. 2 BWahlG würde das Ziel der 5 %-Klausel, (s. o. – funktionierendes Parlament –) wieder in Frage gestellt. Der Bedeutung der Partei werde außerdem durch den Erhalt der Direktmandate (die direkt gewählten Abgeordneten ziehen ja in den Bundestag ein –) ausreichend Rechnung getragen.

Streitentscheid: *Gegen eine unzulässige „Vermischung" des Mehrheitswahlrechts mit dem Verhältniswahlrecht spricht, dass sich der Gesetzgeber bewusst für eine Mischform, eine Kombination beider Elemente, entschieden hat. Es gibt eben bewusst ein Zusammenspiel von Verhältniswahl- und Mehrheitswahlrecht. Der Gesetzgeber hat grundsätzlich einen Spielraum, den Art. 38 III ermöglicht. Außerdem trifft zu, dass durch die Grundmandatregelung die Ungleichbehandlung der 5 %-Klausel letztlich abgeschwächt wird. Damit wird die Beeinträchtigung des Grundsatzes der Gleichheit der Wahl gerechtfertigt.*

3. Ergebnis
Die Grundmandate-Klausel des § 6 VI 1 Alt. 2 BWahlG ist verfassungsrechtlich zulässig. Die Ungleichbehandlung dient dem Demokratieprinzip, die 5 % Hürde wird als Hürde verringert. Eine andere Auffassung ist jedoch gut vertretbar, insbesondere sollte der Gesetzgeber auch nach Möglichkeit ein klares und verständliches Wahlrecht schaffen, und sich mit Ausnahmeregelungen zurückhalten. Das Gesamtsystem ist allerdings ohnehin kompliziert.

IV. Wahlcomputer
Der Wahlleiter X überlegt zur Bundestagswahl „Wahlcomputer" einzusetzen. Jede/r Wahlberechtigte soll einfach am Computer seine Wahl treffen. Dies sei eine enorme Vereinfachung und im Grundsatz nach § 35 BWahlG und der Bundeswahlgeräteverordnung zulässig. Die lange Auszählung könne entfallen, wenige Minuten nach Wahlschluss um 18.00 Uhr läge das Ergebnis der Wahl elektronisch vor. Wäre der Einsatz von Wahlcomputern mit der Verfassung vereinbar?

Fraglich ist, ob der Einsatz von Wahlcomputern/Wahlgeräten mit der Verfassung vereinbar ist.

1. Verstoß gegen die Wahlrechtsgrundsätze aus Art. 38 Abs. 1 GG
Ein Verstoß gegen die reinen Wahlrechtsgrundsätze aus Art. 38 Abs. 1 GG kommt zunächst nicht in Betracht.

2. Verstoß gegen den Grundsatz der Öffentlichkeit der Wahl
Es könnte ein Verstoß gegen den Grundsatz der Öffentlichkeit der Wahl vorliegen. Die Grundlage der Öffentlichkeit der Wahl ergibt sich nach dem Bundesverfassungsgericht aus den verfassungsrechtlichen Entscheidungen für Demokratie, Republik und Rechtsstaat, also aus Art. 38 i. V. m. Art. 20 Abs. 1 und Abs. 2 GG. Nach diesem Grundsatz müssen die wesentlichen Schritte der Wahl öffentlich überprüfbar sein. Das Bundesverfassungsgericht fordert, dass ein begründetes Vertrauen in die Richtigkeit der Wahl geschaffen werden kann. Die wesentlichen Schritte von Wahlhandlung und Ergebnisermittlung müssen zuverlässig und ohne besondere Sachkenntnis überprüft werden können. (So: BVerfGE 123, 39).

Diesen Anforderungen müssten auch die Wahlcomputer genügen. Jedoch ist nicht ohne weiteres erkennbar, wie ein Computer die Ergebnisse ermittelt. So lange dies der Fall ist, verstößt der Einsatz gegen den Grundsatz der Öffentlichkeit der Wahl.

3. Ergebnis
Der Einsatz von Wahlcomputern/Wahlgeräten ist in der Regel nicht mit der Verfassung vereinbar.

2. Die Parteien

a) Bedeutung der Parteien

Gemäß Art. 21 wirken die Parteien an der **politischen Willensbildung des Volkes** mit. Ihr innerer Aufbau muss demokratischen Grundsätzen entsprechen.

Die Mitwirkung an der Willensbildung ist ausdrücklicher Auftrag des GG an die Parteien. Das wird regelmäßig verstanden als Willensbildung im Hinblick auf legislative Entscheidungen, nach verbreiteter Ansicht bezieht sich diese nicht auf die Willensbildung in Rechtsprechung oder Verwaltung. Diese Einschränkung ist nicht überzeugend, da auch diese Gewalten in die diskursiven Prozesse der Demokratie eingebunden sind. Diskutiert werden die Entscheidungen der Verwaltung und der Gerichte unvermeidlich. Es stellt sich dann nur die Frage, ob plurale Gruppen, d. h. auch die Parteien, offen diskutieren, oder ob dies faktisch und klandestin geschieht, was den demokratischen Prozess unterminiert.

Über die Rolle der Parteien im „Willensbildungsprozess" lässt sich intensiv diskutieren. Eine staatszentrierte, eher obrigkeitsstaatliche Sicht begreift die Rolle der Partei als Transmissionsriemen staatlicher Entscheidungen ins Volk. Die Parteien sehen sich und agieren oft eher in der umgekehrten Rolle: Sie transportieren die „Stimmung" im Volk ins Parlament. Das Grundgesetz konzipiert die Parteien anders. Die Mitwirkung an der Willensbildung beinhaltet auch, dass Themen gesetzt und Problemlösungen zivilgesellschaftlich diskutiert werden. Dabei haben die Parteien keineswegs nur die Rolle eines Filters, über den nur bestimmte Aspekte des gesellschaftlichen Diskurses ins Parlament kommen. Sie sollen zumindest auch Lautsprecher sein, über den Diskussionen angestoßen und beeinflusst werden können. Umgekehrt transportieren die Parteien dann nicht den – einheitlichen – Volkswillen ins Parlament, vielmehr sind sie meist selbst plural zusammengesetzt und vertreten – innerhalb einer gewissen Bandbreite – unterschiedliche gesellschaftliche Vorstellungen, Interessen und Werte – und sollen dies auch nach der Konzeption des GG. Diese Unterschiede werden dann im parlamentarischen Prozess mehr oder weniger vereinheitlicht. Für die Demokratie problematisch ist es, dass diese Vereinheitlichung oft mittels Absprachen zwischen Expertengruppen und der Parteiführung funktioniert, was seine Ursache in der deutlichen Überforderung der Abgeordneten hat, alle politischen Themen im Detail zu überblicken. Diese Struktur schafft die Anfälligkeit für lobbyistische Einflussnahme.

Das Parteienrecht wird Art. 21 III folgend durch das Parteiengesetz geregelt. Nach § 2 ParteiG sind Parteien Vereinigungen von Bürgern, die dauernd oder für längere Zeit für den **Bereich des Bundes oder eines Landes** auf die politische Willensbildung Einfluss nehmen und an der **Vertretung** des Volkes im Deutschen Bundestag oder einem Landtag mitwirken wollen, wenn sie nach dem **Gesamtbild** der tatsächlichen Verhältnisse, insbesondere nach **Umfang und Festigkeit ihrer Organisation**, nach der Zahl ihrer Mitglieder und nach ihrem Hervortreten in der Öffentlichkeit eine ausreichende Gewähr für **die Ernsthaftigkeit dieser Zielsetzung** bieten. Folglich sind Wählervereinigungen oder Rathausparteien und sog. Spaßparteien („Für ein freies Rheinland") keine Parteien. Ersteren fehlt es an der landesweiten Organisation, letzteren an der Ernsthaftigkeit, bei deren Bewertung aber eher großzügige Maßstäbe anzulegen sind. Zu politischen Organisationen sind Parteien dadurch abzugrenzen, dass sie als Ziel (auch) haben müssen, in den Parlamenten mitzuwirken. Das Ziel, auch an Regierungsbildungen beteiligt sein zu wollen, ist aber nicht Voraussetzung.

b) Parteienprivileg

Parteien sind nach dem GG ausdrücklich Teil der demokratischen Ordnung. Daraus ergibt sich das sog. **Parteienprivileg**, das aus verschiedenen „Schutzregelungen“ oder Privilegien besteht. Die äußere Freiheit der Partei gewährt Schutz vor staatlichen Eingriffen und Einflussnahme etwa auf Programme, Struktur oder Auswahl des Führungspersonals. Die Gründung einer Partei, Eintritt und Austritt ist frei, d. h. wird nicht staatlich bestimmt, sondern von der Partei geregelt.

Das wichtigste Privileg wird in Art. 21 geregelt. Danach kann eine Partei nur durch das BVerfG aufgelöst werden, wenn sie verfassungswidrig ist (z. B. NPD). Das unterscheidet sie von Vereinigungen nach Art. 9 , die vom Innenminister aufgelöst werden können (z. B. die kurdische Arbeiterpartei PKK, die Motorradgang Hells Angels).

Voraussetzung für ein Parteienverbot ist nach Art. 21 II, dass die Partei „nach ihren Zielen oder nach dem Verhalten ihrer Anhänger darauf ausgeht, die freiheitliche demokratische Grundordnung zu beeinträchtigen oder zu beseitigen oder den Bestand der Bundesrepublik Deutschland zu gefährden.“ Verfassungswidrig ist eine Partei, die eine aktiv kämpferische, aggressive Haltung, so die Formulierung des BVerfG, an den Tag legt und die grundsätzlich und dauernd tendenziell auf die Bekämpfung der freiheitlichen demokratischen Grundordnung ausgerichtet ist (E 5, 85). Solange Parteien nicht vom BVerfG verboten werden, haben sie grds. die gleichen Rechte wie alle anderen Parteien.

Bisher wurden eine Nazi-Nachfolgepartei, die SRP, im Jahre 1952 verboten (E 2,1) und die KPD im Jahre 1956. Ein Verfahren der BReg. auf Verbot der NPD wurde 2003 vom BVerfG eingestellt, mit folgender Begründung (BVerfG, 2 BvB 1/01 vom 18.3.2003): „Nach § 15 Abs. 4 Satz 1 BVerfGG bedarf unter anderem in einem Parteiverbotsverfahren nach Art. 21 Abs. 2 GG i. V. m. §§ 43 ff. BVerfGG eine dem Antragsgegner nachteilige Entscheidung in jedem Fall einer Mehrheit von zwei Dritteln der Mitglieder des Senats. … Dass eine Minderheit von drei Richtern der Auffassung ist, in Folge mangelnder Staatsfreiheit der Antragsgegnerin auf der Führungsebene sowie mangelnder Staatsfreiheit des zur Antragsbegründung ausgebreiteten Bildes der Partei (B. II.) bestehe ein nicht behebbares Hindernis für die Fortführung des mit den Anträgen vom 30. Januar und 30. März 2001 eingeleiteten Verfahrens, wirkt sich gemäß § 15 Abs. 4 Satz 1 BVerfGG bei der von Amts wegen in jeder Lage des Verfahrens vorzunehmenden Prüfung und Entscheidung über das Vorliegen der Prozessvoraussetzungen aus. Danach steht fest, dass die Parteiverbotsanträge nicht zum Erfolg geführt werden können.“ Nicht staatsfrei sei die NPD, weil zu viele Verfassungsschützer oder V-Leute in der NPD arbeiteten.

In den Jahren 1970–1980 gab es bei Einstellungen in den öffentlichen Dienst die sog. Regelanfrage beim Verfassungsschutz aufgrund des **Radikalenerlasses**, wonach die Anstellung im Öffentlichen Dienst abgelehnt wurde oder die Entlassung aus ihm erfolgen konnte, wenn Zweifel am Eintreten des Betroffenen für die „Freiheitlich-Demokratische Grundordnung“

bestanden. Das war anzunehmen, wenn die Partei als verfassungs**feindlich** eingestuft wurde. Verfassungsfeindlich ist eine Kategorie, die das GG nicht kennt. Es kennt verfassungswidrige Parteien, die können vom BVerfG verboten werden. Unterhalb dieser Schwelle gibt es keine Sanktionsmöglichkeiten und solche sind mit dem vom GG vorgesehenen Parteienprivileg schwerlich vereinbar. Gerechtfertigt werden die „Regelanfrage" und das Berufsverbot für Radikale mit dem „Prinzip der wehrhaften Demokratie", wonach die Demokratie ihren Feinden keine Freiheitsrechte gewähren müsse. Das ist offensichtlich höchst problematisch, denn alle autoritären Regime rechtfertigen die Unterdrückung ihrer Gegner mit dem Argument, diese seien Staatsfeinde. Die Grenzen werden fließend, insbesondere wenn sich unter den Parteien ein Einheitsbrei entwickelt, sie sich nur noch in Nuancen unterscheiden – dann geraten Abweichler schnell in den Verdacht, die Demokratie zu gefährden.

Das BVerfG hielt die Praxis der Berufsverbote dennoch für verfassungskonform (E 39, 334). Der Europäische Gerichtshof für Menschenrechte (EGMR) hat 1995 im Fall der aufgrund ihrer Mitgliedschaft in der Deutschen Kommunistischen Partei aus dem Staatsdienst entlassenen Lehrerin Dorothea Vogt einen Verstoß gegen die Artikel 10 und 11 der **Europäischen Menschenrechtskonvention** (Recht auf Meinungs- und Versammlungsfreiheit) festgestellt und die Bundesrepublik zur Zahlung von Schadensersatz verurteilt (Az: 7/1994/454/535, NJ 1996, 248).

Im Jahre 2010 urteilte dass BVerwG, die Überwachung des Abgeordneten der LINKEN, Bodo Ramelow, sei rechtmäßig und verfassungskonform, obwohl er selbst – auch nach Meinung des Verfassungsschutzes – keineswegs antidemokratische Bestrebungen verfolgt. Zur Überwachung müsse weder die überwachte Person, noch die Partei in ihrer Gesamtheit verfassungsfeindliche Ziele verfolgen, ausreichend sei „das Vorhandensein" aktiver „Bestrebungen" gegen die „freiheitlich demokratische Grundordnung" (FDGO) bei Teilen oder Gruppierungen der Partei (BVerwG, NVwZ 2011, 161). (Typisch für schlechte juristische Argumentation ist es, Verben, Adverben usw. in Substantive zu verwandeln, oder in dieser Ausdrucksweise: die „Versubstantivierung der Sprache", von der dringend abzuraten ist.) Inhaltlich öffnet diese Auffassung der Willkür von Geheimdiensten und Innenministern, den politischen Gegner überwachen zu lassen, Tür und Tor – im Zweifel schleust man selbst eine Bestrebung gegen die FDGO in die Partei ein.

Die von Art. 21 verlangte **innere demokratische** Ordnung der Partei meint, dass eine freie innerparteiliche Willensbildung gewährleistet ist und eine demokratische Wahl für Parteiämter, einschließlich Nominierungen für Mandate stattfindet.

Eine Verletzung dieses Gebots wird regelmäßig zunächst vor den Schiedsgerichten der Partei gerügt. Die Wahlleiter und die Rechtsprechung achten aber ebenfalls darauf, dass die demokratischen Spielregeln eingehalten werden. So müssen auch innerparteiliche Wahlen geheim stattfinden (können), d. h. es müssen Orte, Kabinen zur Verfügung stehen, in denen die Wahlberechtigten unbeobachtet abstimmen können, ansonsten kann die Wahl für ungültig erklärt werden.

Eine Verletzung des innerparteilichen Demokratiegebots hat auch Auswirkungen auf die staatlichen Wahlen. Denn es werden Kandidaten in die Parlamente geschickt, die von einer

Partei in einem undemokratischen Verfahren nominiert wurden. Im Wahlprüfungsverfahren der Bürgerschaftswahl 1991 erklärte das Hamburgische Verfassungsgericht die Wahl für ungültig und ordnete am 4. Mai 1993 zum ersten Mal in der Geschichte der Bundesrepublik Deutschland eine Neuwahl an. Die CDU hatte bei der Nominierung ihrer Bürgerschaftskandidaten gegen elementare demokratische Verfahrensgrundsätze verstoßen. Das BVerfG bestätigte in einem späteren Verfahren: Zu den „Anforderungen an die Kandidatenaufstellung durch politische Parteien gehört auch die Einhaltung eines Kernbestandes an Verfahrensgrundsätzen, ohne den ein Kandidatenvorschlag schlechterdings nicht Grundlage eines demokratischen Wahlvorgangs sein kann" (E 89, 243).

Zur demokratischen Freiheit der Partei gehört auch der Anspruch auf **Gleichbehandlung** aus Art. 3 I (allg. Gleichheitssatz) i. V. m. 38 I Gleichheit der Wahl. Es folgt das Gebot der Chancengleichheit bei der Wahl.

Beispiel: Die Vergabe öffentlicher Räume wie einer **Stadthalle** an Parteien für Parteitage kann nicht von der Ausrichtung oder der Größe der Partei abhängig gemacht werden. **Fernsehsendezeiten** oder öffentliche Stellflächen für den Wahlkampf werden nach § 5 ParteiG allerdings in Relation zur Größe der Partei vergeben. Das ist verfassungskonform, solange kleine Parteien eine Mindest-Chance haben (E 47, 198).

c) Rechtliche Stellung der Parteien

Parteien werden als Institutionen des Verfassungslebens charakterisiert, deshalb wird ihnen – neben der **Verfassungsbeschwerde** (Art. 93 I Nr. 4 a) – die Möglichkeit eröffnet, ein **Organstreitverfahren** einzuleiten (Art. 93 I Nr. 1). Die Verfassungsbeschwerde ist die richtige Klageart bei der Verletzung von Parteirechten außerhalb der Bundesorgane, wenn sie gleichsam als zivilgesellschaftliche Gruppe betroffen ist (z. B. Wahlgleichheit, Bespitzelung); der Organstreit kommt in Betracht, wenn die Partei in ihrer Funktion als Teil des Bundestages betroffen ist.

Das BVerfG argumentiert: Politische Parteien seien zwar in § 63 BVerfGG nicht genannt, nach der ständigen Rechtsprechung des Bundesverfassungsgerichts sind sie jedoch im Organstreit parteifähig und berechtigt, eine Verletzung ihres verfassungsrechtlichen Status im Bereich des Wahlrechts im Wege der Organklage zu rügen (E 20, 18).

Die **Koalitionsverträge** zwischen den Parteien vor einer Regierungsbildung können nicht i. d. S. eingeklagt werden, dass ihre Verwirklichung verlangt wird. Sie sind politische Abmachungen, Willensbekundungen der Koalitionäre, die weder die Regierung und schon gar nicht das Parlament oder die einzelnen abgeordneten binden.

Gemäß Art. 21 I müssen Parteien **Rechenschaft** über die Herkunft ihrer **Finanzen** ablegen. Die Gesamtpartei ist dabei für Fehler der Gliederungen verantwortlich. Spender müssen ab 10.000 Euro pro Jahr namentlich aufgeführt werden (§ 25 III

ParteiG). Der Bundestag-Präsident kann empfindliche Strafen für falsche Rechenschaftsberichte verhängen (E 11, 54). Die Parteien erhalten nach ParteiG staatliche Zuschüsse, die auf der Grundlage der Wählerstimmen und eigenen Einnahmen (Spenden und Beiträge) (§ 18 I ParteiG) berechnet werden.

Diese allgemeine Parteienfinanzierung durch den Staat ist verfassungskonform, weil Parteien den Auftrag haben, an der Willensbildung mitzuwirken. Aber es ist nur eine Teilfinanzierung erlaubt, d. h. das BVerfG geht von einem Verbot überwiegender staatlicher Finanzierung aus, weil Parteien **staatsfrei** und auf die Zustimmung der Bürger angewiesen sein sollen (E 85, 264).

Zunehmend wird der Einfluss von **Großspenden** aus der Wirtschaft trotz der Offenlegungspflicht zu einem Problem für die demokratische Willensbildung. Dieses Problem wird verschärft dadurch, dass die Berechnung der staatlichen Finanzierung auch auf das Spendenaufkommen abstellt, also Parteien bevorzugt, die ein hohes Spendenaufkommen haben. Das führt erstens zu ungleichen Chancen, weil die Parteien in sehr unterschiedlichem Maße Spenden von Unternehmen erhalten. Zweitens zeigt sich zunehmend, dass Großspender von den begünstigten Parteien erwarten, dass sie ihre Interessen berücksichtigen. Ruchbar ist insbesondere geworden, dass die Regierung im Jahre 2009 eine Senkung der Mehrwertsteuer für Hoteliers durchsetzte, wobei CSU und FDP im Vorfeld größere Spenden erhalten hatten. Ansonsten waren keine Argumente für die mit der Steuersenkung verbundene Privilegierung ersichtlich. Die demokratische Willensbildung wird damit faktisch unterminiert. Erforderlich wäre eine Begrenzung der Parteispenden auf z. B. höchstens 5.000 Euro pro Person.

Innerparteiliche Streitigkeiten müssen auf dem Zivilrechtsweg ausgetragen werden. Entscheidungen der Partei-Schiedsgerichte (§§ 1025 ff ZPO) gelten als Urteil (§ 1055) gegen das nach § 1059 ZPO die Aufhebungsklage erhoben werden kann.

3. Fragen zum Parteienrecht

1. Woraus wird das „Gebot der Chancengleichheit der politischen Parteien" hergeleitet?
Dieses ist von der Verfassungsrechtsprechung anerkannt und findet seine Grundlage in Art. 21 I in Verbindung mit Art. 38, wenn es um die Chancengleichheit bei Wahlen geht. Außerhalb von Wahlen findet es seine Grundlage in Art. 21 I in Verbindung mit Art. 3 Abs. 1.

2. Wie weit geht das Recht auf Gleichbehandlung?
Das Recht auf Gleichbehandlung ist normiert in § 5 Parteiengesetz. Hier ist, was nach der Rechtsprechung anerkannt und zulässig ist, eine abgestufte Gleichbehandlung nach der faktischen Bedeutsamkeit der Parteien normiert.

3. Was sind wichtige Grundsätze der Parteienfinanzierung?
Die wichtigsten Grundsätze sind „Transparenz", Art. 21 Abs. 1 Satz 3 und „Staatsferne", d. h. die Parteien müssen sich vorrangig aus eigenen Quellen finanzieren und dürfen sich nicht schwerpunktmäßig durch staatliche Zuschüsse finanzieren.

4. Sind kommunale Wählervereinigungen Parteien?
Dies ist umstritten. Nach der Definition von § 2 Abs. 1 PartG sind sie keine Parteien, da sie nicht für Parlamente kandidieren. Sie kandidieren nur vor Ort, unter den Begriff des Parlaments fallen aber nur die Landtage und der Bundestag. Sie sollen daher auch nicht dem Schutz von Art. 21GG unterliegen, sondern dem Schutz von Art. 28 Abs. 2. In dieser Vorschrift ist die kommunale Selbstverwaltung garantiert. Wenn es eine solche Selbstbestimmung vor Ort gibt, muss es auch möglich sein, dass lokale Gruppen bei Wahlen kandidieren um an der Verwaltung mitzuwirken. Vertretbar ist aber auch, die Bestimmungen über Parteien und Art. 21 GG analog anzuwenden.

4. Die Stellung der Abgeordneten

a) Die Abgeordneten

Gemäß Art. 38 I sollen die Abgeordneten Vertreter des ganzen Volkes sein. Sie sind nach Art. 38 I Satz 2 an **Aufträge und Weisungen** nicht gebunden und nur ihrem Gewissen unterworfen – so will es die Vorschrift. Es gilt das sog. **freie Mandat**, d. h. der Abgeordnete ist nicht an Weisungen, z. B. seiner Partei, seines Wahlkreises usw. gebunden. Im Unterschied dazu gibt es das imperative Mandat, in diesem Fall wären Abgeordnete *rechtlich* verpflichtet, Entscheidungen bestimmter Gremien zu folgen. Eine rechtliche Folge des freien Mandats ist, dass ein Abgeordneter seine **Partei verlassen** kann ohne sein Mandat zu verlieren.

Das kommt immer wieder vor, wenn Abgeordnete die Partei wechseln, z. B. von den Grünen zur Linken wie im Landtag NRW vor der Wahl 2010. Faktisch gibt es selbstverständlich Zwänge für die Abgeordneten. Sie riskieren nicht wieder aufgestellt zu werden, wenn sie ihrer Fraktion bei wichtigen Abstimmungen nicht folgen. In den meisten Fällen wirkt der faktische **Fraktionszwang** recht effektiv, d. h. die Abgeordneten stimmen so, wie es die Fraktion vorher beschlossen hat. Rechtlich wird der faktische Fraktionszwang als freiwillige Fraktionsdisziplin gewertet, deshalb sei er insoweit zulässig. Dennoch ist der Fraktionszwang immer wieder in der Kritik, weil er mit dem „freien Mandat" des Art. 38 nicht vereinbar sei. Der normative Gehalt des Art. 38 ist allerdings auch eine Fiktion, die nicht wirklich einlösbar ist.

Der einzelne Abgeordnete kann nicht alle Interessen des Volkes vertreten, will er nicht schizophren werden, denn in einer sozial gespaltenen Gesellschaften gibt es viele kontradiktorische Interessen. Sinnvollerweise kann man nur annehmen, dass die **Abgeordneten als Gesamtheit** die Bevölkerung mit ihren unterschiedlichen Interessen, Meinungen und Werten vertreten. Parteien und Fraktionen dienen dann der Meinungsbündelung, versuchen die unterschiedlichen politischen Vorstellungen in der Gesellschaft zu vereinheitlichen, damit im Parlament Entscheidungen getroffen werden können. Um diese Funktion zu erfüllen, müssen sich einzelne Abgeordnete in vielen Fällen der Mehrheitsmeinung der Fraktion beugen. Können sie diese nicht mittragen, haben sie selbstverständlich das Recht zu opponieren und dies ist in der Geschichte des Bundestages schon häufiger vorgekommen. Problematischer ist eher, dass die wichtige Funktion der Parteien, Meinungen zu vereinheitlichen, voraussetzt, dass innerhalb einer Partei unterschiedliche Meinungen und Interessen existieren. Offen kontroverse Diskussionen im Vorfeld von demokratischen Entscheidungen werden den Parteien aber als Schwäche ausgelegt. Dies ist jedoch eine Frage der – auf den Hund gekommenen – politischen Kultur, nicht der rechtlichen Regelungen.

Abgeordnete genießen gemäß Art. 46 I **Indemnität.** Das heißt, dass kein Abgeordneter wegen seiner Abstimmung oder wegen einer **Äußerung**, die **er im Bundestage** oder in einem seiner Ausschüsse getan hat, gerichtlich oder dienstlich verfolgt oder sonst außerhalb des Bundestages zur Verantwortung gezogen werden darf.

Dies gilt nach h. M. nicht für verleumderische Beleidigungen. Aber eine Strafverfolgung von „einfachen" Beleidigungen, die im Bundestag geäußert werden, sind ausgeschlossen. Beispiel: Wehner (SPD) nannte den Abgeordneten Wohlrabe (CDU): „Herr Übelkrähe".

Weiterhin genießen die Abgeordneten **Immunität.** Das bedeutet, dass die Abgeordneten wegen Straftaten außerhalb des Bundestages grundsätzlich nicht zur Verantwortung gezogen werden dürfen. Verhaftet werden dürfen sie gemäß Art. 46 II, wenn sie auf frischer Tat ertappt werden. Als „frische Tat" zählt auch noch der folgende Tag. Eine Strafverfolgung ist auch dann möglich, wenn der Bundestag dies beschließt, also seine Genehmigung erteilt. Der Sinn der Vorschrift ist es, insbesondere die Verfolgung „politischer Delikte" auszuschließen.

D. h. bei „normalem" Mord sollte der Bundestag die Immunität aufheben, nicht aber z. B. bei der Wahrnehmung des allgemeinpolitischen Mandats durch den AstA. Die Parlamente sind – soweit erkennbar – jedoch dazu übergegangen, großzügig Genehmigungen zur Strafverfolgung zuzustimmen, was neben anderem von der Dominanz der Strafverfolgung gegenüber rechtsstaatlichen Schutzvorschriften zeugt.

Abgeordnete haben nach Art. 47 GG ein **Zeugnisverweigerungsrecht**, d. h. sie müssen vor Gericht nicht aussagen. Zur Sicherung freier Kandidaturen zum Bundestag bestimmt Art. 48, dass Kandidaten für den Wahlkampf Anspruch auf **Urlaub** haben und sie selbstverständlich **nicht gekündigt** werden dürfen, weil sie etwa für die – aus Sicht des Unternehmers – falsche Partei kandidieren. Art. 47 III regelt den grundsätzlichen Anspruch auf Diäten in Höhe einer „angemessenen, ihre Unabhängigkeit sichernden **Entschädigung**."

Die öffentliche Diskussion beklagt gleichzeitig die – untechnisch – Bestechlichkeit der Abgeordneten und die Höhe der **Diäten**. Das ist einigermaßen widersinnig, denn eine angemessene „Entlohnung" soll dafür sorgen, dass die Abgeordneten sich nicht an wirtschaftlich mächtige soziale Gruppen „verkaufen", um ihren Lebensunterhalt zu bestreiten. In der Regel geht es auch nicht um persönliche Vorteile des Abgeordneten, sondern um Vorteile für die Partei. Ex-Bundeskanzler Kohl hatte z. B. hohe Spenden für die CDU erhalten, nicht für sich persönlich, und hätte offenlegen müssen, wer die Spender waren.

Er weigerte sich, was der Bundestagspräsident unsanktioniert ließ – Kohl wurde nicht in Beugehaft genommen. Meist sind mit den Spenden aber keine direkten Gegenleistungen oder Versprechen verbunden, sie dienen der „allgemeinen Klimapflege“, sorgen also dafür, dass die Empfänger gegenüber dem Unternehmen oder der Wirtschaft allgemein wohlwollend agieren. Das widerspricht dem Prinzip der demokratischen Chancengleichheit, weil die Spendeneinnahmen der Parteien sehr unterschiedlich hoch sind und bedarf dringend einer Reform.

Ob es sinnvoll ist, dass die Abgeordneten selbstständig über ihre Bezüge beschließen, ist eine andere Frage. Das BVerfG hat genau dies in einem Urteil aus dem Jahre 1975 verlangt, um eine transparente, der öffentlichen Diskussion zugängliche Bestimmung der Diäten zu gewährleisten (BVerfGE 40, 296). Zuvor waren die Diäten an die Höhe des Gehalts eines Bundesrichters gekoppelt, heute liegen sie etwas niedriger.

Für die Abgeordneten (im Bund, Ländern und Gemeinden) ermöglicht das GG mit Art. 137 **Inkompatibilitätsregelungen**, d. h. es kann durch Gesetz verboten werden, dass ein Abgeordneter gleichzeitig als Beamter, Angestellter des öffentlichen Dienstes, Berufssoldat, freiwilliger Soldaten auf Zeit oder als Richter arbeitet.

Die Inkompatibilität hat ihren Sinn in der **Gewaltentrennung**. Es soll ausgeschlossen werden, dass ein Mitglied der Legislative gleichzeitig als Beamter die Gesetze exekutiert. Auf **Bundesebene** gibt es eine Regelung zur Unvereinbarkeit in § 5 I AbgG, wonach die Rechte und Pflichten aus dem Dienstverhältnis eines Beamten vom Tage der Annahme der Wahl ruhen, solange er Abgeordneter bleibt. In NRW gilt für den **Landtag** § 22 I AbgG: Beamte bzw. Beamtinnen im Sinne des § 2 des Landesbeamtengesetzes, die Dienstbezüge erhalten, können nicht Mitglieder des Landtags sein. Auf **kommunaler Ebene** gilt in NRW § 13 KWahlG, danach können Beamte und Angestellte, die nicht überwiegend körperlich arbeiten, nicht gleichzeitig in der Vertretung ihrer Anstellungskörperschaft sitzen.

Das Grundgesetz regelt darüber hinaus einige **zwingende Inkompatibilitäten**. Gemäß **Art. 66 dürfen der Bundeskanzler** und **die Bundesminister** kein anderes besoldetes Amt, kein Gewerbe und **keinen Beruf ausüben** und weder der Leitung, noch ohne Zustimmung des Bundestages dem Aufsichtsrate eines auf Erwerb gerichteten Unternehmens angehören. Der **Bundespräsident** darf nach Art. 55 I weder der Regierung noch einer gesetzgebenden Körperschaft des Bundes oder eines Landes angehören. Die **Richter** und Richterinnen des **BVerfG** dürfen, so will es Art. 94 I, weder dem Bundestage, dem Bundesrate (BR), der Bundesregierung (Breg) noch entsprechenden Organen eines Landes angehören.

b) Fraktionen

Fraktionen sind gemäß § 46 AbgG rechtsfähige Vereinigungen des Bundestags mit dem Zweck an der Erfüllung der Aufgaben des Bundestags mitzuwirken. Es schließen sich also im Parlament Abgeordnete zusammen, die in der Regel einer inhaltlich gleichen oder gleichgerichteten Partei angehören oder zumindest für diese kandidiert haben. CDU und CSU können, obwohl es sich um zwei unterschiedliche Parteien handelt, eine Fraktionsgemeinschaft bilden, weil die Parteien als gleichgerichtet betrachtet werden. Abgeordnete können nur eine Fraktion bilden, wenn sie mindestens 5 % der Mitglieder des Bundestags stellen. Weniger Abgeordnete bilden eine Gruppe, die weniger Rechte hat.

Wegen der 5 % Klausel werden in der Regel immer so viele Abgeordnete einer Partei gewählt, dass sie auch eine Fraktion bilden können. Etwas anderes kann sich durch die Grundmandatsklausel ergeben (s. o.), oder in dem Fall, dass einzelne Abgeordnete ihre Partei und Fraktion verlassen.

Folgende Rechte ergeben sich aus dem Fraktionsstatus. Die Fraktion bekommt zusätzliche **finanzielle Mittel** für ihre Fraktionsarbeit. Die Besetzung von **Ausschüssen** erfolgt nach der Fraktionsstärke (§ 12 GeschO Bundestag). Fraktionen haben ein **Initiativrecht** für Gesetze (5 % Mitglieder Bundestag sind erforderlich). Eine Fraktion kann Partei im **Organstreitverfahren** sein, weil sie mit eigenen Rechten ausgestattet ist (§ 63 BVerfGG) und sie ist berechtigt auch die **Rechte des Parlaments** in „Prozessstandschaft" wahrzunehmen (BVerfGE 67, 100). Sie kann etwa rügen, dass die Bundesregierung eine Abstimmung im Parlament umgangen hat, obwohl diese erforderlich gewesen wäre. In diesem Fall macht die Fraktion nicht nur die Rechte der Fraktion, sondern diejenigen des gesamten Parlamentes geltend.

6. Fragen zur Partei- und Fraktionsmitgliedschaft

1. A ist fraktionsloser Abgeordneter im Bundestag, weil er aus seiner Fraktion ausgetreten ist. Er sieht sich nun als Einzelkämpfer an. Als er in einer Debatte reden möchte, um seiner Funktion gerecht zu werden, wird ihm aber nur eine Redezeit von einer Minute gewährt, dies entspräche schon mehr als ihm eigentlich zustünde. Schließlich müsse man berücksichtigen, dass er nur einer von über 600 gewählten Abgeordneten sei, würde er mehr reden, wäre dieses undemokratisch. Trifft dies zu?

Grundsätzlich spiegeln sich auch die Mehrheitsverhältnisse im Bundestag bei den Rede zeiten wieder, dies entspricht dem Demokratieprinzip. Sie werden auf die Fraktionen verteilt. Allerdings darf die Funktion eines Abgeordneten nicht ins Leere laufen. Er muss für die Ausübung seines freien Mandates daher mindestens soviel Redezeit bekommen, wie er benötigt, um sich sinnvoll äußern zu können. Eine Minute dürfte nicht ausreichen, fünf Minuten dürften aber beispielsweise für prägnante Kritik schon genügen. Problematisch und in der Diskussion ist, inwieweit Abgeordnete Rederecht erhalten, die einer Fraktion angehören, und eine abweichende Meinung äußern wollen, Grundsätzlich melden die Fraktionen ihre Redner an, es wird immer die Mehrheitsmeinung der Fraktion geäußert. In der Diskussion über den sog. EURO-Rettungsschirm hat das Parlament erstmals auch Abgeordneten eine Rederecht gewährt, die innerhalb ihrer Fraktion eine abweichende Meinung hatten.

2. Abgeordneter B äußert immer wieder, bei der nächsten Wahl werde er für eine andere Partei kandidieren, seine Fraktion mache eine falsche Politik im Bundestag. Sie fordere grundsätzlich Steuersenkungen, die nicht bezahlbar seien, unterstütze völkerrechtswidrige Kriege und sei zudem ein „Haufen von Karrieristen". Der Fraktionsvorsitzende F hat davon genug und möchte B aus der Fraktion „rauswerfen". Er findet aber keine Rechtsvorschriften dazu. Was muss er beachten?

Ein Ausschluss von Abgeordneten aus der Fraktion ist grundsätzlich möglich. Tatsächlich existieren keine Regelungen hierzu. Im Parteiengesetz ist geregelt, wie Mitglieder aus einer Partei ausgeschlossen werden können. § 10 Abs. 4 PartG regelt als materielle Anforderung, dass ein Mitglied nur dann aus der Partei ausgeschlossen werden kann, wenn es vorsätzlich gegen die Satzung oder erheblich gegen Grundsätze oder Ordnung der Partei verstößt und ihr damit schweren Schaden zufügt. Diese Vorschrift kann nicht auf den Fraktionsausschluss angewandt werden, denn Fraktion und Partei sind rechtlich streng von einander zu unterscheiden. Ihr Rechtsgedanke kann aber analog herangezogen werden. Wenn wie hier der Abgeordnete sich grundsätzlich gegen seine Fraktion stellt, in mehreren Themenbereichen, ist ein Ausschluss zulässig, zumal B hier seine Kollegen als „Karrieristen" diffamiert und öffentlich erklärt, zukünftig für eine andere Partei kandidieren zu wollen. Nicht vereinbar mit dem Grundsatz des verfassungsrechtlich geschützten Grundsatzes des freien Mandats aus Art. 38 I Satz 2 wäre es aber, einen Abgeordneten nur deshalb auszuschließen, weil er in einzelnen Punkten anderer Meinung ist, als es die Mehrheit der Fraktion ist.

Fraktionsvorsitzender F muss aber für den Ausschluss des B auch beachten, dass dieser rechtsstaatlich geschehen muss. Es müssen auch formelle Vorraussetzungen eingehalten werden. Wenn die Fraktion über einen Ausschluss beschließt, muss dieses auf der Tagesordnung erkennbar sein, es muss ordnungsgemäß eingeladen worden sein, und B muss das Recht bekommen haben, sich zum Ausschluss zu äußern.

5. Aufgaben und Verfahrensweisen des Bundestages

a) Gesetzgebung

Die wichtigste Aufgabe des Bundestages als Volksvertretung ist die Gesetzgebung. Dies geschieht in der Mehrzahl der Fälle im Zusammenwirken mit dem Bundesrat. Weil die Gesetzgebung gleichzeitig auch Aufgabe der Europäischen Union und der Länder ist, spricht man von Gesetzgebung in einem **Mehrebenensystem**, die wegen der Abstimmungsnotwendigkeit besondere Probleme aufweist.

Die Diskussionen und Verhandlungen des Bundestags sind gemäß Art. 42 regelmäßig öffentlich. Die Öffentlichkeit kann allerdings ausgeschlossen werden, wenn 10 % der MdBs (Mitglieder des Bundestages) dies beantragen und eine ⅔ Mehrheit dem Antrag zustimmt.

In Art. 42 II sind die erforderlichen Mehrheiten bei Abstimmungen geregelt. Danach ist zu einem Beschluss des Bundestages regelmäßig die Mehrheit der abgegebenen Stimmen erforderlich. Das heißt, der Bundestag beschließt grundsätzlich mit relativer Mehrheit, solange im GG nichts anderes bestimmt ist.

Die **Relative oder einfache Mehrheit** ist die Mehrheit der abgegebenen Stimmen, also die Mehrheit der Stimmen der Anwesenden. Der Beschluss wird angenommen, wenn es mehr Ja als Nein Stimmen gibt, dabei werden Enthaltungen nicht berücksichtigt.

Als **Absolute Mehrheit oder Kanzlermehrheit** (siehe Wahl Bundeskanzler) bezeichnet man die Mehrheit der Mitglieder des Bundestages oder 50 % und 1 Stimme der Gesamtzahl der Abgeordneten. Es kommt also nicht darauf an, wie viele MdBs tatsächlich anwesend sind; wenn die Mehrheit der möglichen Stimmen verfehlt wird, ist der Beschluss nicht angenommen. Das regelt Art. 121, wonach die Mehrheit der Mitglieder des Bundestages und der Bundesversammlung im Sinne dieses Grundgesetzes die **Mehrheit ihrer gesetzlichen Mitgliederzahl** ist. **Gesetze** werden grds. mit relativer Mehrheit beschlossen.

Verfassungsändernde Gesetze bedürfen gemäß Art. 79 II einer **Zweidrittel-Mehrheit** im Bundestag und im Bundesrat, d. h. eine Grundgesetzänderung muss die Zustimmung von zwei Dritteln der Mitglieder des Bundestages und zwei Dritteln der Stimmen des Bundesrates erhalten (s. u.).

b) Haushalt

Zu den Gesetzen gehört auch das Haushaltsgesetz oder der **Haushaltsplan**, der nach Art. 110 II für ein oder mehrere Rechnungsjahre, nach Jahren getrennt, vor Beginn des ersten Rechnungsjahres durch das Haushaltsgesetz festgestellt wird. Mit dem Haushaltsplan verfügt der Bundestag über das wichtige Steuerungsmedium Geld. Es wird beschlossen, für welche Zwecke wie viele Mittel eingesetzt werden sollen.

Der Haushaltsplan wird als nur **formelles Gesetz** bezeichnet, im Unterschied zu anderen vom Bundestag verabschiedeten Gesetzen, die wegen der enthaltenen Ver- und Gebotsnormen gleichzeitig formelles und materielles Gesetz sind.

Die deutsche Regierung des Kaiserreichs versuchte in den 1860er Jahren eine Heeresreform gegen die Mehrheit im Parlament durchzusetzen, indem dessen Budgetrecht bestritten wurde, was zu der berühmten juristischen Fragestellung führte, ob das Haushaltsgesetz unter den Begriff des Gesetzes zu subsumieren sei und deshalb der Zustimmung des Parlaments bedürfe. Durchgesetzt hat sich dabei, die bis heute mitgeschleppte, aber inzwischen für den Haushaltsplan irrelevante Unterscheidung Labands zwischen Gesetz im materiellen und Gesetz im formellen Sinne, das Haushaltsgesetz sei nur Letzteres.

Obwohl der Haushaltsplan „nur“ ein formelles Gesetz sein soll, wird das Budgetrecht des Parlaments sehr hoch bewertet, es wird als „vornehmstes Recht“ oder **„Königsrecht“** bezeichnet und die Debatte um den Haushaltsentwurf der Regierung wird im Deutschen Bundestag als Debatte um die Regierungspolitik insgesamt geführt. Das **Budgetrecht** des

Parlaments war Anlass für drei große bürgerliche Revolutionen: Den Auftakt machten die Engländer 1688 mit der Glorious Revolution, es folgte die große französische Revolution von 1789 und schließlich die amerikanische Unabhängigkeitsbewegung, die das Anliegen mit der Losung „No taxation without representation“ auf den Punkt brachte.

Im Verlauf der politischen Reaktionen auf die Krise des Kapitalismus, die mit der Finanzkrise 2008 einsetzte, wurde das Budgetrecht des Bundestages erheblich eingeschränkt. Zunächst wurde ein nationaler Bankenrettungsschirm aufgespannt. Dazu wurde per Gesetz die Finanzmarktstabilisierungsanstalt (**FMSA**) gegründet, die insgesamt mit dem **SoFFin** (Sonderfonds Finanzmarktstabilisierung) über 480 Mrd. Euro in Form von Garantien und Krediten verfügen konnte. Der Bundeshalt hatte gleichzeitig ein Volumen von ca. 330 Mrd. Euro. Das Parlament wurde nur über einen auf Vertraulichkeit verpflichteten Ausschuss nachträglich über die Maßnahmen der FMSA informiert. Das Argument lautete: eine vorherige Beschlussfassung im Bundestag gefährdet die Wirkung der Maßnahmen auf „den Märkten“. Die Umgehung parlamentarischer Entscheidungen und effektiver Kontrolle ist mit dem **Demokratieprinzip** aus Art. 20 und 38 sicher nicht vereinbar.

Die Finanzkrise riss tiefe Löcher in die Haushalte vieler Europäischer Länder, so dass Staatspleiten zu befürchten waren. Um den Euro zu retten gründeten deshalb die Euroländer den Europäische **Finanzstabilisierungsfazilität**, die zunächst mit Bürgschaften der Staaten ausgestattet war. Sie wurde 2012 zum Europäischen Stabilitätsmechanismus (ESM) umgewandelt, für den die Staaten tatsächlich Finanzmittel zur Verfügung stellen sollen – also Cash statt Bürgschaften. Die Bundesregierung soll Entscheidungen von EFSF und ESM, welche die **Budgethoheit** tangieren, nur tragen, wenn der Bundestag vorher zugestimmt hat. Im Eilfall – und hier entsteht das Problem, soll aber nur ein Unterausschuss des Haushaltsausschuss in der kleinstmöglichen Besetzung, bei der jede Fraktion zumindest ein Mitglied benennen kann und die Mehrheitsverhältnisse gewahrt werden – das waren 2010 neun Abgeordnete –, entscheiden. Gegen diese Regelung in § 3 Abs. 3 StabMechG wurde von Abgeordneten das BVerfG angerufen. Im einstweiligen Rechtsschutz hat das BVerfG die Regelung (bis zur Fertigstellung des Manuskripts) ausgesetzt, weil ihre Anwendung möglicherweise die Rechte des Bundestages erheblich schmälert und Entscheidungen des Neunergremiums möglicherweise irreversibel seien (BVerfG, 2 BvE 8/11 vom 27.10.2011).

In der Tat ist die Ermächtigung des Unterausschusses verfassungswidrig. Aus Art. 38 I wird für die Abgeordneten ein subjektives organschaftliches Recht auf demokratische Teilhabe abgeleitet, d. h. auf Mitwirkung an Entscheidungen des Parlaments und darauf, dass wesentliche Entscheidungen durch das Parlament getroffen werden (s. u. Parlamentsvorbehalt bei Bundeswehreinsätzen). Das umfasst das Recht auch einzelner Abgeordneter sich im Rahmen der parlamentarischen Tätigkeit an den Verhandlungen und Beratungen des BT zu beteiligen und an den Entscheidungen und Abstimmungen mitzuwirken. Diese Grundsätze haben im Bereich der haushaltsrechtlichen Grundentscheidungen aufgrund der herausragenden Rolle des Budgetrechts des Bundestages im Verfassungsgefüge eine besondere Bedeutung. Der demokratische Prozess wird unterlaufen und das Demokratieprinzip ausgehöhlt, wenn ein „**Minigremium**" von nur neun Abgeordneten ermächtigt wird, über Geldsummen zu entscheiden, die den Haushalt insgesamt tangieren.

c) Wahlen

Die dritte wichtige Aufgabe des Bundestages ist die Wahl des Bundeskanzlers – dazu unten mehr. Viertens wählt der Bundestag andere wichtige Staatsfunktionen oder ist an deren Wahl beteiligt, wie:

- An der Wahl des **Bundespräsidenten** durch die Bundesversammlung (Art. 54)
- An der Wahl der **Bundesrichter** durch den Richterwahlausschuss, bestehend zur Hälfte aus den Landesjustizministern und Vertretern des Bundestags, die im Verfahren der Verhältniswahl gewählt werden (§ 2 ff. RichterwahlG).
- Der Deutsche Bundestag und der Bundesrat wählen jeweils ohne Aussprache auf Vorschlag der Bundesregierung den Präsidenten und den Vizepräsidenten des **Bundesrechnungshofes**, dessen Unabhängigkeit verfassungsrechtlich garantiert ist (Art. 114 II).
- Der Bundesbeauftragte für den **Datenschutz** wird auf Vorschlag der Bundesregierung vom Deutschen Bundestag mit der Mehrheit seiner Stimmen gewählt.
- Der Bundestag wählt einen **Wehrbeauftragten** (Art. 45 b).

Schließlich organisiert sich der Bundestag selbst. Zur Selbstorganisation des Bundestages gehört zunächst:

- Die Wahl des **Bundestagspräsidenten** (Art. 40 I). Dieser hat das Hausrecht im Bundestag, d. h. er genehmigt auch Durchsuchungen und Beschlagnahmungen (Art. 40 II). Der Bundestag-Präsident beruft die Sitzungen ein.
- Der Bundestag gibt sich eine **Geschäftsordnung** (Art. 40 I). Diese regelt grds. die Verfahren, wie die Verteilung der Redezeit, Besetzung der Ausschüsse oder die verschiedenen Abstimmungsmodi wie offene, geheime oder namentliche Abstimmung. Die Geschäftsordnung ist eine **autonome Satzung**. Verstöße gegen die Bundestags-GeschO führen nicht zur Nichtigkeit des Gesetzes (BVerfGE 29, 221). Sie wird in vielen Organisationen, z. B. Parteien, analog angewandt. Zur Selbstorganisation gehören auch:
  - Der Bundestag bestimmt den Schluss und den Wiederbeginn seiner **Sitzungen** (Art. 39 III). Der Präsident des Bundestages kann diesen früher einberufen. Er ist hierzu verpflichtet, wenn ein Drittel der Mitglieder, der Bundespräsident oder der Bundeskanzler es verlangen.

- Der Bundestag und seine Ausschüsse können die **Anwesenheit** jedes Mitgliedes der **Bundesregierung** verlangen. Die Mitglieder des Bundesrates und der Bundesregierung sowie ihre Beauftragten haben zu allen Sitzungen des Bundestages und seiner Ausschüsse Zutritt. Sie müssen jederzeit gehört werden (Art. 43).

d) Ausschüsse

Der Bundestag organisiert seine Arbeit in **Ausschüssen**, dort findet die tatsächliche Arbeit der MdBs statt. Die meisten Ausschüsse werden vom Bundestag nach politischem Bedarf bestimmt, einige sind von der Verfassung vorgeschrieben, nämlich:

- Der EU-Ausschuss (Art. 45)
- Der Ausschuss für auswärtige Angelegenheiten (Art. 45 a I)
- Der Ausschuss für Verteidigung (Art. 45 a I)
- Der Petitionsausschuss (Art. 45 c)
- Untersuchungsausschüsse (Art. 44 I).

Ausschüsse sind die **Arbeitsgremien** des Parlaments. Gesetzentwürfe und politische Richtungsentscheidungen werden diskutiert und im Detail bearbeitet.

Der **Untersuchungsausschuss** ist ein Mittel zur Kontrolle der Regierungspolitik. Er wird meist zur Untersuchung von (möglichen) Skandalen eingesetzt. Gemäß Art. 44 I hat der Bundestag das Recht, einen Untersuchungsausschuss einzusetzen, der in öffentlicher Verhandlung die erforderlichen Beweise erhebt. Untersuchungsausschüsse können mit Mehrheit jederzeit beschlossen werden. Sie müssen auf Antrag von 25 % der Mitglieder des Bundestags eingesetzt werden. Diese Vorschrift ist ein ausdrückliches Minderheitenrecht, das der Opposition dienen soll, die Regierung zu attackieren.

Ein Problem stellt sich bei **großen Koalitionen**, dann haben die kleineren Oppositionsparteien oft nur dann die Chance, einen Untersuchungsausschuss einzusetzen, wenn sie sich einigen. Gelegentlich stellt die Opposition insgesamt weniger als ¼ der MdBs (z. B. erste große Koalition der BRD 1966–1969, in der nur die FDP in der Opposition war). Oftmals vereinbaren die Regierungsparteien dann, dass sie einem Antrag der Opposition auf Einsetzung eines Untersuchungsausschusses zustimmen werden, um die nötige Stimmenzahl zu erreichen.

Der Untersuchungsausschuss erhebt Beweise über einen politischen Vorfall, das Verhalten der Regierung. Am Ende der Ausschussarbeit verfasst der Ausschuss einen Bericht, in dem er eine Bewertung abgibt. Das heißt, es findet ein Verfahren statt, das einem Gerichtsverfahren ähnelt. Deshalb gelten für die **Beweiserhebungen** gemäß Art. 44 II die Vorschriften über den Strafprozess sinngemäß.

Die Öffentlichkeit kann bei den Sitzungen des Ausschusses ausgeschlossen werden. Materiell geschieht dies, wenn Persönlichkeitsrechte von Beteiligten zu schützen sind. Das

Brief-, Post- und Fernmeldegeheimnis bleibt unberührt. Gerichte und Verwaltungsbehörden sind zur Rechts- und Amtshilfe verpflichtet. Die Beschlüsse der Untersuchungsausschüsse sind der **richterlichen Erörterung** entzogen, d. h. die Ergebnisse dürfen nicht Gegenstand eines anschließenden zivil- oder strafgerichtlichen Prozesses sein. Allerdings sind die Gerichte in der Würdigung und Beurteilung des der Untersuchung zugrunde liegenden Sachverhaltes frei, d. h. wenn der Gegenstand des Ausschusses ein strafbares Verhalten ist, kann anschließend ein Strafprozess stattfinden, bei dem die Gerichte nicht den Bewertungen des Ausschusses folgen müssen.

Für den Bundestag gilt das Prinzip der **Diskontinuität**, d. h. der neu gewählte Bundestag „erbt" nicht die übrig gebliebene Arbeit des alten Bundestag. Gesetzesvorlagen usw., die nicht mehr verabschiedet wurden, müssen neu in den Bundestag eingebracht werden. Der neue Bundestag gibt sich eine eigene GO (meist durch Übernahme der alten).

6. Der Bundesrat

a) Grundsätzliche Bedeutung

Die Länder üben zunächst im Bereich ihres Territoriums die Staatsgewalt aus, d. h. sie haben die Kompetenz zu Gesetzgebung und Verwaltung (unten mehr). Im Bundesstaat sind die Länder außerdem an der Gesetzgebung des Bundes beteiligt. Das zentrale Organ der bundesstaatlichen Mitwirkung ist der Bundesrat (BR). Der Bundesrat ist im Verfassungsgefüge der Bundesrepublik die zweite Kammer im Gesetzgebungsverfahren

In Großbritannien ist die 2. Kammer das Oberhaus, in der bundesstaatlichen Ordnung der USA der Kongress; in der EU ist das Verhältnis von Parlament und Rat eher umgekehrt, der Rat ist das wichtigere Gesetzgebungsorgan.

Durch den Bundesrat wirken die Länder gemäß Art. 50 GG an der Gesetzgebung und Verwaltung des Bundes und in Angelegenheiten der Europäischen Union mit.

b) Zusammensetzung des Bundesrates

Der Bundesrat ist die Vertretung der Länder im Bund. Konkret entsenden alle Landesregierungen Vertreter in den Bundesrat. Gemäß **Art. 51** besteht der Bundesrat aus **Mitgliedern der Regierungen der Länder**, die sie bestellen und abberufen. Sie können durch andere Mitglieder ihrer Regierungen vertreten werden, d. h. es gibt kein – wie etwa bei den MdBs – an die Person gebundenes Mandat der Ländervertreter über eine Legislaturperiode. Die Mitglieder der Landesregierungen dürfen sich zwar gegenseitig vertreten, aber nicht von anderen, also Nicht-Mitgliedern der Landesregierung vertreten werden.

Entscheidend für die Gesetzgebung ist natürlich, wie viele Stimmen jedes Land im Bundesrat hat. Dazu bestimmt Art. 51, dass jedes Land **mindestens drei Stim-**

men hat. Länder mit mehr als zwei Millionen Einwohnern haben vier, Länder mit mehr als sechs Millionen Einwohnern fünf, Länder mit mehr als sieben Millionen Einwohnern **höchstens sechs** Stimmen. Die Staffelung ist offenkundig sehr schematisch, d. h. sie stellt keine Stimmverteilung proportional zur Bevölkerungszahl dar.

Das kleinste Bundesland ist Bremen mit ca. 600.000 Einwohnern, es hat also 3 Stimmen. Sachsen etwa hat vier und Hessen 5 Stimmen. NRW hat ca. 17 Mio. Einwohner, ist also mit 6 Stimmen, der höchstmöglichen Stimmenzahl im Bundesrat vertreten. Das heißt aber: Jede Stimme aus NRW repräsentiert ca. 2.800.000 Bürger, jede Stimme aus Bremen ca. 200.000 Bürger. Ist das ein Verstoß gegen das Prinzip des gleichen Wahlrechts? Das Prinzip der Wahlrechtsgleichheit ist auf die föderale Vertretung nicht anzuwenden. Die im Bund vereinigten Länder „zählen" auch als solche, d. h. sie haben ihr eigenes Gewicht, um der föderativen Einigung willen. Die Regelung beabsichtigt, dass weder die großen die kleinen, noch die kleinen die großen Länder majorisieren können. Deshalb ist die Mischung aus föderativem und demokratisch-gleichem Stimmgewicht verfassungskonform.

c) Arbeitsweise des Bundesrates

Im BR gilt ein besonderer Abstimmungsmodus, den Art. 51 III normiert. Danach kann jedes Land so viele Mitglieder in den BR entsenden, wie es Stimmen hat. Die **Stimmen** eines Landes können aber nur **einheitlich** und nur durch anwesende Mitglieder oder deren Vertreter abgegeben werden.

Ein Land mit sechs Stimmen kann nur von einer Person vertreten werden, die alle Stimmen des Landes abgibt. Sind sechs Vertreter mit je einer Stimme da, können sie die sechs Stimmen nur einheitlich abgegeben.

Regelmäßig entscheidet die Landesregierung vorher, wie abzustimmen ist. Koalitionen, die sich nicht einigen können, enthalten sich meist nach Koalitionsabsprache (keine Zustimmung). Ein Verstoß gegen den Beschluss der Landesregierung durch den Vertreter führt nicht zur Ungültigkeit der Stimmen.

Verstößt ein Land gegen das Gebot der einheitlichen Stimmabgabe, stellt sich die Frage, welche Konsequenzen das für die Abstimmung hat. Dazu werden unterschiedliche Auffassungen vertreten.

Nach h. M. sind nur die **Stimmen des Landes ungültig** (BVerfGE 310/ 330); d. h. die Abstimmung insgesamt ist gültig und alle Stimmen des Landes werden beim Ergebnis nicht berücksichtigt. Das zwingt die Landesregierung zur Absprache und fördert den Koalitionsfrieden und damit die Stabilität der Landesregierung.

Nach a. A. zählt die **Stimme des Stimmführers** als Abstimmung des Landes – meist ist der Ministerpräsident Stimmführer, dessen Stimme mit der Zahl der Bundesratsmitglieder des Landes multipliziert wird. Die abweichenden Stimmen der Minister werden nicht beachtet. Diese Auffassung folgt einem ziemlich autokratischen Bild der Regierungsarbeit, die damit begründet wird, dass der Ministerpräsident das Bundesland den Landesverfassungen folgend nach außen vertritt. Dem ist aber zu entgegnen, dass es aus der Perspektive des Bundes im Bundesrat hierauf nicht ankommen kann. Eine solche Praxis würde außerdem sicher zum Scheitern vieler Koalitionen in den Ländern führen.

Nach einer weiteren Ansicht ist die **gesamte Abstimmung ungültig**. Das verschärft den Zwang zur Einigung über das erforderliche Maß hinaus und gibt den Landesregierungen eine vortreffliches Instrument an die Hand, um Gesetzesbeschlüsse zu verzögern, wenn nicht zu verhindern, weil die Abstimmung ja später wiederholt werden muss.

Die Arbeits- und Organisationsweise des Bundesrates wird durch Art. 52 der Verfassung geregelt. Der Bundesrat wählt seinen **Präsidenten** auf ein Jahr.

Durchgesetzt hat sich in der Praxis ein **Rotationsverfahren,** bei dem jedes Land abwechselnd den Präsidenten stellt. Der Bundesratspräsident wird also nicht nach politischen Farben gewählt. Der Bundesratspräsident vertritt den Bundespräsidenten im Falle eines Rücktritts oder bei Abwesenheit und Verhinderung (Art. 57).

Der Präsident hat die Aufgabe, den Bundesrat einzuberufen. Rechtlich hat er ein Ermessen, faktisch werden die Sitzungstermine natürlich abgestimmt. Der Bundesratspräsident muss den Bundesrat einberufen, wenn die Vertreter von mindestens zwei Ländern oder die Bundesregierung es verlangen. Der Bundesrat fasst seine **Beschlüsse** mit mindestens der **Mehrheit** seiner Stimmen. Mehrheit der Stimmen bedeutet hier absolute Mehrheit, denn die Mehrheit der Stimmen wird in Art. 51 bestimmt. Enthaltungen zählen im Bundesrat folglich wie Nein-Stimmen, weil sie an der absoluten Mehrheit fehlen. Er gibt sich eine Geschäftsordnung und verhandelt i. d. R. öffentlich.

III. Gesetzgebung

1. Das System der Gesetzgebungszuständigkeit im GG

a) Begriff des Gesetzes

Ein Gesetz ist eine vom Parlament in einem ordnungsgemäßen Verfahren verabschiedete **abstrakt generelle Norm**. Gesetzgebende Organe sind der Bundestag und die Landtage. **Abstrakte** Normen sind solche, die für eine Vielzahl von Sachverhalten gelten, d. h. die Norm beschreibt einen Lebenssachverhalt in einer Form, die auf viele Fälle anwendbar ist. Im Unterschied dazu bedeutet **generell**, dass das Gesetz für eine Vielzahl von Personen, einen unbestimmten Personenkreis gilt. Die abstrakt generelle Norm wird als „allgemeines Gesetz" bezeichnet, das gleichzeitig bestimmt sein muss, d. h. erkennen lassen muss, welcher Sachverhalt welche Rechtsfolge hat (Bestimmtheitsgebot s. u.). Normen formulieren Verhaltenserwartungen an die Adressaten, also die Bürgerinnen und Bürger, meist indem Ver- oder Gebote ausgesprochen werden. Die meisten juristischen Normen sind als Konditionalprogramm formuliert, wenn Sachverhalt X eintritt, dann ergibt sich Rechtsfolge A.

Über die tatsächliche Funktion und Wirkung, die Gründe der Geltung und Befolgung von Normen gibt es selbstverständlich sehr unterschiedliche Vorstellungen. Die – etwas naive – ökonomische Theorie des Rechts meint etwa, die Vor- oder Nachteile in der Rechtsfolge würden vom Adressaten in ein Kosten-Nutzen-Kalkül eingestellt. Dann sind Normen nur ein Element in einer Kosten-Nutzen Kalkulation. In etwas moralinsaurer Weise begreifen andere – meist unter Berufung auf Kant – Normen als deontisches Programm, als Pflichtprogramm und postulieren eine innere Pflicht diesen zu folgen. Die Systemtheorie begreift Normen als Mittel zur Stabilisierung von Erwartungshaltungen, d. h. sie richten sich vor allem an die Rechtstreuen, die in ihren Werten durch das Recht bestätigt werden. Tatsächlich dürfte die Wirksamkeit des Rechts von Lernprozessen und Umstellungen oder Bestätigungen einer vorhandenen symbolischen Ordnung in der Gesellschaft abhängig sein (Vgl. Fisahn, Natur, Mensch, Recht – Elemente einer Theorie der Rechtsbefolgung, Berlin 1999).

Rechtsverordnungen (RVO) sind abstrakt generelle Normen, die von der Spitze der **Exekutive** erlassen werden. Manchmal werden RVO als Gesetze im materiellen Sinne bezeichnet. Zur klaren Abgrenzung unterscheidet man deshalb Parlamentsgesetze von RVO.

Der Gemeinderat ist nach h. M. als Volksvertretung Teil der Kommunalverwaltung, d. h. der Gemeinderat ist Organ der Selbstverwaltung, wie die Selbstverwaltungsgremien in Hochschule und Berufskammern. **Selbstverwaltungsorgane** haben nur Rechtssetzungs- und Anordnungskompetenzen für den eigenen, abgegrenzten Bereich wie etwa die Mitglieder der Körperschaft. Für diese können Rechtsvorschriften erlassen werden. Allgemein abstrakte Normen werden von Selbstverwaltungsorganen in Form von **Satzungen** erlassen.

Die Rechtsvorschriften werden hierarchisch geordnet, d. h. in der Hierarchie untergeordnete Normen dürfen nicht gegen höherrangiges Recht verstoßen. Das wird in Art. 31 ausdrücklich normiert, der besagt: Bundesrecht bricht Landesrecht.

An der Spitze der Normenhierarchie steht in der BRD das Grundgesetz, darunter folgt das Bundesrecht, das nicht nur die Gesetze, sondern auch RVO und andere Normen umfasst. Auch untergesetzliche Normen brechen als Bundesrecht Landesrecht und gehen selbst dem Landesverfassungsrecht vor. Auf der unteren Stufe der Hierarchie finden wir die Satzungen als Form der Gesetzgebung in den Selbstverwaltungskörperschaften.

Für das Verhältnis zwischen **europäischen Rechtsvorschriften** und deutschem Recht gilt zunächst, dass das europäische Recht Vorrang vor Gesetzen oder untergesetzlichen Vorschriften hat. Die nationalen Gesetzgeber sind regelmäßig verpflichtet, europäische Richtlinien in deutsches Recht umzusetzen.

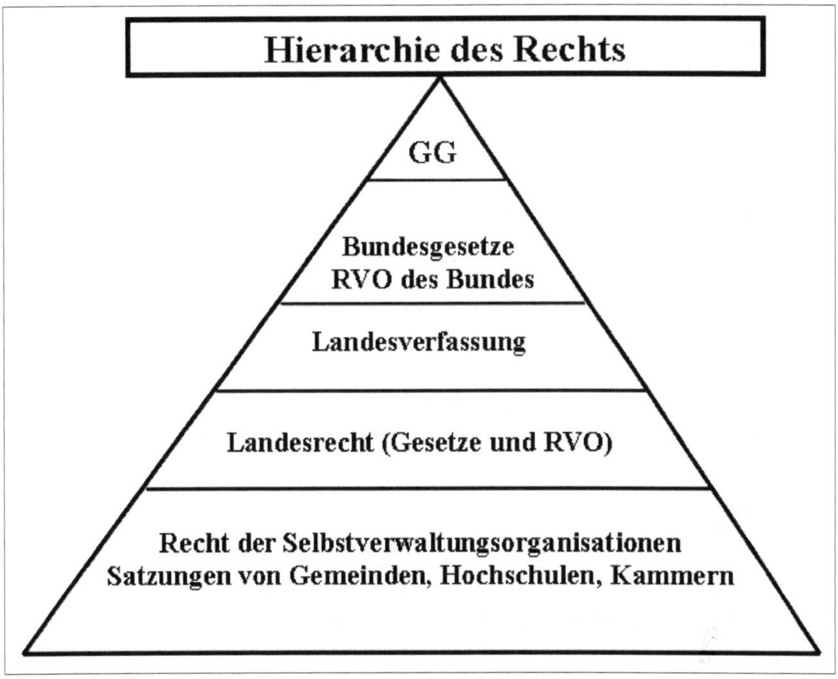

Die Hierarchie zwischen Europäischem Recht und Grundgesetz ist bisher ungeklärt. In der neuesten Entscheidung zum Lissabon Vertrag hat das BVerfG ausgeführt: Es prüfe, „ob der unantastbare Kerngehalt der Verfassungsidentität des Grundgesetzes nach Art. 23 Abs. 1 Satz 3 in Verbindung mit Art. 79 Abs. 3 GG gewahrt ist" und ob es „Grenzdurchbrechungen bei der Inanspruchnahme von Zuständigkeiten durch Gemeinschafts- und Unionsorgane" gibt (Ultra-Vires Kontrolle). Und es formuliert: „Sowohl die Ultra-vires- als auch die Identitätskontrolle können dazu führen, dass Gemeinschafts- oder künftig Unionsrecht in Deutschland für unanwendbar erklärt wird." Das bedeutet aber, dass auch Europarecht an den Maßstäben des GG geprüft wird, in der Hierarchie also unter dem Grundgesetz anzusiedeln ist. Andere bestreiten dies und wollen dem EuGH die Letztentscheidung zubilligen. Das wäre aber nur logisch, wenn man der EU Staatseigenschaften zubilligt, was die Verfechter der Höherrangigkeit des Europarechts dann aber auch nicht wollen, da dies ein nicht demokratischer Staat wäre, in den die BRD nicht eintreten dürfte.

b) Gesetzgebungskompetenz der Länder

Obwohl die politische Praxis ein anderes Bild vermittelt und der Bund im Vergleich zu den Ländern faktisch das Bild der Gesetzgebung prägt und viele wichtige Gesetze Bundesgesetze sind, schreibt das GG eine andere Reihenfolge vor: Die Gesetzgebungskompetenz liegt im ersten Zugriff nicht beim Bund, sondern bei den Ländern. Zuständig ist der Bund nur, wenn dies vom GG ausdrücklich vorgesehen ist. Das heißt, ohne ausdrückliche Zuweisung der Kompetenz an den Bund durch das GG besteht Landeszuständigkeit in der Gesetzgebung. So formuliert Art. 70 I: „Die Länder haben das Recht der Gesetzgebung, soweit dieses Grundgesetz nicht dem Bunde Gesetzgebungsbefugnisse verleiht." Die Zuständigkeiten des Bundes werden in den Vorschriften des GG über die ausschließliche und die konkurrierende Gesetzgebung geregelt, womit die beiden unterschiedlichen Zuweisungsformen an den Bund benannt werden (Art. 70 II). Art. 70 I ist damit eine spezielle Ausprägung des Grundsatzes in Art. 30 GG, wonach die Ausübung der staatlichen Befugnisse und die Erfüllung der staatlichen Aufgaben Sache der Länder ist, soweit das Grundgesetz keine andere Regelung trifft.

Faktisch hat sich die Situation aber umgekehrt. Dem Bund sind so viele Bereiche zugewiesen, dass den Ländern nur wenig eigenständige Regelungsbereiche für die Gesetzgebung blieben. Dazu gehören etwa: Das Polizei- und Ordnungsrecht i. w. S., die Bildung einschließlich Hochschulsystem, Erziehung und Kultur, Presserecht, neuerdings der Strafvollzug.

c) Ausschließliche Gesetzgebungskompetenz

Grundsätzlich liegt die Gesetzgebungskompetenz gemäß Art. 70 I bei den Ländern. Umgekehrt liegt der Fall, wenn das GG die Gesetzgebungsmaterie dem Bund als Gegenstand der **ausschließlichen Gesetzgebung** zugewiesen hat. Was diese Zuweisung bedeutet erklärt Art. 71: Im Bereich der ausschließlichen Gesetzgebung haben die Länder die Befugnis zur Gesetzgebung nur, wenn und soweit sie hierzu in einem Bundesgesetze ausdrücklich ermächtigt werden. Das Verhältnis des Art. 70 ist also umgekehrt. Die **Länder** sind grundsätzlich **unzuständig**, wenn das GG eine Materie unter die ausschließliche Gesetzgebung subsumiert hat. Die Regelungskompetenz hat ausschließlich der Bund, d. h. die Länder dürfen auch dann nicht landesgesetzliche Regelungen erlassen, wenn der Bund untätig bleiben würde. Ausnahmsweise sind die Länder zuständig, wenn ein Bundesgesetz die Kompetenz des Bundes gleichsam an die Länder delegiert. Die Gegenstände der ausschließlichen Gesetzgebung werden in Art. 73 aufgezählt. Dabei handelt es sich in der Regel um Gegenstände, die zwingend bundeseinheitlich geregelt werden müssen, die z. T. aus der Logik eines Bundesstaates nicht von den Ländern geregelt werden können.

Dazu gehören beispielsweise Regelungen, welche die Beziehung zu anderen Staaten berühren (Art. 73 I Nr. 1: die auswärtigen Angelegenheiten sowie die Verteidigung einschließlich des Schutzes der Zivilbevölkerung), das Staatsvolk der Bundesrepublik konstituieren (Art. 73 I Nr. 2 Staatsangehörigkeit im Bunde) und damit zusammen hängend in Art. 73 I Nr. 3 die Freizügigkeit, das Passwesen, das Melde- und Ausweiswesen, die Ein- und Auswanderung und die Auslieferung. Es besteht ein Bedarf an einheitlichen Maßen und einer einheitlichen Währung (Art. 73 I Nr. 4. das Währungs-, Geld- und Münzwesen, Maße und Gewichte sowie die Zeitbestimmung). Aber auch der Luftverkehr, Post und Telekommunikation sowie der Eisenbahnverkehr bedürfen aus einleuchtenden Gründen bundeseinheitlicher Regelungen (Art. 73 I Nr. 6, 6 a, 7). Das schwierige Verhältnis in den

Bund-Länder Kompetenzen wird in Nr. 9 a deutlich, über den ein Teil der Gesetzgebungskompetenz im Polizeirecht von den Ländern auf den Bund verlagert wird, nämlich die Kompetenz für die Abwehr von Gefahren des internationalen Terrorismus durch das Bundeskriminalpolizeiamt in Fällen, in denen eine länderübergreifende Gefahr vorliegt, die Zuständigkeit einer Landespolizeibehörde nicht erkennbar ist oder die oberste Landesbehörde um eine Übernahme ersucht.

d) Konkurrierende Gesetzgebungskompetenz

Umfangreicher als der Katalog der ausschließlichen Gesetzgebung ist derjenige der **konkurrierenden Gesetzgebung**. Die Bedeutung, Voraussetzung und Rechtsfolge der konkurrierenden Gesetzgebung sind in Art. 72 geregelt. Der Katalog der Gesetzgebungskompetenzen findet sich in Art. 74.

Die konkurrierende Gesetzgebung erstreckt sich u. a. auf folgende Gebiete: 1. das bürgerliche Recht, das Strafrecht, die Gerichtsverfassung, das gerichtliche Verfahren (ohne das Recht des Untersuchungshaftvollzugs), die Rechtsanwaltschaft, das Notariat und die Rechtsberatung; 4. das Aufenthalts- und Niederlassungsrecht der Ausländer; 11. das Recht der Wirtschaft (Bergbau, Industrie, Energiewirtschaft, Handwerk, Gewerbe, Handel, Bank- und Börsenwesen, privatrechtliches Versicherungswesen) **ohne** das Recht des Ladenschlusses, der Gaststätten, der Spielhallen, der Schaustellung von Personen, der Messen, der Ausstellungen und der Märkte; 12. das Arbeitsrecht einschließlich der Betriebsverfassung, des Arbeitsschutzes und der Arbeitsvermittlung sowie die Sozialversicherung einschließlich der Arbeitslosenversicherung; 13. die Regelung der Ausbildungsbeihilfen und die Förderung der wissenschaftlichen Forschung; 14. das Recht der Enteignung, ...; 15. die Überführung von Grund und Boden, von Naturschätzen und Produktionsmitteln in Gemeineigentum oder in andere Formen der Gemeinwirtschaft; 16. die Verhütung des Missbrauchs wirtschaftlicher Machtstellung; 20. das Recht der Lebensmittel einschließlich der ihrer Gewinnung dienenden Tiere,...; 22. den Straßenverkehr, ...; 23. die Schienenbahnen, die nicht Eisenbahnen des Bundes sind, mit Ausnahme der Bergbahnen; 24. die Abfallwirtschaft, die Luftreinhaltung und die Lärmbekämpfung (ohne Schutz vor verhaltensbezogenem Lärm).

Die konkurrierende Gesetzgebung trägt ihren Namen, weil Bund und Länder gleichsam um die Gesetzgebung konkurrieren. Solange der Bund von seiner Gesetzgebungskompetenz keinen Gebrauch macht, liegt die Kompetenz bei den Ländern. Wenn der Bund aber ein Gesetz aus dem Bereich der konkurrierenden Gesetzgebung beschließt, verdrängt dies die Kompetenz der Länder, d. h. diese dürfen für diese Materie keine eigenen Gesetze beschließen. Gemäß Art. 72 haben die Länder im Bereich der konkurrierenden Gesetzgebung die Befugnis zur Gesetzgebung, solange und soweit der Bund von seiner Gesetzgebungszuständigkeit nicht durch Gesetz Gebrauch gemacht hat.

Logisch ergibt sich aus dem Vorrang des Bundesrechts, dass ein Land kein Gesetz beschließen darf, das im Widerspruch zum Bundesrecht steht. Die Länder dürfen grds. (zu den Ausnahmen später) aber auch keine gleichlautenden Regelungen als Landesgesetz erlassen, denn ihre Gesetzgebungskompetenz entfällt, wo der Bund im Bereich des Art. 74 ein Gesetz erlassen hat. In beiden Fällen wären die Landesgesetze verfassungswidrig.

Eine Schwierigkeit ergibt sich bei **Gesetzeslücken**, d. h. bei Lebenssachverhalten, die vom Gesetz nicht erfasst sind, gleichwohl in die Systematik des Gesetzes passen würden.

Hier ist etwas anderes mit Lücke gemeint als in der Methodenlehre. Dort gibt es logisch keine Lücken. Die werden vom Rechtsarbeiter oder -anwender gemacht oder gedacht, weil er meint, es müsse eine Regelung bestehen, wo der Gesetzgeber keine erlassen hat. Der Rechtsarbeiter setzt sich an die Stelle des Gesetzgebers und bildet eine Analogie. Tatsächlich müsste gelten: Wenn es der Gesetzgeber nicht geregelt hat, bleibt es bei der allgemeinen Freiheit des Art. 2 I. Im Falle der konkurrierenden Gesetzgebung, kann der Landesgesetzgeber einen Lebenssachverhalt regeln, wo der Bundesgesetzgeber eine „Lücke" gelassen hat, ihn also ungeregelt gelassen hat. In diesem Fall hat der Landesgesetzgeber die Kompetenz, die Lücke zu entdecken und zu schließen.

Es sind zwei Fälle zu unterscheiden, nämlich die Nichtregelung bei abschließendem Regelungswillen des Bundes und die Gesetzeslücke bei nicht bewusster Offenheit der Bundesregelung. Was der Bund nicht geregelt hat, darf von den Ländern geregelt werden, wenn der Bund keine abschließende Regelung erlassen wollte. Es darf von den Ländern **nicht** geregelt werden, wenn der Bund bewusst nicht regeln wollte, also eine abschließende Regelung vorliegt.

Beispiel: Das Bundesimmissionsschutzgesetz wird zulässig ergänzt durch das LImSchG NRW, die VWGO des Bundes zulässig durch das Justizgesetz NRW. Beide Gesetze enthalten Ausführungen zu Zuständigkeit und Verfahren, die der Bundesgesetzgeber nicht festgelegt hat.

Umgekehrt: Für unzulässig erklärte das BVerfG eine **kommunale Verpackungssteuer** auf Einweggeschirr großer Fast Food Ketten in Kassel. Damit sollte Müll und Ressourcenverbrauch vermieden oder wenigstens bezahlt werden. Das BVerfG urteilte: Das KrW/AbfG sei abschließend, die Steuer deshalb verfassungswidrig (BVerfGE 98, 106). Ob die abfallrechtlichen Regelungen des Bundes tatsächlich abschließend sein sollten, bestimmte das BVerfG, dem Gesetz kann man das keineswegs ansehen und also auch mit gutem Grund bezweifeln. Es ist eben nichts geregelt. Über die Unterscheidung von abschließender und unabgeschlossener Regelung verschafft sich die Justiz erneut zusätzliche Entscheidungskompetenzen.

Tatsächlich hat der Bund im Bereich der konkurrierenden Gesetzgebung umfassend Regelungen getroffen, so dass den Ländern wenig (s. o.) eigenständige Kompetenzen übrig bleiben.

Für bestimmte Bereiche soll die Regelungsbefugnis des Bundes an Voraussetzungen gebunden sein. So bestimmt Art. 72 II, dass für enumerativ aufgezählte

Kompetenzzuweisungen des Art. 74 der Bund das Gesetzgebungsrecht nur hat, wenn und soweit die Herstellung gleichwertiger Lebensverhältnisse im Bundesgebiet oder die Wahrung der Rechts- oder Wirtschaftseinheit im gesamtstaatlichen Interesse eine bundesgesetzliche Regelung erforderlich macht.

Diese Sonderbereiche der konkurrierenden Gesetzgebung sind: das Aufenthalts- und Niederlassungsrecht der Ausländer; die öffentliche Fürsorge; das Recht der Wirtschaft; die Regelung der Ausbildungsbeihilfen; die Überführung von Grund und Boden, von Naturschätzen und Produktionsmitteln in Gemeineigentum; die wirtschaftliche Sicherung der Krankenhäuser und die Regelung der Krankenhauspflegesätze; das Recht der Lebensmittel; das Straßenverkehrsrecht und die Staatshaftung.

Der Bund darf in diesen Fällen von der konkurrierenden Gesetzgebungskompetenz nur Gebrauch machen, soweit die **Herstellung gleichwertiger Lebensverhältnisse** im Bundesgebiet **oder** die Wahrung der **Rechts- oder Wirtschaftseinheit** im gesamtstaatlichen Interesse eine bundesgesetzliche Regelung **erforderlich** macht.

Diese sog. Erforderlichkeitsklausel wurde 1994 eingeführt, um die alte „Bedürfnisklausel" zu ersetzen. Die Erforderlichkeitsklausel sollte die Anforderungen an Bundesregelungen verschärfen. Das BVerfG hatte dem Bundesgesetzgeber vor der Änderung einen weiten Einschätzungsspielraum hinsichtlich des Bedürfnisses eingeräumt. Nach der Änderung der Formulierung beanspruchte das Gericht eine umfassende Prüfungskompetenz (E 106, 62), inwieweit eine bundeseinheitliche Regelung erforderlich ist. Die Erforderlichkeit hat das Gericht im konkreten Fall dann auch verneint und das Altenpflegegesetz des Bundes als verfassungswidrig verworfen. In einem weiteren Reformschritt wurden dann die Voraussetzungen des Art. 72 II auf die genannten Rechtsmaterien beschränkt. Hier ist eine Pendelbewegung zu erkennen: Zunächst sollten die Länder gestärkt werden, dann geht es wieder zurück, die Anforderungen an die Bundesgesetzgebung werden wieder zurück geschraubt.

Die Herstellung **gleicher Lebensverhältnisse** macht eine Bundesregelung erst erforderlich, wenn sich das bundesstaatliche Sozialgefüge in erhebliche, das Gesamtgefüge beeinträchtigender Weise auseinander entwickelt. Die **Rechtseinheit** ist erst bedroht, wenn die Rechtszersplitterung auf Länderebene problematische Folgen zeigt, Gesetze für die **Wirtschaftseinheit** sind erst erforderlich, wenn es um die Erhaltung der Funktionsfähigkeit des Wirtschaftsraums BRD geht (E 106, 62).

Es darf bezweifelt werden, dass Machtverlagerungen von den Ländern zum Bund oder umgekehrt sich auf diese Weise normativ einfangen lassen. Ergebnis schärferer Formulierungen ist nur ein Machtzuwachs des BVerfG, das aber kaum dazu berufen ist, zu beurteilen, welche Maßnahmen zur Erhaltung der Funktionsfähigkeit des Wirtschaftsraumes erforderlich sind und welche nicht. In der strikten Formulierung der Voraussetzungen durch das BVerfG werden die Zielbestimmungen des Art. 72 II zur Voraussetzung der staatlichen Existenz überhaupt, denn ohne einheitliches Recht fehlt es z. B. am Gewaltmonopol des Staates, das nur ein Monopol ist, wenn es einheitlich gehandhabt wird. Um den Staat in seiner Existenz zu schützen, bräuchte es aber die Regelung des Art. 72 II nicht. Hier muss dem Gesetzgeber eine deutlich größere Einschätzungsprärogative eingeräumt werden.

e) Abweichungsrechte nach Art. 72 III GG

Mit der Föderalismusreform 2006 wurde die **Rahmengesetzgebung** (Art. 75) abgeschafft. Die Gesetzgebungskompetenz lag in diesem Bereich grds. bei den Ländern, aber zur Vereinheitlichung gab der Bund einen Rahmen vor, der von den Ländern auszufüllen war. Den Ländern sollte ein Spielraum zur Ausfüllung des Rahmens bleiben. Allerdings waren die Rahmengesetze (wie das BNatSchG) oft so detailliert, dass den Ländern kein Regelungsspielraum blieb. Das BVerfG hat dem Bund z. B. im Hochschulrecht bescheinigt, seine Rahmenkompetenz zu überschreiten, als er durch eine Änderung des Hochschulrahmengesetzes u. a. die Juniorprofessur bundesweit eingeführt hat (BVerfGE 11, 226). Zur klareren Kompetenzverteilung wurde mit der Föderalismusreform die Rahmengesetzgebung ganz abgeschafft. Die Regelungsmaterien wurden weitgehend der konkurrierenden Gesetzgebung zugeordnet, anderes den Ländern überantwortet (Hochschulsystem, Versammlungsrecht und Strafvollzug), indem es aus Art. 74 herausgenommen wurde. Für die neuen Bundeskompetenzen wurde mit Art. 72 III eine besondere Ausnahmeregelung geschaffen.

Die konkurrierende Gesetzgebung enthält eine besonders **missglückte Ausnahmeregelung** in Art. 72 III. Für bestimmte Rechtsbereiche gibt es keine klare Kompetenzzuweisung an Bund oder Länder. Die Länder können in **Abweichung** von Art. 31 von den bundesrechtlichen Vorschriften abweichen und dem Bundesrecht widersprechende Vorschriften erlassen. Damit ist allerdings kein Vorrang des Landesrechts verbunden, vielmehr soll nach Art. 72 III das jeweils spätere, d. h. jüngere Gesetz gelten. Das heißt, der Rechtsarbeiter muss bei der Bearbeitung einer Rechtsfrage prüfen, wann das Bundes- und das Landesgesetz erlassen wurden. Das jüngere ist dann das maßgebliche Gesetz.

Damit wird die Möglichkeit für ein Ping-Pong Spiel zwischen Bund und Ländern geschaffen, das nur dadurch unterbrochen wird, dass Bundesgesetze grds. erst sechs Monate nach ihrer Verkündung in Kraft treten dürfen. Die Abweichungsregelung gilt für:

das Jagdwesen; den Naturschutz und die Landschaftspflege (ohne die allgemeinen Grundsätze des Naturschutzes, das Recht des Artenschutzes oder des Meeresnaturschutzes); die Bodenverteilung; die Raumordnung; den Wasserhaushalt (ohne stoff- oder anlagenbezogene Regelungen); die Hochschulzulassung und die Hochschulabschlüsse. Die Ausnahmen von den Ausnahmen erleichtern die Rechtsanwendung nicht gerade. Um ein Ping-Pong zwischen Landes- und Bundesgesetzgeber zu vermeiden, bleibt nur der Ausweg einer Konsensdemokratie oder gleicher Mehrheitsverhältnisse in Bund und Ländern.

f) Weitere Kompetenzzuweisungen an den Bund

Neben den Katalogen in Art. 73 und 74 finden sich weitere Einzelermächtigungen zur Gesetzgebung des Bundes im Zusammenhang mit der grundgesetzlichen Regelung. So heißt es in Art. 38 III im Anschluss an die Wahlgrundsätze: Das Nähere bestimmt ein Bundesgesetz. Das Wahlrecht ist in Art. 73 nicht genannt, aber selbstverständlich handelt es sich beim Bundeswahlrecht – schon kraft Natur der Sache – um einen Gegenstand der ausschließlichen Kompetenzzuweisung, so dass Art. 38 III auch als Kompetenzzuweisung verstanden werden muss. Das Bundeswahlgesetz gilt selbstverständlich nicht für die Länder, die ihr eigenes Wahlrecht normieren.

Probleme stellen sich im Bereich der auswärtigen Beziehungen, die nach Art. 32 Angelegenheit des Bundes sind, der damit auch ermächtigt wird, Verträge mit anderen Staaten abzuschließen. Völkerrechtliche Verträge müssen aber in nationales Recht transformiert werden, um innerstaatlich Wirkung zu entfalten. Das ist kein Problem, solange die Verträge sich im Bereich der Gesetzgebungskompetenz des Bundes bewegen, wird aber eines, wenn die „ausschließliche" Gesetzgebungskompetenz der Länder betroffen ist. Bund und Länder haben deshalb das sog. Lindauer Abkommen geschlossen, welches das genaue Prozedere regelt. Über Art. 32 erhält der Bund also keine zusätzliche Gesetzgebungskompetenz.

Dort, wo das Grundgesetz eine bundeseigene Verwaltung konstituiert oder erlaubt, sind oftmals auch entsprechende Gesetzgebungskompetenzen des Bundes vorgesehen.

Beispiel: Nach Art. 87 I S. 2, können durch Bundesgesetz Bundesgrenzschutzbehörden, Zentralstellen für das polizeiliche Auskunfts- und Nachrichtenwesen eingerichtet werden. Gemäß Art. 87 d regelt ein Bundesgesetz das Nähere der Luftverkehrsverwaltung.

Neben den ausdrücklichen Regelungen des Grundgesetzes beschäftigt sich vor allem die Theorie mit zusätzlichen ungeschriebenen Kompetenzen des Bundes, nämlich mit einer Kompetenz kraft Sachzusammenhangs und Annexkompetenz.

Eine **Kompetenz kraft Sachzusammenhang** liegt vor, „wenn eine dem Bund ausdrücklich zugewiesene Materie verständigerweise nicht geregelt werden kann, ohne dass zugleich eine nicht ausdrücklich zugewiesene Materie mitgeregelt wird, wenn also ein Übergreifen in nicht ausdrücklich zugewiesene Materien unerlässliche Voraussetzung ist für die Regelung einer der Bundesgesetzgebung zugewiesenen Materie." (BVerfGE 3, 407/ 423) Dazu gehörten z. B. Gebühren für Eisenbahn und Post als diese noch staatlich waren.

Ähnlich liegt die **Annexkompetenz** : auch hier regelt der Bund eine Materie mit, deren Regelung als Annex zu einer zugewiesenen Regelungskompetenz unerlässlich ist. Zur Unterscheidung der beiden Kompetenzen gilt als Faustregel: Während beim Sachzusammenhang der Zuständigkeitsrahmen verbreitert wird, wird bei der Annexkompetenz die Zuständigkeit vertieft. Praktisch ist der Unterschied eher unbedeutend.

Beispiel: Der Bund kann Voraussetzungen und Art des Streitkräfteeinsatzes nach Art. 35 II gesetzlich regeln (E 115, 118 – Luftsicherheitsgesetz).

Problem: Woher kommt die Kompetenz für Strafbestimmungen und Ordnungswidrigkeiten im Straßenverkehrsrecht, Gentechnikrecht usw.? Möglich wäre Art. 74 I Nr. 1, die Kompetenznorm für das Strafrecht, oder Art. 74 I Nr. 22, die Kompetenznorm für das Straßenverkehrsrecht, soweit das Straßenverkehrsrecht mit Strafnormen versehen wird. Die Kompetenz kann auf beide Normen gestützt werden. Straßenverkehrsrechtliche Regelungen sind oftmals nur effektiv, wenn sie sanktionsbewehrt sind. In anderen Fällen lässt sich die strafrechtliche Sanktion auch auf die Strafrechtskompetenz stützen, d. h. verschiedene Normen eines Gesetzes können auf unterschiedlichen Ermächtigungen beruhen.

Beispiel: Die Verbandsklage im Naturschutzrecht beruht auf Art. 74 I Nr. 1, der Kompetenz zur Regelung der Gerichtsverfahren. Der Bund darf sich so aber nicht weitere Gesetzgebungskompetenzen erschließen. Das Recht der Ordnungswidrigkeiten (OWiG) wird auf die Strafrechtskompetenz gestützt.

Eine **Kompetenz aus der Natur der Sache** liegt vor, wenn „gewisse Sachgebiete, weil sie ihrer Natur nach eigenste, der partikularen Gesetzgebungszuständigkeit a priori entrückte Angelegenheiten (des Bundes) darstellen, vom Bund (und nur von ihm) geregelt werden können“ (E 3, 407/ 422). Als Beispiel kann die Festsetzung des Nationalfeiertages genannt werden, während andere Feiertage von den Ländern festgesetzt werden.

Vorsicht: Mit den ungeschriebenen Kompetenzzuweisungen sollte (in Klausur und wirklichem Leben) eher sparsam umgegangen werden.

Neben den vom Bundestag und den Landtagen verabschiedeten Gesetzen gilt in immer geringerem Maße **vorkonstitutionelles Recht** fort. D. h. Recht (z. B. Reichsgesetze), das vor Verabschiedung des GG erlassen wurde, gilt nach Art. 123 weiter. Das Gesetz muss den Kompetenzzuweisungen des GG entsprechen. Ob Bundes- oder Landesrecht vorliegt, richtet sich nach der gegenwärtigen Gesetzgebungszuständigkeit

Beispiel: Das Preußische Enteignungsgesetz von 1874 galt in Schleswig-Holstein lange als Landesgesetz weiter.

Neben der formellen Vereinbarkeit muss das vorkonstitutionelle Recht auch materiell mit dem GG vereinbar sein.

Beispiel: Das Naturschutzgesetz von 1935 galt in der Bundesrepublik zunächst fort. 1954 bescheinigte das BVerwG dem Gesetz, dass es keine spezifische NS-Idelogie enthalte und insofern mit dem GG vereinbar sei (BVerwGE 2, 35). Vier Jahre später widersprach das BVerfG dieser Entscheidung zwar nicht direkt, kam aber zu dem Ergebnis, dass das RNatSchG nicht als Bundesrecht weiter gelten könne, da es die Kompetenz zur Rahmengesetzgebung überschreite und insofern formell verfassungswidrig sei (E 8, 186). Aber erst 1976 verabschiedete der Bundesgesetzgeber ein neues BNatSchG als Rahmengesetz.

2. Verfahren der Gesetzgebung

a) Einleitungsverfahren

Gemäß Art. 76 I werden Gesetzesvorlagen beim Bundestag durch die Bundesregierung, aus der Mitte des Bundestages oder durch den Bundesrat eingebracht. Dabei meint die Mitte des Bundestages: von einem oder mehreren Abgeordneten.

In der politischen Realität werden die meisten Gesetzesvorlagen von der Bundesregierung eingebracht. Dieser steht mit den Ministerien ein umfangreicher Verwaltungsstab zur Verfügung, der Gesetzesvorlagen entwickelt und mit vorhanden Gesetzen abstimmt – oder dies zumindest sollte. Diese Arbeit könnten die Abgeordneten mit wenigen Mitarbeitern nicht bewältigen.

Gesetzesvorlagen der Bundesregierung sind nach Art. 76 II zunächst dem Bundesrat zuzuleiten. Dieser hat dann eine Frist von regelmäßig sechs Wochen zur Stellungnahme. Dann wird das Gesetz mit **unverbindlicher** Stellungnahme des Bundesrates in den Bundestag eingebracht.

Beachte: Die Verfahrensvorschriften des GG sind verbindlich und führen bei Missachtung zur Verfassungswidrigkeit und damit Nichtigkeit des Gesetzes.

Auch der Bundesrat kann Gesetzesvorschläge in das Gesetzgebungsverfahren einbringen. Das ergibt sich aus Art. 76 III. Die Vorlagen des Bundesrates sind über die Bundesregierung innerhalb von sechs Wochen an den Bundestag weiterzuleiten.

Die Gesetzesinitiative kann schließlich aus dem Bundestag kommen, d. h. Abgeordnete beantragen die Verabschiedung eines Gesetzes. Der Bundestag beschließt dann ohne vorherige Stellungnahme des Bundesrates.

Weil die Stellungnahme des Bundesrates mit sechswöchiger Frist „ausfällt“, kann ein Gesetz schneller beschlossen werden, wenn die Initiative von Abgeordneten kommt und nicht von der Bundesregierung. Regierungsentwürfe werden deshalb zum Zwecke der Beschleunigung von Abgeordneten oder Fraktionen der Regierungskoalition eingebracht. Das lässt sich als Umgehung der Verfahrensvorschrift des Art. 76 II werten. Mehrheitlich wird ein solches Vorgehen aber für zulässig gehalten, weil der Bundesrat im zweiten Schritt zu beteiligen ist, also keine wesentlichen Mitwirkungsrechte verliert.

Regelmäßig bringen Fraktionen, meist der Opposition, höchst selten einzelne Abgeordnete Gesetzesvorschläge in den Bundestag ein.

b) Beratung im Bundestag

In §§ 78 ff der Geschäftsordnung des Bundestages GO-Bundestag ist bestimmt, dass Gesetze in **drei Lesungen** verabschiedet werden.

In der ersten Lesung findet eine allgemeine Aussprache über die Zielsetzung und Grundlinien des Gesetzentwurfs, sein politische Anliegen statt. Die erste Lesung muss allerdings vom Ältestenrat, der aus den erfahrenen Abgeordneten (die nicht unbedingt alt sein müssen) besteht, empfohlen oder von Fraktion beantragt (§ 79 GO-Bundestag) werden. Da ein großer Teil der Gesetze im Bundestag nicht kontrovers sind, oder die „politische Relevanz" als gering eingeschätzt wird, kann bei diesen Gesetzen auf die erste Lesung verzichtet werden. Nach der ersten Lesung (oder ohne diese) wird das Gesetz an den zuständigen Ausschuss verwiesen, der die Details intensiv diskutiert.

In der zweiten Lesung wird das Gesetz vom Bundestag im Detail beraten und es können zu einzelnen Vorschriften Änderungsanträge gestellt werden. In der dritten Lesung kann über den möglicherweise geänderten Gesetzentwurf eine nochmalige Aussprache stattfinden. Anschließend gibt es die Schlussabstimmung des Bundestages.

Beachte: Ein Verstoß gegen die Bestimmungen der GO führt nicht zur Verfassungswidrigkeit des verabschiedeten Gesetzes. Allerdings darf der Bundestag nicht beschlussunfähig sein. Das folgt nicht nur aus der GO, sondern vorrangig aus dem Prinzip der Repräsentation.

Gemäß § 45 GO-Bundestag ist der Bundestag **beschlussfähig**, wenn mehr als die Hälfte seiner Mitglieder im Sitzungssaal anwesend ist. Das heißt nun nicht, dass der Bundestag automatisch beschlussunfähig wird, wenn weniger als die Hälfte der Abgeordneten anwesend sind, was ja häufig vorkommt. Vielmehr muss die Beschlussunfähigkeit positiv festgestellt werden, wenn dies beantragt wird. Solange ein solcher Antrag nicht gestellt wird, gilt der Bundestag als beschlussfähig. Wenn die Beschlussunfähigkeit positiv festgestellt wurde, muss der Präsident die Sitzung aufheben (§ 45 II, III GO-Bundestag).

Abstimmungen nach festgestellter Beschlussunfähigkeit führen zur formellen Verfassungswidrigkeit der Entscheidung.

c) Beteiligung des Bundesrats

Hat der Bundestag ein Gesetz beschlossen, wird es vom Bundestagspräsidenten an den Bundesrat weiter geleitet (Art. 77 I). Mit Blick auf die nun folgende Beteiligung des Bundesrates ist zwischen Einspruchsgesetz und Zustimmungsgesetz zu unterscheiden.

(1) Einspruchsgesetze

Einspruchsgesetze sind solche Gesetze, zu deren Inkrafttreten die Zustimmung des Bundesrates nicht erforderlich ist. Der Bundesrat muss nicht zustimmen, sondern kann nur Einspruch gegen das Gesetz einlegen (Art. 77 III). **Einspruchsgesetze** kann der Bundesrat in der Regel nicht verhindern, sondern nur erneut diskutieren und evtl. verzögern.

Bevor der Bundesrat gegen ein Gesetz Einspruch einlegt, muss er zunächst den **Vermittlungsausschuss** anrufen. Das ergibt sich aus Art. 77 III, wonach der Einspruch erst nach Beendigung des Verfahrens gemäß Art. 77 II eingelegt werden kann. Der Ausschuss muss innerhalb von drei Wochen einberufen werden (Art. 77 II) – geschieht das nicht, ist das Gesetz zustande gekommen (Art. 78). Der Vermittlungsausschuss kann bei Einspruchsgesetzen nur vom Bundesrat einberufen werden. Er besteht zur Hälfte aus Mitgliedern des Bundesrates und des Bundestages, wobei der Parteiproporz berücksichtigt wird.

Der Vermittlungsausschuss versucht in seiner Beratung, einen Kompromiss zu finden. Gelingt dies nicht, wird das unveränderte Gesetz im Bundesrat erneut beraten und abgestimmt. Kommt der Vermittlungsausschuss überein, das Gesetz zu ändern, muss zunächst der Bundestag erneut über das Gesetz abstimmen, dann kommt es zur Abstimmung in den Bundesrat. Wurde ein für die Mehrheit des Bundesrates akzeptabler Kompromiss gefunden, stimmt der Bundesrat dem Gesetz zu und es kann in Kraft treten. Ist die Mehrheit der Mitglieder des Bundesrats mit dem Gesetz nicht einverstanden, erhebt der Bundesrat Einspruch gegen das Gesetz.

Der Einspruch verhindert in der Regel nicht die Verabschiedung des Gesetzes. Denn gemäß Art. 77 IV kann ein Einspruch, der mit der Mehrheit der Stimmen des Bundesrates beschlossen wurde, durch Beschluss der Mehrheit der Mitglieder des Bundestages zurückgewiesen werden. In beiden Gremien braucht es also eine absolute Mehrheit.

Weil die meisten Gesetze im Bundestag von der Regierungsmehrheit verabschiedet werden, gelingt es in der Regel den Regierungsfraktionen den Einspruch des Bundesrates zurück zu weisen.

Problematisch wird es aus der Sicht der Regierungsfraktionen im Bundestag dann, wenn sich im Bundesrat eine **Zweidrittel-Mehrheit** findet, die Einspruch gegen das Gesetz einlegt. Dann braucht es für die Zurückweisung durch den Bundestag einer Mehrheit von zwei Dritteln, mindestens der Mehrheit der Mitglieder des Bundestages (Art. 77 IV).

Im Bundesrat muss es eine Mehrheit von Zweidrittel der Mitglieder geben – also nicht nur der an der Abstimmung teilnehmenden. Im Bundestag ist eine Zweidrittel Mehrheit der abgegebenen Stimmen ausreichend, wenn diese gleichzeitig auch die absolute Mehrheit erreichen.

Die „normale" Situation ist beim Einspruchsgesetz zusammenfassend diese: Der Bundestag beschließt ein Gesetz mit einfacher Mehrheit; der Bundesrat stimmt mehrheitlich dagegen; dann kann der Bundestag den Einspruch mit absoluter Mehrheit zurückweisen. Oder: Der Bundestag beschließt das Gesetz mit Mehrheit; im Bundesrat stimmen anschließend Zweidrittel dagegen, dann kann der Bundestag den Einspruch nur mit **Zweidrittel-Mehrheit** zurückweisen.

Das ist deshalb problematisch, weil eine Koalitionsregierung, die eine ⅔ Mehrheit im Bundesrat gegen sich hat, in der Praxis keine ⅔ Mehrheit im Bundestag besitzt. Sie kann dann nur noch im Konsens mit der Opposition gesetzgeberisch tätig werden. (Bei großen Koalitionen war es bisher faktisch ausgeschlossen, dass im Bundesrat ⅔ Mehrheiten im Bundesrat gegen sie organisiert wurden.)

Der problematische Fall, dass die Regierung eine ⅔ Mehrheit im Bundesrat gegen sich hatte, trat am Ende der Regierungszeit von Helmut Kohl auf, als im Bundesrat die rot-grünen Landesregierungen ⅔ der Stimmen im Bundesrat auf sich vereinigten. Als die rot-grüne Regierung Schröder 2005 nach der Landtagswahl in NRW absehbar eine schwarz-gelbe ⅔ Mehrheit im Bundesrat gegen sich hatte, stellte Schröder die Vertrauensfrage und veranlasste Neuwahlen (dazu unten mehr).

(2) Zustimmungsgesetze

Zustimmungsgesetze sind – wie der Name nahe legt – solche Gesetze, bei denen der **Bundesrat zustimmen** muss, damit sie in Kraft treten können. Das Grundgesetz normiert ausdrücklich, wann eine Zustimmung des Bundesrates erforderlich ist.

Beispiel: Die Zustimmung zu den EU-Verträgen, mit denen regelmäßig Hoheitsrechte übertragen werden, bedarf gemäß Art. 23 I der Zustimmung des Bundesrates. Gemäß Art. 29 VII können Änderungen des Gebietsbestandes der Länder durch Staatsverträge der beteiligten Länder oder durch Bundesgesetz mit Zustimmung des Bundesrates erfolgen.

Nach dem Beschluss des Bundestages über das Gesetz können sowohl Bundestag, Bundesregierung wie auch Bundesrat den **Vermittlungsausschuss** anrufen – sie müssen es aber nicht. Bei Änderungsvorschlägen des Ausschusses stimmt zunächst der Bundestag erneut ab, dann der Bundesrat. Das unveränderte Gesetz wird im Bundesrat zur Abstimmung gestellt. Der Bundesrat muss in angemessener Frist über die Zustimmung Beschluss fassen (Art. 77 Abs. 2 a).

Ob Gesetze Zustimmungsgesetze oder Einspruchsgesetze sind, ist in vielen Fällen der politischen Praxis umstritten. Das gilt vor allem für Gesetze, bei denen sich die Zustimmungspflicht aus verfahrensrechtlichen Regelungen ergibt. Umstritten ist vor allem die Zustimmungsbedürftigkeit bei Bundesgesetzen, die gemäß Art. 84 I das **Verwaltungsverfahren der Landesverwaltung** betreffen. Einigkeit besteht, dass ein (neues) Gesetz als Ganzes zustimmungspflichtig ist, wenn es **zustimmungspflichtige Teile** enthält.

Umstritten ist, inwieweit Änderungen des materiell-rechtlichen Teils ohne Änderung von Verfahrensvorschriften eine Zustimmungspflicht auslösen. Vertreten wird die Auffassung, dass ein Gesetz als Einheit zu betrachten sei und deshalb jede Änderung des einmal zustimmungspflichtigen Gesetzes wiederum zustimmungspflichtig ist. Das BVerfG meinte, dass materiell-rechtlichen Änderungen nur dann zugestimmt werden müsse, wenn durch deren Änderung die nicht ausdrücklich geänderten Vorschriften über das Verwaltungsverfahren bei sinnorientierter Auslegung ihrerseits, eine wesentlich andere Bedeutung und Tragweite erfahren (BVerfGE 37, 363). Mit der Föderalismusreform 2006 wurde der Streit entschärft, indem statt der Zustimmungspflicht ein Abweichungsrecht der Länder normiert wurde und die Zustimmungspflicht auf zwingende bundeseinheitliche Regelungen beschränkt wurde. Hier tritt das Problem allerdings in gleicher Weise, nur in (vermutlich) geringerer Zahl auf.

Weniger kompliziert ist die Frage, ob es sich um ein Zustimmungsgesetz handelt, wenn das Zustimmungserfordernis einem **materiellen Regelungsgegenstand** zugeordnet ist.

Beispiel: Art. 73 II bestimmt, dass Gesetze nach Abs. 1 Nr. 9 a der Zustimmung des Bundesrates bedürfen. Es geht dabei um Gesetze zur Abwehr von Gefahren des internationalen Terrorismus durch das Bundeskriminalpolizeiamt in Fällen, in denen eine länderübergreifende Gefahr vorliegt, die Zuständigkeit einer Landespolizeibehörde nicht erkennbar ist oder die oberste Landesbehörde um eine Übernahme ersucht; gemäß Art. 74 II bedürfen Gesetze nach Absatz 1 Nr. 25 und 27 der Zustimmung des Bundesrates. In 74 I Nr. 5 wird dem Bund die Gesetzgebungskompetenz hinsichtlich der Staatshaftung in 27 hinsichtlich der Statusrechte und -pflichten der Beamten usw. zugewiesen. Alle Gesetze zu den anderen in Art. 73 und 74 aufgezählten Gesetzesmaterien sind also zunächst Einspruchsgesetze.

Gemäß Art. 87 III können mit Zustimmung des Bundesrates und der Mehrheit der Mitglieder des Bundestages bei dringendem Bedarf bundeseigene Mittel- und Unterbehörden errichtet werden, wenn dem Bunde auf Gebieten, für die ihm die Gesetzgebung zusteht, neue Aufgaben erwachsen. Hier wird nicht nur die Zustimmungspflichtigkeit normiert, sondern auch, dass der Bundestag mit absoluter Mehrheit dafür stimmt.

Der Zustimmung des Bundesrates bedürfen nach Art. 87 b Bundesgesetze, durch die Aufgaben der Beschädigtenversorgung und des Bauwesens der Bundeswehrverwaltung übertragen werden. Der Zustimmung des Bundesrates bedürfen ferner Gesetze, soweit sie die Bundeswehrverwaltung zu Eingriffen in Rechte Dritter ermächtigen; das gilt nicht für Gesetze auf dem Gebiete des Personalwesens.

Durch Bundesgesetz, das der Zustimmung des Bundesrates bedarf, können nach Art. 87 d II Aufgaben der Luftverkehrsverwaltung den Ländern als Auftragsverwaltung übertragen werden.

Der Zustimmung des Bundesrates bedürfen nach Art. 87 e GG Abs. 5 ferner Gesetze, die die Auflösung, die Verschmelzung und die Aufspaltung von Eisenbahnunternehmen des Bundes, die Übertragung von Schienenwegen der Eisenbahnen des Bundes an Dritte, sowie die Stilllegung von Schienenwegen der Eisenbahnen des Bundes regeln oder Auswirkungen auf den Schienenpersonennahverkehr haben.

Zusammenfassung: Ein Gesetz kommt gemäß Art. 78 zustande:
✓ Beim Zustimmungsgesetz, wenn der Bundesrat zustimmt.
✓ Beim Einspruchsgesetz, wenn der Bundesrat:
- den Vermittlungsausschuss nicht (rechtzeitig) anruft
- keinen Einspruch einlegt oder ihn zurück nimmt
- der Bundestag den Einspruch zurückweist.

Zur Erinnerung: Gemäß Art. 52 III fasst der Bundesrat seine Beschlüsse mit mindestens der Mehrheit seiner Stimmen. Das heißt, die absolute Mehrheit ist erforderlich. Daraus folgt, dass Enthaltungen hier wie Gegenstimmen zählen, was in der politischen Praxis relevant ist.

d) Gegenzeichnung und Verkündung

Damit beschlossene Gesetze wirksam werden, müssen sie vom Bundespräsidenten ausgefertigt (Art. 82) und von der Bundesregierung gegengezeichnet (Art. 58 GG) werden. Schließlich müssen sie im **Bundesgesetzblatt** verkündet werden (Art. 82 I GG). Dabei soll der Zeitpunkt des Inkrafttretens angegeben werden. Fehlt die Angabe tritt das Gesetz vierzehn Tage nach Verkündung in Kraft (Art. 82 II).

Gelegentlich wird dem Bundespräsidenten ein Gesetz vorgelegt, dessen Verfassungskonformität bezweifelt wird. Es stellt sich die Frage, inwieweit er verpflichtet ist, das Gesetz zu unterzeichnen, auch wenn er verfassungsrechtliche Bedenken hat. Es lassen sich vier Auffassungen zur **Prüfungskompetenz des Bundespräsidenten** vertreten.

Auffassung 1: Der Bundespräsident darf das Gesetz gar nicht auf seine Verfassungskonformität prüfen. Das folgt aus einer systematischen Auslegung. Danach ist das BVerfG zuständig, ein Gesetz für verfassungswidrig zu erklären, nicht der Bundespräsident.

Auffassung 2: Der Bundespräsident darf das Gesetz auf seine formelle Verfassungskonformität prüfen (wohl h. M.). Das wird mit dem Wortlaut des Art. 82 begründet, wonach er die nach den „Vorschriften dieses Grundgesetzes **zustande gekommenen** Gesetze" unterzeichnet, nicht aber solche, die unter Verstoß gegen die Verfahrensregeln zustande gekommen sind. Wenn das Gesetz nach den Verfahrensregeln zustande gekommen ist, darf der Bundespräsident nicht prüfen, ob es auch mit den materiellen Bestimmungen des GG, z. B. den Grundrechten vereinbar ist.

Auffassung 3: Der Bundespräsident hat ein umfassendes Prüfungsrecht. Gestützt wird dies auf den Wortlaut des Art. 82 und der Verpflichtung des Präsidenten, die er in seinem Amtseid leistet (Art. 56), nämlich das Grundgesetz zu wahren und zu verteidigen. Dann könne er kein verfassungswidriges Gesetz unterzeichnen. Dagegen spricht das Argument von 1., der Bundespräsident soll nicht Ersatz-Verfassungsgericht sein.

Deshalb gibt es **Auffassung 4**: Der Bundespräsident hat ein formelles Prüfungsrecht und bei materiell offensichtlich verfassungswidrigen Gesetzen auch ein materielles Prüfungsrecht. Das verlagert den Streit zu der Frage, ob das Gesetz nun offensichtlich oder nur einfach verfassungswidrig sei und ist deshalb wenig überzeugend.

e) Verfassungsändernde Gesetzgebung

Durch verfassungsändernde Gesetze kann auch das GG geändert werden. Das hat gemäß Art. 79 grundsätzlich zwei Voraussetzungen: erstens wird gefordert, dass das Gesetz „den Wortlaut des Grundgesetzes ausdrücklich ändert oder ergänzt" (**Zitiergebot**). Zweitens bedarf ein solches Gesetz der Zustimmung von zwei Dritteln der Mitglieder des Bundestages und zwei Dritteln der Stimmen des Bundesrates.

Die Änderung des Grundgesetzes muss also höhere Hürden überwinden als die einfache Gesetzgebung. Die geforderte **Zweidrittel-Mehrheit** unterstreicht zunächst den hohen Rang der Verfassung. Wichtiger ist aber, dass das Grundgesetz vor einer Instrumentalisierung durch einfache Mehrheiten geschützt wird, womit Kontinuität und Stabilität der Verfassungsordnung garantiert wird.

Wenn die Verfassung, wie oben diskutiert, die grundsätzliche Vereinbarung über die Spielregeln der politischen und sozialen Auseinandersetzungen enthält, dann ist es nur konsequent, dass diese Spielregeln, kurzfristigen machtstrategischen Kalkülen entzogen bleiben. In der Geschichte der Republik wurden Verfassungsänderungen immer nur in einer „großen Koalition" beschlossen, d. h. mit Zustimmung von CDU und SPD (auch wenn diese nicht die Koalitionsregierung stellten), wobei allerdings einige Änderungen wie die faktische Abschaffung des Asylrechts (Art. 16) und die Einführung des großen Lauschangriffs (Art. 13) politisch systematisch inszeniert wurden.

Nach den Erfahrungen mit der mehr oder weniger legalen Machtergreifung und Zerstörung der Weimarer Verfassung durch die Nazis sind einige Grundsätze der Verfassung auch der Zweidrittel-Mehrheit entzogen. Das formuliert Art. 79 III mit der **Ewigkeitsklausel**. Danach ist eine Grundgesetzänderung unzulässig, durch welche die Gliederung des Bundes in Länder, die grundsätzliche Mitwirkung der Länder bei der Gesetzgebung oder die in den Artikeln 1 und 20 niedergelegten Grundsätze berührt werden.

Über Art. 20 werden insbesondere die **Staatsstrukturprinzipien**, an erster Stelle die Demokratie sowie Sozialstaat, Rechtsstaat und Republik für unantastbar erklärt.

Unabänderlich ist also z. B. das Bundesstaatsprinzip aus Art. 20 einschließlich der Beteiligung der Länder an der Gesetzgebung des Bundes über den Bundesrat. Das heißt nicht, dass die Bundesländer nicht anders gegliedert, d. h. einzelne Bundesländer eingegliedert und zusammen gefasst werden können. Das ergibt sich schon aus Art. 29, der allerdings mit der Volksabstimmung bei einer Neugliederung auch hier die eine hohe Hürde einbaut. Geschützt ist nicht die Existenz eines einzelnen Bundeslandes. Allerdings dürfen die Bundesländer nicht ganz abgeschafft werden. Wie viele Bundesländer schlussendlich bestehen bleiben müssen, damit man von einer Gliederung des Bundes in Länder sprechen kann, ist eher ein akademischer Streit, wobei als Mindestzahl zwei oder drei genannt wird. Bei dem Versuch Berlin und Brandenburg zu einem Bundesland zusammen zu schließen, zeigte sich, dass die Volksabstimmung eine hohe Hürde sein kann. Die Regierungen und Parlamente beider Länder hatten der Verschmelzung zugestimmt, aber in der Volksabstimmung fand der Vorschlag im Jahre 1996 keine Mehrheit.

Unabänderlich ist der Schutz der Menschenwürde in Art. 1 I, aber auch die Verpflichtung der Staatsgewalt zur Bewahrung der Grundrechte. **Vorsicht**: Deren Inhalt kann geändert werden, unabänderlich sind Art. 1 **und** 20, nicht Art. 1 **bis** 20.

Allerdings lassen sich viele Grundrechte als Ausformulierung oder Konkretisierung des Menschenwürdeschutzes verstehen, weshalb über deren Schutz auch die Existenz und der Kerngehalt – nicht aber die Formulierungen und der bestehende Inhalt – vieler Grundrechte geschützt ist.

Das Problem liegt offenkundig darin, dass diese Prinzipien **ausfüllungsbedürftig** sind und es darauf ankommt, wie beispielsweise das Demokratieprinzip verstanden wird. Die Unantastbarkeit der Staatsstrukturprinzipien wird relevant bei der Übertragung von Hoheitskompetenzen an die Europäische Union. Das BVerfG hat im Lissabon-Urteil die Demokratie und eine sich aus den Prinzipien des Art. 20 ergebende „Verfassungsidentität“ für unverfügbar erklärt. Deshalb dürfe die EU nur als Staatenverbund, d. h. nicht als Staat konzipiert werden, womit eine „enge, auf Dauer angelegte Verbindung souverän bleibender Staaten“ erfasst sei. Deren Grundordnung unterliege allein der Verfügung der Mitgliedstaaten. Weshalb deren „Staatsbürger das Subjekt demokratischer Legitimation“ bleiben müssten. Deshalb prüfe das Bundesverfassungsgericht, ob der „unantastbare Kerngehalt der Verfassungsidentität des Grundgesetzes nach Art. 23 Abs. 1 Satz 3 in Verbindung mit Art. 79 Abs. 3 GG“ gewahrt sei (E 123, 267). Der unantastbare Kerngehalt umfasst sicher das Demokratie- und das Sozialstaatsprinzip, ansonsten ist die Verfassungsidentität aber wohl Metaphysik. Mit der Vorstellung, die Bürger der BRD, der EU oder auch der Bundestag legitimiere die europäische Gesetzgebung und Politik in einer noch als demokratisch zu bezeichnenden Weise, lügt sich das BVerfG selbst in die Tasche.

3. Prüfungsschema und Übungsfragen

a) Prüfungsschema

A. Prüfung der formellen Verfassungskonformität

I. Gesetzgebungszuständigkeit – Richtige Körperschaft (Bundes- oder Landeszuständigkeit)

Prüfung Landes- oder Bundeszuständigkeit

1) Grds. Land gemäß Art. 70 zuständig. Aus GG könnte sich aber Zuständigkeit des Bundes ergeben => Prüfung der entsprechende Normen.

2) ausschließliche Gesetzgebungszuständigkeit des Bundes
Gegenstand in Art. 73 erwähnt und Gesetz betrifft die erwähnte Materie.
(+) => Land unzuständig.

3) konkurrierende Gesetzgebungskompetenz
- Gegenstand in Art. 74 erwähnt und Gesetz betrifft die erwähnte Materie
- kein Sonderbereich des Art. 72 II oder einheitliche Bundesregelung erforderlich

(+) Land unzuständig, wenn abschließende Regelung vorliegt,
- Land bleibt zuständig für Bereiche, die nicht abschließend geregelt wurden,
- abweichende Regelungsbefugnis des Landes (Art. 73 III)

4) Bundesregelung kraft Sachzusammenhang, Annexkompetenz oder aus Natur der Sache gerechtfertigt => Land darf keine entgegenstehende Regelung erlassen.

Ergebnis: Wenn Gesetzgebungskompetenz des Bundes nicht vorliegt, ist LT zuständiges Organ, sonst der Bund.

II. Ordnungsgemäßes Verfahren
1. Einleitungsverfahren
   - Gesetzesinitiative (Art. 76 I)
   - ordnungsgemäße Weiterleitung (Art. 76 II + III)
2. Hauptverfahren
   - 3 Lesungen im B-Tag (GeschO nur Innenwirkung, Verstoß führt nicht zur Verfassungswidrigkeit)
   - Ordnungsgemäße Abstimmung mit erforderlicher Mehrheit
     grds. relative Mehrheit (Art. 42)
     es sei denn abweichende Regelung
3. Ordnungsgemäße Beteiligung des Bundesrat
   - Einspruchsgesetz => Vermittlungsverfahren
   - Zustimmung, wenn vom GG vorgeschrieben
4. Abschluss
   - Gegenzeichnung B-Reg
   - Ausfertigung durch B-Präs
   - Verkündung im BGBl.

B. Prüfung der materielle Verfassungskonformität

b) Übungsfragen zur Gesetzgebung

1. Was ist bei der konkurrierenden Gesetzgebungskompetenz zu beachten?

Bei manchen Bundesgesetzen muss gemäß Art. 72 Abs. 2 GG ein Gesetz auf Bundesebene erforderlich sein, damit der Bund von der Gesetzgebungskompetenz Gebrauch machen darf. Außerdem ist auf die Abweichungsgesetzgebung nach Art. 72 Abs. 3 GG zu achten, d. h. die Länder dürfen im Hochschulrecht und Umweltrecht abweichende Regelungen von Bundesgesetzen treffen.

2. Was sind die wesentlichen Schritte des Gesetzgebungsverfahrens?

- ✓ *Einbringung/Gesetzesinitiative (Hier: Information von Bundesrat/Bundesregierung, aber nur „Ordnungsvorschriften" – keine wesentlichen Verfahrensvorschriften)*
- ✓ *Hauptverfahren*
- ✓ *Form*

3. Wie läuft das Hauptverfahren ab?

- ✓ *Beratung/Beschlussfassung im Bundestag (hier sind Probleme bei der Abstimmung zu erörtern)*
- ✓ *Weiterleitung an Bundesrat*
- ✓ *Ordnungsgemäße Mitwirkung des Bundesrates (insb. fraglich, ob Zustimmung erforderlich)*

4. Wie viele „Lesungen" eines Gesetzentwurfes gibt es?

In der Regel werden nach § 78 der Geschäftsordnung des Bundestages (GoBT) 3 Lesungen durchgeführt. Bloße Verstöße gegen die Geschäftsordnung haben aber verfassungsrechtlich keine Auswirkung auf die Wirksamkeit des Gesetzes – insbesondere schreibt die Verfassung nicht mehrere Lesungen vor und deren Notwendigkeit folgt auch nicht aus dem Demokratieprinzip.

IV. Die Bundesregierung

1. Bundeskanzler und Bundeskabinett

Die **Bundesregierung** besteht aus dem Bundeskanzler und den Bundesministern (die natürlich auch weiblich sein können). Dazu gehören nicht die Staatssekretäre als politische Beamte oder der parlamentarische Staatssekretär, auch wenn sie gelegentlich in bestimmten Funktionen als Minister bezeichnet werden.

Staatssekretäre werden als politische Beamte direkt vom Minister berufen und können als politische Beamte von diesem jederzeit entlassen werden, wenn die Vertrauensbasis fehlt. Sie stehen an der Spitze der Ministerialverwaltung, d. h. direkt unter dem Minister. Früher gab es nur beschäftigte Beamte als Staatssekretäre. Später wurden die parlamentarischen Staatsseketäre eingeführt. Hier werden Bundestagsabgeordnete zu Staatssekretären ernannt. Die Idee hierbei ist eine bessere Anbindung des Parlaments an die Regierungsexekutive.

a) Wahl des Bundeskanzler

Der Bundeskanzler wird vom Bundespräsidenten vorgeschlagen, und anschließend vom Bundestag ohne vorherige Diskussion, oder, wie es in Art. 63 I heißt, „ohne Aussprache" gewählt. Das **Vorschlagsrecht** des Bundespräsidenten ist nach dem Text des Grundgesetzes ungebunden. Daraus entstand bisher allerdings noch nie die Situation, dass der Bundespräsident sich zwischen zwei Kandidaten entscheiden musste.

In der Praxis wurde bisher immer eine Koalition ausgehandelt, und der Bundespräsident hat den Kandidaten „vorgeschlagen“, den die Koalitionsparteien auserkoren hatten. Das ist nachvollziehbar – weniger zwingend ist es, dass es bei Koalitionsregierungen allgemein als üblich gilt, dass der stärkere Partner den Kanzler stellt. Als bei der Wahl 2005 die CDU knapp vor der SPD lag, kam es zu einem kleinen Eklat, weil Altkanzler Schröder der Herausforderin Merkel bestritt, nun Kanzlerin zu werden. Dabei hatte er durchaus gute Argumente auf seiner Seite. Theoretisch hätte er nämlich auch eine rot-rot-grüne Koalition bilden können, während Merkel keine andere Option hatte.

Gemäß Art. 63 II ist zum Kanzler gewählt, wer die Stimmen der Mehrheit der Mitglieder des Bundestages auf sich vereinigt. Für die Wahl zum Kanzler muss der Kandidat also die **absolute Mehrheit** der Stimmen, d. h. 50 % + x Stimmen aller Mitglieder, nicht nur der anwesenden Abgeordneten, des Bundestages, die sog. Kanzlermehrheit, auf sich vereinigen.

Gemäß Art. 63 II ist der Gewählte vom Bundespräsidenten zu ernennen. Und in Abs. 4 S. 2 wird bekräftigt: Vereinigt der Gewählte die Stimmen der Mehrheit der Mitglieder des Bundestages auf sich, so muss der Bundespräsident ihn binnen sieben Tagen nach der Wahl ernennen. Der Bundespräsident muss also den von der Mehrheit gewählten Kanzler ernennen, er kann die Ernennung nicht verweigern – das war in der BRD bisher auch nie ein Problem, wohl aber in anderen Staaten, wenn der Präsident den gewählten Regierungschef für untragbar hält.

Das Grundgesetz ist allerdings nach den Erfahrungen mit wechselnden und instabilen Mehrheiten in der Weimarer Republik auch auf **Krisensituationen** ausgelegt. Der Bundespräsident könnte bei unklaren Mehrheitsverhältnissen oder auch gegen die sich abzeichnende Koalition im Bundestag dem Bundestag einen Kanzler seiner Wahl vorschlagen. Er läuft dann Gefahr, dass der Vorgeschlagene nicht gewählt wird. Für diese „Krisensituation“ sieht das GG in Art. 63 III vor, dass der Bundestag binnen vierzehn Tagen nach dem Wahlgang mit mehr als der Hälfte seiner Mitglieder einen Bundeskanzler wählt, der dann eben nicht vom Bundespräsidenten vorgeschlagen wurde. Auch dieser Kandidat braucht aber die Kanzlermehrheit.

Gelingt es dem Bundestag nicht, einen Kanzler zu wählen, weil die Kandidaten keine absolute Mehrheit erhalten, findet gemäß Art. 63 IV unverzüglich ein neuer Wahlgang statt, in dem gewählt ist, wer die meisten Stimmen erhält. Das heißt, in diesem **dritten Wahlgang** reicht die relative Mehrheit der Stimmen. Mit Blick auf die Rechtsfolge unterscheidet die Vorschrift dann aber zwischen absoluter und relativer Mehrheit. Vereinigt der Gewählte die Stimmen der Mehrheit der Mitglieder des Bundestages auf sich, so muss der Bundespräsident ihn binnen sieben Tagen nach der Wahl ernennen. Erreicht der Gewählte die Kanzlermehrheit nicht, so hat der Bundespräsident zwei Handlungsoptionen. Er kann den mit relativer

Mehrheit Gewählten entweder binnen sieben Tagen ernennen oder er muss den Bundestag auflösen.

Kurz: Im dritten Wahlgang ist also nur noch die relative Mehrheit erforderlich. Wird die absolute Mehrheit erreicht, muss der Bundespräsident den Gewählten zum Kanzler ernennen. Erreicht ein Kandidat nur die relative Mehrheit gilt: Entweder ernennt der Bundespräsident den Gewählten; oder der Bundespräsident löst den Bundestag auf, d. h. es gibt Neuwahlen zum Bundestag. In dieser Situation hat der Bundespräsident eine echte Entscheidungsbefugnis und damit reale politische Macht. In der Geschichte der BRD ist diese Situation allerdings noch nicht eingetreten.

b) Bundesminister und Bundeskanzler

Die **Bundesminister** werden nicht gewählt, sondern gemäß Art. 64 I auf Vorschlag des Kanzlers vom Bundespräsidenten ernannt.

Dieses Prinzip hat sich auch in den Landesverfassungen durchgesetzt, d. h. gewählt wird vom Landtag der Ministerpräsident (in Hamburg und Berlin der Bürgermeister), der wiederum sein Kabinett zusammenstellt, das aber kein gesondertes Votum des Parlaments erhält. Ein demokratischeres Verfahren gibt es nur in Bremen. Dort wählt das Parlament (Bürgerschaft) nicht nur den Bürgermeister, sondern auch jeden einzelnen **Senator** (so werden die Minister im Stadtstaat bezeichnet). Die Bürgerschaft kann entsprechend nicht nur den Bürgermeister, sondern auch die Senatoren abwählen.

Der Kanzler bestimmt (faktisch nach Parteiabsprache) den Ressortzuschnitt, die Anzahl der Minister und die Personen die Minister werden. Die Ressorts können grundsätzlich frei gestaltet werden.

Beispiel: Der Umweltminister ist gleichzeitig Landwirtschaftsminister oder die Ressorts Familie, Jugend und Bildung werden zusammengelegt, einem Minister unterstellt oder es werden mehrere Minister mit kleineren Zuständigkeitsbereichen ernannt.

Dazu gibt es eine **Ausnahme**: Nach einem Urteil des Verfassungsgerichtshofs NRW ist eine **Trennung von Justiz- und Innenministerium** geboten, weil ansonsten die Gewaltentrennung auf ministerieller Ebene durchlöchert werden könnte, was zu Interessenkollisionen führen könne (NWVerfGh, NJW 1999, 1243). Das hat der Gerichtshof zunächst für die Landesebene festgestellt, für die es deshalb eine hohe Relevanz besitzt, weil die Polizei ebenso wie Justiz Länderangelegenheit ist. Die (Verwaltungs-)Gerichte sollen die Maßnahmen der Polizei überprüfen. Eine Zusammenlegung schafft zwar nicht die Unabhängigkeit der Richter ab, allerdings hat das Justizministerium durch organisatorische Maßnahmen tendenziell auch Einfluss auf das Ergebnis richterlicher Entscheidungen. Durch die Schaffung einer Bundespolizei und zu beobachtende Tendenzen der Zentralisierung dürfte es inzwischen auch auf Bundesebene geboten sein, die beiden Ministerien zu trennen.

In seiner Bedeutung überschätzt wird Art. 65, nach dem der Bundeskanzler die Richtlinien der Politik bestimmt und für sie die Verantwortung trägt. Überschätzt wird diese Vorschrift, weil die sog. **Richtlinienkompetenz** im politischen Alltag der konsensualen Aushandlung der politischen Linie untergeordnet wird.

Die Autorität des Kanzlers, der oftmals Streitigkeiten oder Meinungsunterschiede zwischen den Ministern entscheidet, beruht weniger auf dem normativen Gebot des Art. 65 als vielmehr auf der notwendigen **Koalitionsdisziplin**, nach der es tunlichst zu vermeiden ist, die Autorität des Kanzlers zu untergraben, um die Stabilität der Regierung nicht insgesamt zu gefährden. Die veröffentlichte Meinung kommentiert ein Überstrapazieren der Autorität (Schröders Basta-Politik) ebenso negativ wie den Verzicht auf die „Führung durch den Kanzler" (Merkels Politik der „gemeinsamen Lösung").

Die Richtlinienkompetenz wird in Art. 65 auch normativ „ergänzt" durch das **Kollegialprinzip**, nach dem über Meinungsverschiedenheiten zwischen den Bundesministern die Bundesregierung entscheidet, also nicht der Bundeskanzler allein, sondern vielmehr die Bundesregierung als Gremium oder Kollegialorgan. Die hier auch angelegte normative Reibung spiegelt zwar die tatsächlichen Reibungen innerhalb der Regierungsarbeit, programmiert keineswegs die Lösung der Konflikte, die vielmehr „politisch" gelöst werden (müssen).

Art. 65 eröffnet den Ministern gleichzeitig einen Funktionsbereich und Entscheidungsspielraum. Denn innerhalb der vom Kanzler gesetzten Richtlinien der Politik soll jeder Bundesminister seinen **Geschäftsbereich** selbstständig und unter eigener Verantwortung leiten – sog. Ressortprinzip.

Theoretisch könnte der Kanzler also Anweisungen zu grundsätzlicher Richtung geben, nicht aber Einzelanweisung, denn damit wird in die **Ressortkompetenz** des Ministers eingegriffen. Der Bundeskanzler leitet die Sitzung der Bundesregierung nach einer von dieser beschlossenen und vom Bundespräsidenten genehmigten Geschäftsordnung.

Nach Art. 65 a hat der Bundesminister für Verteidigung die Befehls- und Kommandogewalt über die **Streitkräfte**. Etwas anderes gilt gemäß Art. 115 b im Verteidigungsfall. Dann geht die Befehls- und Kommandogewalt über die Streitkräfte auf den Bundeskanzler über.

Besonders hervorgehoben wird weiter der **Stellvertreter** des Kanzlers. Der Bundeskanzler ernennt gemäß Art. 69 I einen Bundesminister zu seinem Stellvertreter.

Eingebürgert hat sich, dass der Außenminister gleichzeitig der Stellvertreter des Kanzlers ist und vom kleineren Koalitionspartner gestellt wird – das ist aber keineswegs normativ vorgeschrieben.

Der Bundeskanzler und die Bundesminister erhalten ihr Amt – wie gesehen – mit der Ernennung durch den Bundespräsidenten. Ihre Ämter werden in jedem Falle mit dem Zusammentritt eines neuen Bundestages **beendet** (Art. 69 II). Nach dieser Vorschrift endet das Amt eines Bundesministers auch mit jeder anderen

Erledigung des Amtes des Bundeskanzlers, wenn dieser zurücktritt, abgewählt wird oder stirbt. Das heißt, die Minister werden nicht nur vom Kanzler ernannt, sondern sie sind auch nur solange im Amt wie der Kanzler. Mit dem Kanzler fällt das Kabinett. Und die Bundesregierung ist nur solange im Amt, bis ein neu gewählter Bundestag zusammentritt.

Diese Konstruktion ist im Regelfall unproblematisch, weil der neue Bundestag, wenn er zusammentritt, auch einen neuen Kanzler wählt. Es können aber auch problematische Fälle oder Krisensituationen auftreten, wenn ein neuer Kanzler nicht zeitnah gewählt werden kann. Dafür sieht Art. 69 III vor, dass auf Ersuchen des Bundespräsidenten der Bundeskanzler, und auf Ersuchen des Bundeskanzlers oder des Bundespräsidenten ein Bundesminister verpflichtet ist, die Geschäfte bis zur Ernennung seines Nachfolgers weiterzuführen. So kann eine **„regierungslose“ Zeit** vermieden werden.

Da der Bundeskanzler – wie gesehen – im dritten Wahlgang mit relativer Mehrheit gewählt werden kann, ist eine solche „regierungslose“ Zeit nach dem GG höchst unwahrscheinlich, aber kann bis zum Zusammentritt des Bundestages beispielsweise eintreten, wenn der Kanzler überraschend stirbt. In diesem Fall kann der Bundespräsident die Minister ersuchen, ihre Geschäfte weiter zu führen, der Stellvertreter würde dann die Aufgaben des Kanzlers wahrnehmen. In den Landesverfassungen sind z. T. andere Regelungen vorgesehen, etwa in Hessen, dort bleibt der Ministerpräsident so lange kommissarisch im Amt, bis ein neuer gewählt worden ist.

2. Misstrauen und Auflösung des Bundestages

a) Abwahl des Bundeskanzlers

Die Bundesregierung kann auch innerhalb der Legislaturperiode abgewählt werden. Grundsätzlich sind verschiedene Varianten der Abwahl einer Regierung denkbar und (historisch) auch verfassungsrechtlich normiert worden, nämlich:

- Ein konstruktives Misstrauensvotum erlaubt die Abwahl des Regierungschefs nur durch die Neuwahl eines Nachfolgers (Das ist die Regelung in Art. 67 GG).
- Ein destruktives Misstrauensvotum erlaubt die Abwahl eines Regierungschefs mit anschließender Neuwahl nach allgemeinen Regeln.

Die **Weimarer Reichsverfassung** enthielt kein konstruktives Misstrauensvotum, sondern erlaubte die Abwahl des Reichskanzlers auch ohne gleichzeitige Neuwahl eines neuen Kanzlers. In einem stark differenzierten Parteiensystem, wie es die Weimarer Republik kannte, wurde so die Möglichkeit geschaffen, negative Koalitionen zu bilden, die zwar in der Lage waren die bestehende Regierung zu stürzen, sich aber keineswegs auf eine neue Regierung einigen konnten. Das führte zu instabilen Regierungen und zu einer Stärkung des Reichspräsidenten, die schließlich zum Einfallstor für die Machtübernahme der Nazis werden konnte.

Das Grundgesetz hat sich wegen der geschichtlichen Erfahrungen für ein konstruktives Misstrauen entschieden. Gemäß Art. 67 I kann der Bundestag dem Bundeskanzler das Misstrauen nur dadurch aussprechen, dass er mit der Mehrheit seiner Mitglieder einen **Nachfolger wählt** und den Bundespräsidenten ersucht, den Bundeskanzler zu entlassen. Das Misstrauen wird dadurch ausgesprochen, dass der Bundestag mit absoluter Mehrheit einen neuen Kanzler wählt. Damit ist der alte Kanzler abgewählt und mit ihm scheiden die Minister aus dem Amt. Der Bundespräsident muss anschließend den neu gewählten Kanzler (auf Ersuchen des Bundestages) ernennen.

In der Geschichte der Bundesrepublik gab es zwei Versuche, innerhalb der Legislaturperiode einen neuen Kanzler zu wählen. Das erste Misstrauensvotum fand im Jahre 1972 statt. Die CDU/ CSU Opposition versuchte den sozialliberalen Kanzler Willy Brandt zu stürzen. Rainer Barzel trat gegen Brandt an, wurde aber zur Überraschung der Opposition nicht gewählt. Im Hintergrund waren offenbar von beiden Seiten Überläufer „organisiert“ worden.

Das zweite Misstrauensvotum war 1982 erfolgreich. Helmut Kohl kandidierte gegen den amtierenden Kanzler der sozialliberalen Koalition Helmut Schmidt und wurde erwartungsgemäß gewählt, weil die FDP die Seiten gewechselt hatte und gegen ihre Wahlaussage mitten in der Legislaturperiode eine schwarz-gelbe einer rot-gelben Koalition vorzog. Die Wähler machten den Schwenk mit und bestätigten nicht nur Kohl, sondern wählten auch die FDP wieder in den Bundestag.

Art. 67 II enthält eine Schutzvorschrift gegen übereilte Entscheidungen beim Misstrauensvotum. Danach müssen zwischen dem Misstrauensantrag und der Wahl des Kanzlers achtundvierzig Stunden liegen. Gegenüber Ministern gibt es kein Misstrauensvotum, da sie nicht vom Parlament gewählt, sondern vom Kanzler ernannt werden. Möglich sind aber Missbilligungsbeschlüsse des Parlaments in Einzelfragen oder im Allgemeinen. Diese haben allerdings nur politische Bedeutung. Um einen untragbaren Minister „los zu werden“, kann der Bundestag nur dem Kanzler das Misstrauen aussprechen, wenn dieser den Minister nicht entlässt.

b) Vertrauensfrage und Auflösung des Bundestages

Beim Misstrauensvotum wird vom Parlament der Antrag gestellt, einen neuen Kanzler zu wählen. Der Kanzler kann aber auch von sich aus die **Vertrauensfrage stellen**, um festzustellen, ob „seine“ Mehrheit im Bundestag noch steht. Meist stellt ein Kanzler die Vertrauensfrage im Zusammenhang mit der Abstimmung eines umstrittenen Gesetzes. Normative Grundlage für die Verbindung der Abstimmung eines Gesetzes mit der Vertrauensfrage ist Art. 81 I S. 2 GG.

„Verliert“ der Bundeskanzler die mit einem Gesetz verbundene Vertrauensfrage, d. h. wenn ein Gesetz, das vom Kanzler mit der Vertrauensfrage verbunden wurde, keine Mehrheit erhält, kann der Bundespräsident den Gesetzgebungsnotstand ausrufen. Diese Situation ist bisher nicht vorgekommen. In den bis heute vorgekommenen Fällen, bei denen der Kanzler die Vertrauensfrage mit einer Abstimmung über ein Gesetz verbunden hat, geschah dies zum Zwecke der Disziplinierung der Koalition. Gegner des Gesetzes sollten sich gut überlegen, ob sie mit ihrer Gegenstimme auch die Regierung stürzen wollen. 2001 stellte etwa Kanzler Schröder die Vertrauensfrage in Verbindung mit der Abstimmung zum Afghanistaneinsatz der Bundeswehr. Ihm gelang es so, auch die Zustimmung der Kriegsgegner in der rot-grünen Koalition zu erlangen.

Wenn der Kanzler die Vertrauensfrage – mit oder ohne Gesetzesvorlage – stellt und die Mehrheit für ihn votiert, bleibt er selbstverständlich im Amt. Problematisch ist der Fall, wenn der Kanzler keine Mehrheit erhält.

Wenn die Vertrauensfrage nicht die Zustimmung der Mehrheit der Mitglieder des Bundestages erhält, so kann der Bundespräsident gemäß Art. 68 I auf Vorschlag des Bundeskanzlers binnen einundzwanzig Tagen den Bundestag auflösen. Das Recht zur Auflösung erlischt allerdings, sobald der Bundestag mit der Mehrheit seiner Mitglieder einen anderen Bundeskanzler wählt. Auch diese Vorschrift enthält den Übereilungsschutz von 48 Stunden, die zwischen Antrag und der Abstimmung liegen.

Überblick über auf die Vertrauensfrage folgende Verfahren:

✓ Antrag des Kanzlers, ihm das Vertrauen auszusprechen,
✓ 48 Stunden bis zur Abstimmung,
✓ Keine absolute Mehrheit spricht Vertrauen aus,
✓ Kanzler schlägt Präsidenten vor, den Bundestag aufzulösen und Neuwahlen anzuberaumen,
✓ Präsident kann auflösen, er muss aber nicht; Alternativen s. u.,
✓ Wenn Präsident auflöst, muss dies innerhalb von 21 Tagen geschehen,
✓ Die Möglichkeit der Auflösung entfällt, wenn Bundestag selbst mit absoluter Mehrheit einen neuen Kanzler wählt,
✓ Im Falle einer Auflösung des Bundestages muss gemäß Art. 39 I GG die Neuwahl innerhalb von sechzig Tagen stattfinden.

Da der Bundespräsident den Bundestag nicht auflösen *muss*, muss es eine alternative Lösung der Regierungskrise geben. Das Verfahren sieht folgendermaßen aus:

✓ Der Bundespräsident löst den Bundestag nicht auf,
✓ Der Bundeskanzler tritt zurück, dann ist eine Neuwahl nach allgemeinen Regeln möglich;

oder,

✓ Ein konstruktives Misstrauensvotum ist erfolgreich, d. h. es wird ein neuer Kanzler gewählt; oder
✓ Der Bundeskanzler bleibt im Amt, dann *kann* der Bundespräsident gemäß Art. 81 GG den Gesetzgebungsnotstand erklären.

Für den Gesetzgebungsnotstand nach Art. 81 GG gelten folgende Voraussetzungen:

- ✓ Die Vertrauensfrage ist verneint worden, und
- ✓ Der Bundestag ist nicht aufgelöst worden, oder
- ✓ Der Bundestag hat die mit der Vertrauensfrage verbundene oder als dringlich bezeichnete Gesetzesvorlage abgelehnt oder für die Bundesregierung in inakzeptabler Weise verändert
- ✓ Der bisherige Bundeskanzler ist weiter im Amt,
- ✓ Die Bundesregierung stellt mit Zustimmung des Bundesrates den Antrag beim Bundespräsidenten, den Gesetzgebungsnotstand zu erklären

Wenn der Bundespräsident den Gesetzgebungsnotstand erklärt, gilt gemäß Art. 81 II:

- ✓ Wird ein von der Bundesregierung für dringlich erklärtes Gesetz vom Bundestag erneut abgelehnt,
- ✓ oder für die Bundesregierung inakzeptabel verändert,
- ✓ oder nicht innerhalb von vier Wochen zustimmt,
- ✓ dann gilt es als beschlossen, soweit der Bundesrat zustimmt.

Die Vertrauensfrage wurde in der Geschichte der Republik vom Bundestag bisher zweimal verneint. Helmut Kohl stellte 1982 nach dem erfolgreichen konstruktiven Misstrauensvotum, mit dem er zum Kanzler gewählt worden war, die Vertrauensfrage. Obwohl die schwarz-gelbe Koalition eine Mehrheit im Bundestag hat, erhielt **Kohl** keine absolute Mehrheit. Der Bundespräsident löste daraufhin den Bundestag auf und es wurden **Neuwahlen** durchgeführt, was Sinn des Manövers war. Dieses Verfahren wurde kritisiert und dem BVerfG vorgelegt, weil die für eine tatsächliche Krisensituation vorgesehene Regelung des GG, bei stabilen Mehrheiten dafür genutzt wurde, um – aus politischem Kalkül – Neuwahlen durchzuführen. Das BVerfG formulierte zunächst ebenfalls Skepsis gegenüber diesem Verfahren, akzeptierte die Neuwahl aber letztlich „ausnahmsweise".

Das Gericht führte aus: „Aus dem normativen Zusammenhang erschließt sich danach, dass die Auflösung des Bundestages auch über den Weg des Art. 68 GG stets eine politische Lage der Instabilität zwischen Bundeskanzler und Bundestag voraussetzt und als ungeschriebenes Tatbestandsmerkmal erfordert, dass der Bundeskanzler der stetigen parlamentarischen Unterstützung durch die Mehrheit des Bundestages nicht sicher sein kann. … Eine Auslegung dahin, dass Art. 68 GG einem Bundeskanzler, dessen ausreichende Mehrheit im Bundestag außer Zweifel steht, gestattete, sich zum geeignet erscheinenden Zeitpunkt die Vertrauensfrage negativ beantworten zu lassen mit dem Ziel, die Auflösung des Bundestages zu betreiben, würde dem Sinn des Art. 68 GG nicht gerecht. … Insbesondere verfehlt es grundlegend den Sinn des Art. 68 GG wie der vom Grundgesetz geformten repräsentativen Demokratie, die Auflösung des Bundestages und Neuwahlen mit der Behauptung zu fordern, ein über ein konstruktives Misstrauensvotum neu gewählter Bundeskanzler bedürfe neben seiner verfassungsmäßigen Legalität noch einer durch Neuwahlen vermittelten Legitimität." Die Auflösung des Bundestages sei dennoch verfassungskonform gewesen, meinte das BVerfG in einer überraschenden Wende, weil die FDP nach dem

Koalitionswechsel ein zerstrittener und damit unzuverlässiger Koalitionspartner gewesen sei, also eine instabile Lage bestanden habe (E 62, 1).

Ähnlich war die Lage 2005 nach der für die SPD verlorenen Landtagswahl in NRW. Kanzler **Schröder** stellte die Vertrauensfrage mit dem Ziel diese zu verlieren, und beantragte beim Bundespräsidenten die Auflösung des Bundestages; dem Antrag wurde entsprochen und Neuwahlen durchgeführt. Auch in diesem Fall wurde beim BVerfG geklagt und die Klage letztlich abgewiesen.

Das BVerfG wiederholte: „Die auflösungsgerichtete Vertrauensfrage ist nur dann gerechtfertigt, wenn die Handlungsfähigkeit einer parlamentarisch verankerten Bundesregierung verloren gegangen ist. Handlungsfähigkeit bedeutet, dass der Bundeskanzler mit politischem Gestaltungswillen die Richtung der Politik bestimmt und hierfür auch eine Mehrheit der Abgeordneten hinter sich weiß." Aber auch hier gibt es die überraschende Wendung, die nun etwas allgemeiner begründet wird: „Ob eine Regierung politisch noch handlungsfähig ist, hängt maßgeblich davon ab, welche Ziele sie verfolgt und mit welchen Widerständen sie aus dem parlamentarischen Raum zu rechnen hat. Die Einschätzung der Handlungsfähigkeit hat Prognosecharakter und ist an höchstpersönliche Wahrnehmungen und abwägende Lagebeurteilungen gebunden." Im konkreten Fall nahm das Gericht an, dass Kanzler Schröder die Unterstützung der SPD-Linken verloren habe und deshalb die Auflösung verfassungskonform gewesen sei (E 114, 121).

3. Rechtsverordnungen – Art. 80 GG

Die Spitze der Exekutive, d. h. die Regierung, kann unter bestimmten Voraussetzungen generell abstrakte Normen ohne Mitwirkung des Parlaments erlassen. Dabei handelt es sich um **Rechtsverordnungen**. Verfassungsrechtliche Voraussetzungen normiert Art. 80 GG. Danach können die Bundesregierung, ein Bundesminister oder die Landesregierungen durch Gesetz ermächtigt werden, Rechtsverordnungen zu erlassen. Dabei müssen **Inhalt, Zweck und Ausmaß** der erteilten Ermächtigung im Gesetz bestimmt werden. In der Verordnung muss die gesetzliche Ermächtigungsgrundlage benannt werden. Das geschieht meist am „Kopf" der Verordnung.

Beispiel: Die Straßenverkehrsordnung (StVO) benennt § 6 Straßenverkehrsgesetz (StVG) als Ermächtigungsgrundlage.

Nicht alle abstrakt generellen Normen, die als „Ordnung" bezeichnet werden, sind eine RVO. Vielfach handelt es sich auch um Parlamentsgesetz wie beispielsweise die Landesbauordnung, die vom jeweiligen Landesparlament erlassen wird, oder die Gewerbeordnung, ein Bundesgesetz. Der Charakter als Rechtsverordnung ergibt sich, wenn man es mit einer unbekannten Vorschrift zu tun hat, aus der zitierten gesetzlichen Ermächtigungsgrundlage (Zitiergebot).

Das Gesetz kann außerdem vorsehen, dass die **Ermächtigung übertragen** wird, also beispielsweise wird im Gesetz die Bundesregierung ermächtigt, mit der Möglichkeit diese Kompetenz an den zuständigen Bundesminister zu übertragen. Für die Übertragung verlangt Art. 80, dass dies durch eine Rechtsverordnung erfolgt.

Voraussetzungen für die Verfassungskonformität einer RVO sind also:
- Ein Gesetz (Parlamentsgesetz) ermächtigt und zwar:
- Die Bundesregierung (kollegial) oder (einen) Bundesminister (Ressort) oder die Landesregierungen,
- Die Ermächtigung ist nach Inhalt, Zweck und Ausmaß bestimmt,
- Die Rechtsverordnung zitiert die Ermächtigungsgrundlage.

Wesentlich für die Verfassungskonformität ist, dass die gesetzliche Ermächtigungsgrundlage die Rechtsetzungsbefugnis der Exekutive nach Art, Inhalt und Ausmaß bestimmt.

Die Beschränkung der Ermächtigung durch eine gesetzliche Norm, die erkennen lässt, was, wie geregelt werden soll, ist eine Antwort der Mütter und Väter des Grundgesetzes auf das **Ermächtigungsgesetz** der Nazis vom 24. März 1933, das offiziell „Gesetz zur Behebung der Not von Volk und Reich" hieß. Mit dem Gesetz wurde die Gesetzgebungsbefugnis pauschal auf die Reichsregierung übertragen. In Art. 1 hieß es: „Reichsgesetze können außer in dem in der Reichsverfassung vorgesehenen Verfahren auch durch die Reichsregierung beschlossen werden." In Art. 2 wurde darüber hinaus die Reichsverfassung durch folgende „Regelung" außer Kraft gesetzt: „Die von der Reichsregierung beschlossenen Reichsgesetze können von der Reichsverfassung abweichen, soweit sie nicht die Einrichtung des Reichstags und des Reichsrats als solche zum Gegenstand haben." Das Parlament wurde weitgehend funktionslos, Hitler wurden diktatorische Kompetenzen übertragen. Letztlich wurde die Herrschaft des allgemeinen Gesetzes insgesamt beseitigt. An seine Stelle trat der individuelle, willkürliche Befehl. Eine solche Generalermächtigung soll es nach dem GG nicht geben können.

Für die Bestimmtheit nach Inhalt, Zweck und Ausmaß verlangt das BVerfG: „Das Parlament soll sich seiner Verantwortung als gesetzgebende Körperschaft nicht dadurch entäußern können, dass es einen Teil der Gesetzgebungsmacht der Exekutive überträgt, ohne die Grenzen dieser Kompetenzen bedacht und diese nach Tendenz und Programm so genau umrissen zu haben, dass schon aus der Ermächtigung **erkennbar und vorhersehbar** ist, was dem Bürger gegenüber zulässig sein soll" (E 58, 257/ 277).

Die Ermächtigungsgrundlage muss also mit dem Zweck die Regelungstendenz, den Normzweck oder das Ziel einer möglichen Rechtsverordnung benennen. Über die Bestimmung von Inhalt und Ausmaß muss der Gesetzgeber die Rechtsfolgen sowie Ermessensgrenzen bestimmen.

Sehen wir uns exemplarisch wieder die Straßenverkehrsordnung an, so wird deren Gesamtzweck in § 6 StVG nicht explizit benannt, ist aber als Gewährleistung der Sicherheit des Verkehrs zu identifizieren, die in vielen einzelnen Vorschriften auch zu finden ist. Die Bestimmung von Inhalt und Ausmaß der Ermächtigungsgrundlage ist schwieriger. Einzelne Regelungsbereiche werden zwar aufgezählt, aber Regelungsgehalt und Rechtsfolge sind keineswegs klar erkennbar, also was dem Bürger gegenüber zulässig sein soll, im Zweifel nämlich Ordnungswidrigkeiten festzulegen.

Das BVerfG verlangt, dass die Bestimmtheit unter Berücksichtigung der Auslegung und Historie der Norm ermittelt wird: „Mithin hält eine Ermächtigungsnorm auch dann der verfassungsrechtlichen Prüfung am Maßstab der zu Art. 80 Abs. 1 GG entwickelten Rechtsgrundsätze stand, wenn sich die dort geforderte Bestimmtheit durch **Auslegung** nach den allgemein gültigen Auslegungsmethoden ermitteln lässt. Zur Klärung von Inhalt, Zweck und Ausmaß der Ermächtigung können – wie auch sonst bei der Auslegung einer Vorschrift – der Sinnzusammenhang der Norm mit anderen Bestimmungen und das Ziel, das die gesetzliche Regelung insgesamt verfolgt, berücksichtigt werden Auch die Entstehungsgeschichte der Norm kann insoweit herangezogen werden. Welche Bestimmtheitsanforderungen im Einzelnen erfüllt sein müssen, ist von den Besonderheiten des jeweiligen Regelungsgegenstandes sowie der Intensität der Maßnahme abhängig. Geringere Anforderungen sind vor allem bei vielgestaltigen Sachverhalten zu stellen oder wenn zu erwarten ist, dass sich die tatsächlichen Verhältnisse alsbald ändern werden. Es bleibt somit ausreichend Raum für eine sachgerechte und situationsbezogene Lösung bei der Abgrenzung von legislativen und exekutiven Kompetenzen.“ (BVerfGE 58, 257/ 277 f).

Kritisch ist allerdings anzumerken, dass es Regelungsbereiche gibt, bei denen das Wesentliche nicht durch den Gesetzgeber bestimmt und geregelt wird. Das i. w. S. Technikrecht ist hier besonders anfällig für die Verschiebung wesentlicher Entscheidungen in RVO oder gar Verwaltungsvorschriften. Die Grenzwerte des Bundesimmissionsschutzgesetzes, die für den Gesundheitsschutz der Bürger zentral sind, finden sich alle außerhalb des Gesetzes in untergesetzlichen Normen wie der 13. BImSchVO oder der TA Luft. Man hat sich mehr oder weniger damit arrangiert und es sind keine Tendenzen sichtbar, die Situation zu verändern.

Durch Bundesgesetz können nicht nur die Bundesregierung oder ein Minister, sondern auch die **Landesregierungen** ermächtigt werden. Was gilt nun für Landesgesetze? Klar ist, dass Landesgesetze nur ihre jeweilige Landesregierung ermächtigen können, Rechtsverordnungen zu erlassen. Für die inhaltlichen Anforderungen gilt Art. 80 zunächst nicht.

Das heißt, es ist falsch, in einer Klausur die Rechtmäßigkeit einer Rechtsverordnung des Landes mit einer landesgesetzlichen Ermächtigungsgrundlage direkt auf der Grundlage von Art. 80 zu prüfen.

Meist finden sich allerdings gleich lautende oder ähnliche Formulierungen in den **Landesverfassungen**.

In NRW bestimmt die Landesverfassung in Art. 70 beispielsweise: „Die Ermächtigung zum Erlass einer Rechtsverordnung kann nur durch Gesetz erteilt werden. Das Gesetz muss Inhalt, Zweck und Ausmaß der erteilten Ermächtigung bestimmen. In der Verordnung ist die Rechtsgrundlage anzugeben. Ist durch Gesetz vorgesehen, dass eine Ermächtigung weiterübertragen werden kann, so bedarf es zu ihrer Übertragung einer Rechtsverordnung."

Wo es eine explizite Regelung in der Landesverfassung nicht gibt, folgt die Ermächtigungsbeschränkung aus dem Rechtsstaatsprinzip und **Art. 80 GG analog**.

V. Der Bundespräsident

1. Allgemeines

Der Bundespräsident ist das Staatsoberhaupt der Bundesrepublik. Seine Kompetenzen sind dennoch ausgesprochen beschränkt und werden hier im Kontext der übrigen Staatsorgane erörtert. Die meisten Aufgaben des Bundespräsidenten sind „formaler" Natur, d. h. er **repräsentiert die Republik** nach außen, unterzeichnet die Gesetze oder ernennt die Regierung und die Richter, aber entscheidet nicht darüber, wen er ernennt oder was in den Gesetzen wie geregelt wird. Die Aufgaben des Bundespräsidenten sind deshalb weitgehend repräsentativer Art.

Diese – verglichen beispielsweise mit den USA oder Frankreich – schwache Stellung des Bundespräsidenten im GG ist nur als Kontrast zur Stellung des Reichspräsidenten in der **Weimarer Verfassung** zu verstehen. Die starke Stellung des **Reichspräsidenten** bildete zumindest einen Teil des Ursachenbündels, der zum Untergang der Republik führte. Der Reichspräsident zog in der Endphase der Republik über die Notstandsgesetzgebung immer wieder die Gesetzgebungsbefugnis an sich und entmachtete das Parlament. Da er direkt gewählt wurde, konnte ihm von der autoritären Staatsrechtslehre, insbesondere vom „Kronjuristen der Nazis" – so Ernst Bloch über Carl Schmitt –, eine dem Parlament gleichwertige demokratische Legitimation attestiert werden. Der Reichspräsident konnte nach seinem Ermessen den Reichstag auflösen und Neuwahlen anordnen (Art. 25 WRV). Schließlich konnte er gemäß Art. 48 WRV, „wenn im Deutschen Reiche die öffentliche Sicherheit und Ordnung erheblich gestört oder gefährdet wird, die zur Wiederherstellung der öffentlichen Sicherheit und Ordnung nötigen Maßnahmen treffen, erforderlichenfalls mit Hilfe der bewaffneten Macht einschreiten." Diese Kompetenzfülle diente zunächst dem nicht sonderlich demokratisch gestimmten Hindenburg, das demokratische Gefüge der Republik zu unterminieren und führte schließlich in die Diktatur, als Hitler 1934 das Amt des Kanzlers und Reichspräsidenten in sich vereinigte bzw. letzteres abschaffte.

Die Geschichte zeigt, dass es keineswegs ein demokratischer Fortschritt wäre, wenn der Bundespräsident direkt gewählt würde. Das pluralistisch gewählte Parlament, das in seinen Beratungen unterschiedliche Interessen artikulieren sollte, erhält so einen monokratischen, aber demokratisch legitimierten Gegenpart, was der beratenden, parlamentarischen Demokratie keineswegs förderlich ist.

Die beschränkte Macht des Bundespräsidenten wird in Art. 58 deutlich, wonach Anordnungen und Verfügungen des Bundespräsidenten zu ihrer Gültigkeit der **Gegenzeichnung** durch den Bundeskanzler oder durch den zuständigen Bundesminister bedürfen. Das Grundgesetz verlangt in der Regel – mit der logischen Ausnahme der Ernennung des Bundeskanzlers – eine Kooperation von Kanzler und Präsidenten.

Zum Bundespräsidenten kann jeder Deutsche gewählt werden, der mindestens **vierzig** Jahre alt ist. Er wird für fünf Jahre gewählt und kann nur einmal wiedergewählt werden (Art. 54). Gewählt wird der Bundespräsident von der **Bundesversammlung.** Sie besteht gemäß Art. 54 III aus allen Mitgliedern des Bundestages und einer gleichen Anzahl von Mitgliedern, die von den Volksvertretungen der Länder nach den Grundsätzen der Verhältniswahl gewählt werden.

Die Parlamente der Länder wählen nicht nur Abgeordnete in die Bundesversammlung, sondern auch **bekannte Persönlichkeiten**, Sportler, Künstler usw., die allerdings die politischen Strömungen oder Parteien repräsentieren. Da nach den Grundsätzen der Verhältniswahl gewählt wird, stellen die Parteien regelmäßig Personen auf, die ihnen zumindest nahe stehen.

In den ersten beiden Wahlgängen muss der Bewerber die **absolute Mehrheit** der Stimmen der Bundesversammlung auf sich vereinigen. Gelingt ihm dies nicht, ist im **dritten Wahlgang** die einfache Mehrheit, also die Mehrheit der Stimmen, ausreichend (Art. 54 VI).

Der **Bundespräsident** darf nach Art. 55 I weder der Regierung noch einer gesetzgebenden Körperschaft des Bundes oder eines Landes angehören. Im Falle der Wahl zum Bundespräsidenten muss die Person zwischen den **inkompatiblen** Ämtern wählen.

Der Bundespräsident vertritt gemäß Art. 59 I den Bund **völkerrechtlich**. Das heißt, er schließt im Namen des Bundes die Verträge mit auswärtigen Staaten. Er beglaubigt und empfängt die Gesandten. Allerdings meint dieses „Verträge schließen“ weder, dass der Bundespräsident die Verträge aushandelt, noch dass er über ihren Abschluss entscheidet. Das macht Art. 59 II deutlich, der normiert, dass Verträge, welche die politischen Beziehungen des Bundes regeln oder sich auf Gegenstände der Bundesgesetzgebung beziehen, der **Zustimmung** oder der Mitwirkung der jeweils für die **Bundesgesetzgebung** zuständigen Körperschaften in der Form eines Bundesgesetzes bedürfen. Das heißt, über auswärtige Verträge entscheidet der Bundestag als Gesetzgeber. Der Bundespräsident unterzeichnet sie nur für die Bundesrepublik.

Auswärtige Verträge werden im **Bundesgesetzblatt II** veröffentlicht, während die innerstaatlichen Gesetze sich im Bundesgesetzblatt I finden. Als vom Bundestag verabschiedete Gesetze sind die völkerrechtlichen Verträge verbindliches Bundesrecht, dass gemäß

Art. 1 III die Staatsgewalten bindet. Für die Bürger gilt allerdings, das sie Rechte und Pflichten erst begründen, wenn sie in **innerstaatliches Recht transformiert** wurden, also entsprechende Regelungen in die nationalen Gesetze aufgenommen wurden.

Wie die Bundesminister ernennt und entlässt der Bundespräsident die Bundesrichter, die Bundesbeamten, die Offiziere und Unteroffiziere, was aber wie bei den Ministern nicht heißt, dass er die Personalentscheidung trifft. Das machen bei der Exekutive vielmehr die zuständigen Minister. Die Richter werden nach den Regeln der Art. 94 I (BVerfG) und 95 I (Bundesgerichte) gewählt.

Eine tatsächliche Entscheidungsbefugnis steht dem Bundespräsidenten gemäß Art. 60 III zu. Danach übt er im Einzelfalle für den Bund das **Begnadigungsrecht** aus. Das heißt, er kann im Einzelfall verurteilte Straftäter begnadigen. Der Begnadigungsakt ist ein Akt sui generis, der sich der gerichtlichen Nachprüfung entzieht. Gnade ist nicht Recht.

Das heißt, gegen die Ablehnung einen Gnadengesuchs oder eine ausgesprochene Begnadigung gibt es keine Rechtsmittel. Öffentliches Aufsehen erregten die Gnadengesuche von verurteilten Terroristen der RAF. Dabei verstrickte sich die herrschende Meinung in einen offenkundigen Widerspruch. Terroristen seien Staatsfeinde und keine gewöhnlichen Kriminellen, wurde argumentiert, weshalb eine Begnadigung auch nach langer Haft nicht in Frage komme. In den Prozessen gegen die RAF wurde dagegen befunden, es handele sich um ganz gewöhnliche Kriminelle, die keineswegs eine Sonderbehandlung etwa nach Kriegsrecht beanspruchen könnten.

Zum Vertreter des Bundespräsidenten bestimmt das GG in Art. 57 im Falle der Verhinderung (etwa wegen Krankheit) oder der Erledigung des Amtes (etwa wegen Rücktritts) den **Präsidenten des Bundesrates**.

Bundestag oder Bundesrat können gemäß Art. 61 den **Bundespräsidenten** wegen vorsätzlicher Verletzung des Grundgesetzes oder eines anderen Bundesgesetzes vor dem Bundesverfassungsgericht **anklagen**. Stellt das Bundesverfassungsgericht eine vorsätzliche Verletzung des Grundgesetzes fest, so kann es ihn des Amtes entheben.

Der ewige Streit um die **Prüfungskompetenz** bei der Gegenzeichnung eines Gesetzes wurde oben im Rahmen des Gesetzgebungsverfahrens erörtert.

2. Übungsfragen

1. Was sind die Aufgaben des Bundespräsidenten?
Der Bundespräsident vertritt gemäß Art. 59 I den Bund völkerrechtlich. Dies aber nur unter Beteiligung des Parlaments, Art. 59 Abs. 2 GG. Der Bundespräsident schlägt nach Art. 63 dem Bundestag einen Kandidaten für die Wahl zum Bundeskanzler vor. Der Bundespräsident kann den Bundestag in den Fällen des Art. 63 Abs.4 Satz 2 GG und Art. 68

Abs. 1 Satz 1 auflösen. Die Bundesminister werden nach Artikel 64 Abs. 1 auf Vorschlag des Bundeskanzlers vom Bundespräsidenten ernannt und entlassen. Gesetze werden nach Art. 82 Abs. 1 vom Bundespräsidenten nach Gegenzeichnung ausgefertigt und im Bundesgesetzblatt verkündet.

2. Kann der Bundespräsident die Ausfertigung von Gesetzen verweigern?
Fraglich ist, ob der Bundespräsident die Ausfertigung von Gesetzen verweigern kann. Dies ist umstritten. Zu unterscheiden ist zwischen der „formellen Prüfungskompetenz" und der „materiellen Prüfungskompetenz". Die formelle Prüfungskompetenz wird inzwischen überwiegend bejaht. Nach dem Wortlaut von Art. 82 heißt es: „nach den Vorschriften dieses GG zustande gekommene Gesetze" – dies spricht dafür, dass ein formelles Prüfungsrecht besteht. Art. 82 steht systematisch auch im Verfahrensteil des GG. Hieraus ergibt sich, dass der Bundespräsident also Gesetzen die Ausfertigung verweigern darf, wenn sie seiner Meinung nach formell verfassungswidrig sind, etwa weil der Bund keine Gesetzgebungskompetenz hat.

Die materielle Prüfungskompetenz ist umstrittener. Hierfür spricht der Amtseid des Präsidenten nach Art. 56 GG und seine Bindung an Recht und Gesetz nach Art. 20 III GG; Art. 1 III GG. Allerdings kann eine Verpflichtung zur Wahrung des GG und des Rechts nur im Rahmen der zugewiesenen Kompetenzen bestehen, was wiederum dagegen spricht. Historisch hatte der Präsident ein Prüfungsrecht, was nunmehr allerdings eben nicht mehr ausdrücklich im GG steht. Gewohnheitsrecht wäre denkbar, es existieren aber zu wenig Fälle. Gegen eine Prüfungskompetenz des Bundespräsidenten spricht, dass das Bundesverfassungsgericht primär die Gesetze überprüft, dagegen spricht, dass es auch überprüfen kann, ob eine Nichtausfertigung des Präsidenten rechtmäßig ist. Im Ergebnis wird ihm von der Mehrheit ein sog. „Evidenzprüfungsrecht" zugestanden. Er darf danach die Ausfertigung verweigern, wenn für ihn die materielle Verfassungswidrigkeit des Gesetzes klar erkennbar ist.

VI. Verwaltung in Bund und Ländern

1. Grundsätzliche Länderzuständigkeit

Ähnlich wie für die Gesetzgebung gilt auch für die Verwaltung zunächst, dass grundsätzlich die Länder zuständig sind. So formuliert Art. 30, dass die Ausübung der staatlichen Befugnisse und die Erfüllung der staatlichen Aufgaben Sache der Länder ist, soweit das Grundgesetz keine andere Regelung trifft oder zulässt. Staatliche Befugnisse werden im Einzelfall durch die Verwaltung ausgeübt. Dies ist Aufgabe der Länder, wenn es keine explizite Zuweisung oder Ermächtigung an den Bund gibt, die Ausführung der Gesetze mit Hilfe einer Bundesverwaltung zu organisieren.

Art. 83 bestimmt dann, in welcher Form die Länder die Bundesgesetze exekutieren, nämlich regelmäßig als eigene Angelegenheit, soweit das Grundgesetz nichts anderes bestimmt oder zulässt. Daneben gibt es die Möglichkeit, dass die Länder die Bundesgesetze in der Form der Bundesauftragsverwaltung (Art. 85) durchführen.

Das GG kennt also drei verschiedene Möglichkeiten für die Organisation der Verwaltung, wenn es um die Ausführung von Bundesgesetzen geht:

- Regelmäßig: Länder führen Bundesgesetze als eigene Angelegenheiten aus
- Bundeseigene Verwaltung
- Bundesauftragsverwaltung

Landesgesetze werden selbstverständlich durch die Landesbehörden ausgeführt. Wie das Land seine Behörden organisiert, ist zunächst dessen Angelegenheit. Die Ausführung von Bundesgesetzen als „eigene Angelegenheit" meint eben dies. Das Land regelt die Einrichtung der Behörden und das Verwaltungsverfahren (Art. 84 I), d. h. die Art und Weise der Gesetzesausführung, führt sie durch Landesbehörden, deren Organisationsweise es selbst regelt, aus. Eine Ausnahme ist allerdings möglich, wenn das auszuführende Bundesgesetz eine bestimmte Behördenstruktur vorschreibt, was noch zu erörtern ist. Die Verwaltung, d. h. die Gesetzesausführung ist bei der Ausführung als eigene Angelegenheit vollständig Landesangelegenheit. Die Spitze der (Landes-)Verwaltung ist die Landesregierung, der Ministerpräsident oder in den Stadtstaaten der Bürgermeister, nicht aber die Bundesregierung.

Die Verwaltungsorganisation in den Ländern ist recht unterschiedlich. Eine eigene historische Struktur haben die Stadtstaaten. In den Flächenländern gibt es einen zwei- oder dreistufigen Verwaltungsaufbau. Beim zweistufigen Aufbau steht an der Spitze die Landesverwaltung, darunter Kreise und Kommunen als kommunale Selbstverwaltung (gesichert durch Art. 28). In Flächenländern mit einem dreistufigen Verwaltungsaufbau ist eine Bezirksregierung dazwischen geschaltet. Berlin und Hamburg kennen keine Kommunen, sondern unterteilen die Stadt in Bezirke als Verwaltungseinheiten.

Die Verwaltungskompetenzen sind nach dem GG zwischen Bund und Ländern klar verteilt. Deshalb ist oder besser war eine **Mischverwaltung**, die Aufteilung von Verwaltungszuständigkeiten zwischen Bund und Ländern, nach einhelliger Auffassung verboten.

Bei der Kompetenzverteilung sind unterschiedliche Probleme aufgetreten:

Der Bund gründete eine privatrechtliche GmbH mit dem Namen **Deutschland-Fernsehen-GmbH** (nach BVerfGE 12, 205, sog. Adenauer-Fernsehen). Das wurde als verfassungswidrig eingestuft und das BVerfG angerufen. Ein Blick ins GG zeigt, dass es keine ausdrückliche Verwaltungskompetenz des Bundes für das Fernsehen gibt. Dann sind gemäß Art. 30 die Länder zuständig. Im Fall des „Adenauer-Fernsehens" sollte die Fernsehanstalt aber privatrechtlich betrieben werden. Das BVerfG erklärte diese Konstruktion für verfassungswidrig, weil das Privatrecht nicht zur Umgehung der GG-Kompetenzzuweisung genutzt werden darf. Über die privatrechtliche Konstruktion hatte sich der Bund eine zusätzliche Verwaltungskompetenz angeeignet.

Die Figur der „**Umgehung verfassungsrechtlicher oder gesetzlicher Bindungen durch Privatrecht**" ist mit dieser Entscheidung in das Standardrepertoire der juristischen Argumentation eingegangen und muss bei privatrechtlichen Organisationsformen, bei denen der Staat Eigentümer bleibt oder in anderer Weise substanzielle Rechte und Pflichten wahrnimmt, berücksichtigt werden.

Das wirft selbstverständlich die Frage nach der Zulässigkeit der existierenden öffentlich-rechtlichen Rundfunkanstalten auf. Die ARD („Arbeitsgemeinschaft der öffentlich-rechtlichen Rundfunkanstalten der Bundesrepublik Deutschland") ist ein Verbund öffentlich-rechtlicher Rundfunkanstalten der Länder und insofern als Länderverwaltung verfassungsrechtlich zulässig. Das ZDF ist eine gemeinsame Einrichtung der Länder, die am 6. Juni 1961 durch einen Staatsvertrag über „eine gemeinnützige Anstalt des öffentlichen Rechts mit dem Namen: Zweites Deutsches Fernsehen" gegründet wurde und insofern ebenfalls verfassungskonform ist. Die tatsächlich privatrechtlichen Fernsehsender unterfallen selbstverständlich nicht den verfassungsrechtlichen Normen zur Verwaltungsorganisation.

Beispiel: Die Bundesregierung erstellt eine Broschüre, in der vor einer „religiösen" Sekte gewarnt wird. Die Ministerin für Jugend startet eine Kampagne „Dialog Internet – Aufwachsen im Netz" mit verschiedenen partizipativen und aufklärerischen Elementen mit dem Zweck, einen dem Alter adäquaten Umgang mit dem Internet sicherzustellen. Sind das unzulässige Verwaltungstätigkeiten des Bundes? **Öffentlichkeitsarbeit** gehört nach weitgehend geteilter Auffassung zu den Kompetenzen der Bundesregierung. Sie ist grundsätzlich erlaubt, insbesondere dort, wo eine Gesetzgebungszuständigkeit des Bundes besteht. Die Gesetzgebungszuständigkeit ergibt sich hier aus Art. 74 I Nr. 7, der Zuständigkeit für die „öffentliche Fürsorge". Die Kompetenznorm interpretiert das BVerfG weit. Sie umfasse „auf dem Gebiet der Jugendwohlfahrt nicht nur die Jugendfürsorge im engeren Sinn, sondern auch die Jugendpflege" (E 22, 180).

Mit der Hartz IV „Reform", die Arbeitslosengeld II und Sozialhilfe zusammenlegte und gleichzeitig auf das Existenzminimum begrenzte, wurde die administrative Zuständigkeit, die vorher zwischen Kommunen und der „Bundesanstalt für Arbeit" geteilt war, neu geregelt. Die Kommunen waren vorher zuständig für die Sozialhilfe, Wohngeld usw., die Bundesanstalt für Arbeitslosenhilfe und -geld. Es wurden Arbeitsgemeinschaften (Arge) zwischen der (inzwischen umgetauften) Bundesagentur und den Kommunen gebildet, die für die umfassende Verwaltung von Hartz IV Empfängern zuständig sind. Einige Kommunen wehrten sich gegen diese Zwangsgemeinschaft und riefen das BVerfG an, das ihnen 2007 mit folgender Begründung Recht gab:

„Die eigenverantwortliche Aufgabenwahrnehmung der Gemeinden und Gemeindeverbände wird aber beeinträchtigt, wenn der Gesetzgeber ohne hinreichend rechtfertigenden

Grund die gleichzeitige Aufgabenwahrnehmung durch verschiedene Verwaltungsbehörden verbindlich anordnet … Ordnet der Gesetzgeber – wie bei den Arbeitsgemeinschaften nach § 44 b SGB II – an, dass die Aufgaben gemeinsam von Bund und Gemeinden oder Gemeindeverbänden wahrgenommen werden, ist für die verfassungsrechtliche Prüfung auch entscheidend, ob die Verwaltungszuständigkeiten von Bund und Ländern gemäß Art. 83 ff. GG eingehalten sind. … Die Kompetenzaufteilung nach Art. 83 GG ist eine wichtige Ausformung des bundesstaatlichen Prinzips des Grundgesetzes und dient dazu, die Länder vor einem Eindringen des Bundes in den ihnen vorbehaltenen Bereich der Verwaltung zu schützen. Die Verwaltungszuständigkeiten von Bund und Ländern sind grundsätzlich getrennt und können selbst mit Zustimmung der Beteiligten nur in den vom Grundgesetz vorgesehenen Fällen zusammengeführt werden.“ Einen solchen Fall sehe das Grundgesetz aber für die „Argen“ nicht vor (E 119, 331).

Die Antwort des Bundesgesetzgebers war beschämend. Er änderte (in großer Koalition) im Juli 2010 das Grundgesetz durch Art. 91e, wonach bei der Ausführung von Bundesgesetzen auf dem Gebiet der Grundsicherung für Arbeitsuchende Bund und Länder oder die nach Landesrecht zuständigen Gemeinden und Gemeindeverbände in der Regel in gemeinsamen Einrichtungen zusammenwirken. Das GG wurde also geändert, um die **Bund-Länder-Mischverwaltung** im Bereich der Argen zu legalisieren. Möglich ist nach Art. 91e auch, dass den Kommunen die Zuständigkeiten der Bundesagentur vollständig übertragen werden.

Für bestimmte Bereiche wird eine ungeschriebene Verwaltungskompetenz des Bundes aus der Natur der Sache bzw. als Annexkompetenz angenommen. Dazu gehören beispielsweise die gesamtstaatliche Repräsentation, der Objektschutz durch die Bundespolizei, das Verbot einer überregionalen Vereinigung (BVerwGE 80 /299) und die Planung und Linienführung von Autobahnen und anderen Fernstraßen nach § 16 FStrG (BVerwGE 62, 342).

2. Bundeseigene Verwaltung

Zur Verwaltung des Bundes gehören zunächst alle Behörden, die unmittelbar der Regierungstätigkeit zugeordnet werden können. Das sind in der Regel die **obersten Bundesbehörden**. Diese sind den obersten Bundesorganen zugeordnet; dazu gehören das Bundespräsidialamt, das Bundeskanzleramt, die Bundesministerien sowie das Presse- und Informationsamt der Bundesregierung.

Sie haben keine Vollzugsaufgaben, sondern arbeiten der Regierung unmittelbar zu. Die Kompetenz, solche Behörden einzurichten, ergibt sich aus der Organisationsautonomie der Regierung (s. o). Daneben gibt es die bundeseigene Verwaltung, die nicht der i. w. S. Regierungstätigkeit zugeordnet ist.

Die Behörden der bundeseigenen Verwaltung sind Organe der Körperschaft Bund. Es handelt sich um Verwaltungseinrichtungen des Bundes mit der Aufgabe, Bundesgesetze zu vollziehen. Ihre Maßnahmen werden dem Bund zugerechnet. Bundeseigene Verwaltung gibt es in Form von Bundesoberbehörden mit oder ohne Unterbau. Dabei meint „Unterbau“ eine Organisationsstruktur, die hierarchisch gegliedert zur Aufgabenerfüllung regionale Unterbehörden umfasst, wie beispielsweise den Zoll.

Eine bundeseigene Verwaltung mit Unterbau lässt sich untergliedern in bundeseigene **Mittel- und Unterbehörden**. Solche darf der Bund nur einrichten, wenn das GG es ausdrücklich zulässt. Das geschieht z. B. in Art. 87 I. Danach werden in bundeseigener Verwaltung mit eigenem Verwaltungsunterbau geführt: der **Auswärtige Dienst, die Bundesfinanzverwaltung** und nach Maßgabe des Artikels 89 die Verwaltung der **Bundeswasserstraßen** und der Schifffahrt.

Die genannten Verwaltungszweige sind **zwingend** als bundeseigene Verwaltung mit eigenem Verwaltungsunterbau zu führen. Bei anderen Verwaltungskompetenzen **erlaubt** das GG dem Bund eine bundeseigene Verwaltung einzurichten, stellt also die Erforderlichkeit in sein Ermessen. Unmittelbar einleuchtend ist, dass der Auswärtige Dienst nicht in Form der Länderverwaltung auszuführen, also als bundeseigene Verwaltung zu führen ist.

Aufbau der Bundesverwaltung mit Unterbau am Beispiel der Zollverwaltung:

Weitere vom GG zwingend geforderte Bundesverwaltungen finden sich beispielsweise in Art. 87 b I, wonach die Bundeswehrverwaltung in bundeseigener Verwaltung mit eigenem Verwaltungsunterbau geführt wird. Der Verwaltungsunterbau sind die Kreiswehrersatzämter.

Die Eisenbahnverkehrsverwaltung für Eisenbahnen des Bundes wird gemäß Art. 87 e I in bundeseigener Verwaltung geführt, nämlich als Eisenbahn-Bundesamt. Allerdings können durch Bundesgesetz Aufgaben der Eisenbahnverkehrsverwaltung den Ländern als eigene Angelegenheit übertragen werden. Das ist auch geschehen, so dass die Länder eigene Eisenbahnverwaltungen haben, die für die Eisenbahnen (bei Unternehmen nach Sitz) des jeweiligen Landes zuständig ist.

Für andere Bereiche kann eine bundeseigene Verwaltung mit Verwaltungsunterbau eingerichtet werden, muss es aber nicht. So **können** nach Art. 87 I durch Bundesgesetz **Bundesgrenzschutzbehörden**, **Zentralstellen für das polizeiliche Auskunfts- und Nachrichtenwesen, für die Kriminalpolizei** und zur Sammlung von Unterlagen für Zwecke des Verfassungsschutzes und des Schutzes gegen Bestrebungen im Bundesgebiet, die durch Anwendung von Gewalt oder darauf gerichtete Vorbereitungshandlungen auswärtige Belange der Bundesrepublik Deutschland gefährden, eingerichtet werden.

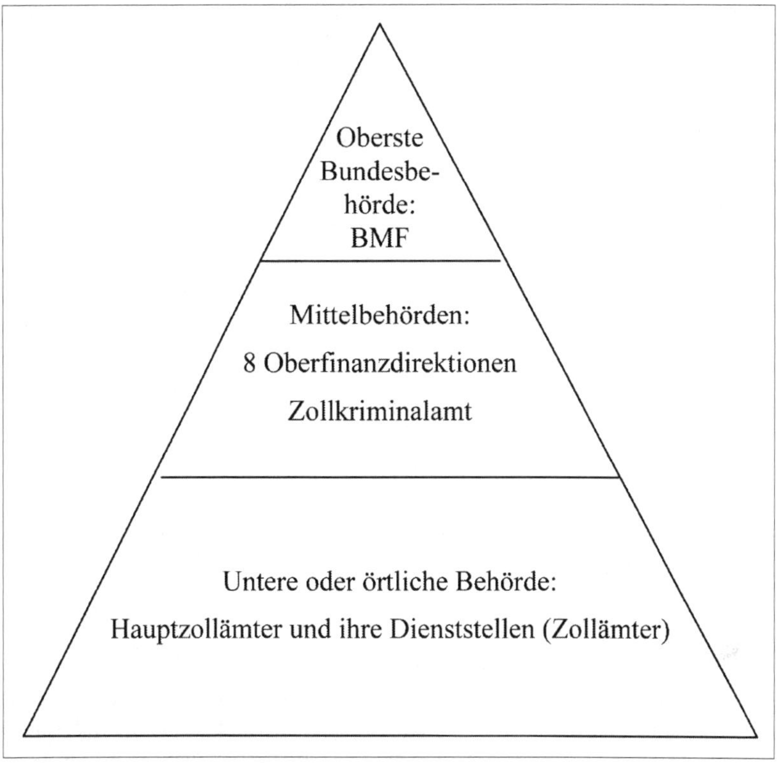

Für die Schaffung einer neuen Bundesverwaltung sieht Art. 87 III eine Generalklausel vor. Danach können bei dringendem Bedarf bundeseigene Mittel- und Unterbehörden mit Zustimmung des Bundesrates und der Mehrheit der Mitglieder des Bundestages errichtet werden. Voraussetzung ist weiter, dass dem Bund auf Gebieten, für die ihm die Gesetzgebung zusteht, neue Aufgaben zuwachsen. Das GG hat hier mit der Kanzlermehrheit, der Zustimmung des Bundesrates hohe prozedurale Hürden und mit dem dringenden Bedarf auch vergleichsweise hohe materielle Hürden eingebaut, die zu überwinden sind, bevor neue Bundesbehörden errichtet werden können.

Wenn das Grundgesetz bestimmt, dass eine bundeseigene Verwaltung besteht, spricht dies gegen eine Auslagerung und/oder Privatisierung der administrativen Aufgabe. Das wurde interessant beim Versuch des Bundes, die Luftverkehrsverwaltung zu privatisieren. Ein besonderes Schelmenstück findet man in Art. 87 d I. Danach muss die Luftverkehrsverwaltung in bundeseigener Verwaltung geführt werden. Diese Regelung aus dem Jahre 1961 wurde 1991 um einen zweiten Satz mit folgendem Wortlaut ergänzt: „Über die öffentlich-rechtliche oder privat-rechtliche Organisationsform wird durch Bundesgesetz entschieden.“ Die Aufgaben der Flugsicherung werden von der „Deutschen

Flugsicherung“ (DFS) ausgeführt, einer privatrechtlich organisierten Gesellschaft im Eigentum des Bundes. Nachdem der Bundestag 2005 das Flugsicherungsgesetz verabschiedet hatte, das die Veräußerung von Anteilen an der DFS ermöglichte, weigerte sich der Bundespräsident 2006, dieses Gesetz zu unterschreiben, weil zwar eine Organisationsprivatisierung, d. h. eine privatrechtliche Organisation eines öffentlichen Unternehmens, durch Satz 2 gerechtfertigt sei, nicht aber die Übertragung von Flugsicherungsaufgaben auf Private, da diese zum Kernbestand hoheitlicher Aufgaben gehörten. Der Bundespräsident beurteilte das Gesetz als evident verfassungswidrig, weil eine „Unvereinbarkeit einer kapitalprivatisierten Flugsicherungsorganisation mit dem Erfordernis der bundeseigenen Verwaltung“ bestehe. (Bekannter war unter dem Stichwort Flugsicherheitsgesetz die Ermächtigung, bei Terrorverdacht Passagierflugzeuge abzuschießen. Das Problem war eines der Verletzung der Menschenwürde und wird im Lehrbuch Grundrechte thematisiert.) Anschließend wurde Art. 87 d geändert und der Satz gestrichen, nach dem über die öffentlich- oder privat-rechtliche Organisationsform ein Gesetz entscheidet.

Bundeseigene Verwaltung meint regelmäßig eine staatliche Organisation der Verwaltung, d. h. eine materielle Privatisierung ist mit dem Begriff bundeseigene Verwaltung unvereinbar.

Bundesbehörden gibt es – wie gesehen – mit einem regionalen Unterbau. Andere Bundesbehörden kommen dagegen ohne Unterbau aus. Die Ermächtigung, solche zu errichten, findet sich wiederum in Art. 87 III. Allerdings sind die Voraussetzungen erheblich weiter als bei Bundesbehörden mit Unterbau. So können für Angelegenheiten, für die dem Bunde die Gesetzgebung zusteht, selbstständige **Bundesoberbehörden und neue bundesunmittelbare Körperschaften und Anstalten des öffentlichen Rechts** durch Bundesgesetz errichtet werden. Voraussetzung ist also nur die Gesetzgebungskompetenz des Bundes.

In der Vorschrift werden drei Organisationsformen unterschieden. **Bundesoberbehörden** sind solche, die einem Bundesministerium unmittelbar nachgeordnet sind, selbst aber keine unter ihnen stehenden Behörden haben.

Bundesoberbehörden sind z. B:

- Amt für den Militärischen Abschirmdienst
- Beschaffungsamt des BMI
- Biologische Bundesanstalt für Land- und Forstwirtschaft
- Bundesagentur für Außenwirtschaft
- Bundesamt für Bauwesen und Raumordnung
- Bundesamt für Bevölkerungsschutz und Katastrophenhilfe

Die **Körperschaft des öffentlichen Rechts** ist eine mitgliedschaftlich verfasste und unabhängig vom Wechsel der Mitglieder bestehende Organisation, die ihre

Individualität als Rechtssubjekt nicht der Privatautonomie, sondern einem Hoheitsakt verdankt.

Typische Körperschaften des öffentlichen Rechts (aber nicht des Bundes) sind die Kommunen, deren Mitglieder die Bürgerinnen und Bürger sind, die Hochschulen oder die Berufskammern.

Bundesunmittelbare Körperschaften findet man im Bereich der Sozialversicherungsträger, z. B. die Bundesagentur für Arbeit. Das folgt aus Art. 87 II, wonach als bundesunmittelbare Körperschaften des öffentlichen Rechts diejenigen **sozialen Versicherungsträger** geführt werden, deren Zuständigkeitsbereich sich über das Gebiet eines Landes hinaus erstreckt.

Die **Anstalt des öffentlichen Rechts** ist eine öffentlich-rechtliche Verwaltungseinrichtung, die einem bestimmten Nutzungszweck dient und im Gegensatz zur Körperschaft des öffentlichen Rechts nicht mitgliedschaftlich organisiert ist; die Benutzer sind deshalb nicht Mitglieder der Anstalt.

Vergleichsweise bekannte Anstalten des öffentliche Rechts sind Rundfunkanstalten, kommunale Sparkassen, gegebenenfalls Stadtbüchereien oder auch Badeanstalten.

Bundesunmittelbare Anstalten des öffentlichen Rechts sind z. B.:
- Bundesanstalt für Geowissenschaften und Rohstoffe
- Bundesanstalt für Immobilienaufgaben
- Deutsche Bundesbank
- Bundesanstalt für Finanzdienstleistungsaufsicht

Die Bankenaufsicht (BaFin) überwacht beispielsweise Universal- und Spezialbanken, Großbanken sowie regional tätige Volksbanken und Sparkassen. Die BaFin achtet darauf, dass nur zugelassene Unternehmen ihre Dienste am Markt anbieten, dass diese Unternehmen von Vorständen geleitet werden, die ihre fachliche Eignung und persönliche Zuverlässigkeit nachgewiesen haben und die Institute die gesetzlichen und aufsichtsrechtlichen Grundsätze für Bankgeschäfte einhalten. Einer der wichtigsten Grundsätze besagt, dass Banken für Risiken, die sie eingehen, ein angemessenes Eigenkapitalpolster vorhalten müssen. (Was sich in der Krise 2008 als völlig unzureichend herausgestellt hat.)

Eine Verwaltung ist grundsätzlich hierarchisch organisiert. Das heißt, Anweisungen werden von oben nach unten gegeben und Aufsicht in gleicher Richtung geführt, während Rechenschaftspflichten von unten nach oben verlaufen. Die hierarchische Struktur führt zur (politischen) Verantwortung der Verwaltungsspitze für das gesamte Verwaltungshandeln. Handlungen der bundeseigenen Verwaltung werden deshalb dem Bund zugerechnet.

Da regelmäßig zwischen Bundes- und Landesverwaltung unterschieden wird, gibt es grundsätzlich kein hierarchisches Verhältnis zwischen Bund und Land, also kein Anweisungsrecht des Bundesministers an die Landesverwaltung, sondern i. d. R. nur an die „eigene“ Bundesverwaltung.

3. Bundesauftragsverwaltung

Etwas anderes gilt für die Bundesauftragsverwaltung, hier ist die strikte Trennung ausnahmsweise durchbrochen. **Bundesauftragsverwaltung** meint, dass Bundesgesetze nicht durch die Landesverwaltung als eigene Angelegenheit oder – wenn im GG vorgesehen – durch die bundeseigene Verwaltung ausgeführt werden, sondern von der Landesverwaltung im Auftrag des Bundes. Das hierarchische Verhältnis wird hier im Begriff schon deutlich.

Die Einrichtung der Behörden bleibt bei der Bundesauftragsverwaltung gemäß Art. 85 I Angelegenheit der Länder, was die Bundesauftragsverwaltung mit der Landesverwaltung gemein hat. Der Unterschied besteht in einem **Weisungsrecht des Bundesministers** an die Landesverwaltung. Gemeinden und Gemeindeverbänden dürfen vom Bund keine Aufgaben übertragen werden.

Im GG wird ausdrücklich normiert, welche Angelegenheiten in Form der Bundesauftragsverwaltung zu organisieren sind. Das sind z. B. gemäß Art. 87 c das Atomrecht.

Nach der Vorschrift können Gesetze, die auf Grund des Artikels 73 Abs. 1 Nr. 14 (Kernenergie) ergehen, mit Zustimmung des Bundesrates bestimmen, dass sie von den Ländern im Auftrag des Bundes ausgeführt werden. Die Bundesauftragsverwaltung ist also verfassungsrechtlich nicht zwingend, ist dann aber im Atomrecht normiert (§ 24 I AtomG).

Das hat bei unterschiedlichen Positionen von Landesregierung (etwa rot-grün) und Bundesregierung (schwarz-gelb) zur Atomkraft immer mal wieder zu Konflikten geführt, bei der das Bundesministerium das zuständige Landesministerium angewiesen hat, eine Genehmigung zu erteilen oder umgekehrt vor der Genehmigung weitere Prüfungen vorzunehmen.

Zwingend als Bundesauftragsverwaltung sind nach Art. 90 II die Verwaltung der Bundesautobahnen und Bundesfernstraßen durch die Länder im Auftrag des Bundes organisiert. Gemäß Art. 108 III werden die Landesfinanzbehörden, wenn sie Steuern verwalten, die ganz oder zum Teil dem Bund zufließen, im Auftrag des Bundes tätig.

Bundesauftragsverwaltung bedeutet:

- Die Länder sind Verwaltungsträger, d. h. es handelt sich um Landesbehörden, z. B. ist das Finanzamt Bielefeld eine Behörde des Landes NRW

- Und es gilt – wie üblich – dass die Landesbehörden nicht Unterbehörden von Bundesbehörden sind.

Aber: Die Landesbehörden unterstehen gemäß Art. 85 III den Weisungen der zuständigen obersten Bundesbehörden. Das heißt, der zuständige Bundesminister kann einzelne Anordnungen an das jeweils zuständige Landesministerium erteilen. Regelmäßig sind die Weisungen an die obersten Landesbehörden, also die Ministerien, zu richten, wenn die Bundesregierung es nicht für dringlich erachtet, direkt einer untergeordneten Behörde die Weisung zu erteilen. Der Vollzug der Weisung ist in jedem Fall durch die obersten Landesbehörden sicherzustellen. Das heißt:

- Die Länder verwalten Angelegenheiten im Auftrag des Bundes; es existiert also eine hierarchische Beziehung zwischen Bund und Landesverwaltung
- Der Bund kann Aufträge erteilen, er hat ein Weisungsrecht, in Form der
  - Rechtsaufsicht, was die Rechtmäßigkeitskontrolle umfasst, die der Bund bei „normaler" Landesverwaltung allerdings unter komplizierteren Voraussetzungen, wie zu zeigen ist, auch geltend machen kann.
  - Der Fachaufsicht, die neben der Rechtmäßigkeitskontrolle auch die Zweckmäßigkeitskontrolle einbezieht, die dem Bund ansonsten in keinem Fall zusteht.

Art. 85 (4) Das ergibt sich aus Art. 85 IV, wonach sich die **Bundesaufsicht** auf Gesetzmäßigkeit und Zweckmäßigkeit der Ausführung erstreckt. Die Bundesregierung kann zu diesem Zwecke Bericht und Vorlage der Akten verlangen und Beauftragte zu allen Behörden entsenden.

Über diese Form der hierarchischen Befugnisse innerhalb der Auftragsverwaltung soll der Vollzug der Gesetze sicher gestellt werden. Anders als im Atomrecht sind die Konflikte in der Finanzverwaltung gelagert. Die Länder treiben dort grds. im Auftrag des Bundes die Steuern ein, aber es handelt eine Landesbehörde, die auch vom Land bezahlt wird, d. h. das Land stellt die Steuerfahnder und -prüfer ein und bezahlt sie auch. Die von den Finanzämtern eingenommenen Steuern fließen aber nur zum Teil in den Landeshaushalt, sie werden über das System der Finanzverfassung zwischen Bund und Ländern aufgeteilt – dazu später mehr. Gleichzeitig meinen die Länder, es sei ein wirtschaftlicher Standortvorteil, wenn insbesondere die Prüfungen „Der Wirtschaft" nicht allzu intensiv stattfinden. So verzichten die Länder auf eine entsprechende Ausstattung ihrer Finanzbehörden mit dem Ergebnis, dass Unternehmen im Durchschnitt nur in grotesk großen Intervallen geprüft werden. Am weitesten hat es die CDU-Regierung in Hessen unter Roland Koch getrieben, die fleißige Steuerfahnder aus dem Dienst entfernte, indem ihnen psychische Defizite, sog. Querulantentum, attestiert wurden, weil sie große Unternehmen exakt prüfen wollten. Es besteht eine Interessensdifferenz zwischen Landesverwaltung und Bundessteuerverteilung, die zu einem Vollzugsdefizit führt. Das ist nicht auf die Auftragsverwaltung zurückzuführen, wohl aber auf die Aufgabensplittung.

4. Landesverwaltung – Bundesaufsicht und Bundeszwang

Führen die Länder die Bundesgesetze als eigene Angelegenheit aus, so regeln sie, das bestimmt Art. 84 I, die Einrichtung der Behörden und das Verwaltungsverfahren selbst. Die Behördenstruktur, Zuständigkeitsregelungen und Verwaltungsabläufe sind Landesangelegenheit.

Deshalb gibt es neben dem Verwaltungsverfahrensgesetz des Bundes, das für die Bundesbehörden gilt, 16 weitere gleichnamige Gesetze der Länder, jeweils für ihre Verwaltungen.

Von diesen relativ klaren und in der Struktur konsequenten Vorschriften hat die **Föderalismusreform** eine Ausnahme normiert, die Ähnlichkeiten zur Gesetzgebungskompetenz im Bereich der ehemaligen Rahmenkompetenz des Bundes aufweist. Der Bund kann gemäß Art. 84 I auch das Verwaltungsverfahren regeln. Allerdings gilt, dass die Länder davon abweichende Regelungen treffen können, wenn die Bundesgesetze etwas anderes bestimmen als die Landesverwaltungsverfahrensgesetze. Und auch hier gilt der Vorrang des neueren Gesetzes mit einer sechs monatigen Karenzzeit für das Bundesgesetz. Hat nämlich ein Land eine abweichende Regelung getroffen, treten in diesem Land hierauf bezogene spätere bundesgesetzliche Regelungen der Einrichtung der Behörden und des Verwaltungsverfahrens frühestens sechs Monate nach ihrer Verkündung in Kraft. Das gilt umgekehrt nicht für die Landesgesetze. Man hat erneut die – milde formuliert – unschöne Möglichkeit von sich widersprechenden Normen, deren Geltung vom Zeitpunkt der Verkündung abhängt, die sich den einschlägigen Gesetzessammlungen oft nicht entnehmen lässt.

Der Bund kann gemäß Art. 84 II allgemeine Verwaltungsvorschriften erlassen. Verwaltungsvorschriften sind verallgemeinerte Anweisungen zur Anwendung und Auslegung der Gesetze. Sie beziehen sich nicht auf den Einzelfall, sondern sind abstrakt-generelle Regelungen, über die ein Gesetz konkretisiert wird, oder die Fragen, die sich aus der Organisationshoheit der Behörde in allgemein verbindlicher Form geregelt werden. Auch das bekräftigt noch einmal, dass regelmäßig keine Einzelanweisungen des Bundes an Landesverwaltungen zulässig sind. Außerdem ist die Zustimmung des Bundesrates erforderlich, ansonsten bleibt die organisationelle Kompetenz innerhalb der Länder.

Weil der Vollzug von Bundesgesetzen grds. als eigene Angelegenheit der Länder organisiert ist, folgt, dass es im Regelfall keine Hierarchie und Weisungsbefugnis zwischen Bund und Ländern (Ausnahme mit Ermächtigung nach Art. 84 V) geben kann. Der Bund führt gegenüber den Ländern grundsätzlich keine Fachaufsicht durch, darf also Verwaltungsentscheidungen nicht auf ihre Zweckmäßigkeit prüfen. Zweitens hat der Bund nur eine komplizierte Rechtsaufsicht; die Kontrolle des rechtmäßigen Vollzugs der Bundesgesetze soll auf der Grundlage von Art. 84 III ff. erfolgen.

Zunächst bestimmt Art. 84 III, dass die Bundesregierung die Aufsicht darüber ausübt, dass die Länder die Bundesgesetze dem geltenden Recht gemäß ausführen. Schwierig wird dann die Frage, wie das geschehen soll, wenn es kein Weisungs- und hierarchisches Beanstandungsrecht, wie es innerhalb der gegliederten Landesverwaltung besteht, gibt. Zunächst kann die Bundesregierung zum Zwecke der Rechtmäßigkeitskontrolle Bundesbeauftragte an die obersten Landesbehörden, also i. d. R. die Ministerien, entsenden. Wenn die obersten Landesbehörden zustimmen, können die Bundesbeauftragten auch in die nachgeordneten Verwaltungsbehörden entsandt werden. Wenn die obersten Landesbehörden nicht zustimmen, kann diese Zustimmung durch einen Beschluss des Bundesrates ersetzt werden (Art. 84 III). In diesem Fall besteht ein offensichtlicher Konflikt zwischen Land und Bund, der aber durch die Entsendung eines Beauftragten nicht gelöst ist.

Denn die Beauftragten haben kein Weisungsrecht, sondern nur ein Kontrollrecht. Das folgt e contrario aus Art. 84 V und 37 II. Wenn das Land also bei seinem – nach Meinung der Bundesregierung – gesetzeswidrigen Vollzug bleibt, kann die Bundesregierung beim Bundesrat eine Mängelrüge beantragen.

Das folgt aus Art. 84 IV, der bestimmt: „Werden Mängel, die die Bundesregierung bei der Ausführung der Bundesgesetze in den Ländern festgestellt hat, nicht beseitigt, so beschließt auf Antrag der Bundesregierung oder des Landes der Bundesrat, ob das Land das Recht verletzt hat. Gegen den Beschluss des Bundesrates kann das Bundesverfassungsgericht angerufen werden."

Die Rüge des Landes durch den Bundesrat bleibt zunächst sanktionslos. Das GG geht von einem rechtskonformen Verhalten der Länder aus.

Unabhängig von der Rüge kann die Bundesregierung weiter die Befugnis erhalten, Einzelweisungen zu erteilen. Gemäß Art. 84 V kann der Bundesregierung durch Bundesgesetz, das der Zustimmung des Bundesrates bedarf, zur Ausführung von Bundesgesetzen die Befugnis verliehen werden, für besondere Fälle Einzelweisungen zu erteilen. Diese Weisungen sind, außer wenn die Bundesregierung den Fall für dringlich erachtet, an die obersten Landesbehörden zu richten.

Diese Möglichkeit gibt es nicht nur im Krisenfall, nachdem etwa ein Land eine Rüge erhalten hat. Das Weisungsrecht kann vielmehr ausnahmsweise durch gesetzliche Ermächtigung auch für den Regelfall des Vollzuges angeordnet werden. Aus der Systematik folgt aber, dass das Weisungsrecht der Bundesregierung gegenüber den Landesbehörden gedacht ist als Lösung des Konflikts, in dem ein Land ein Gesetz in einer Weise vollzieht, die der Bund für gesetzeswidrig hält.

Für Krisenfälle gilt als Ultima Ratio schließlich Art. 37 zur Anwendung von Bundeszwang: Wenn ein Land die ihm nach dem Grundgesetz oder einem anderen Bundesgesetz obliegenden Bundespflichten nicht erfüllt, kann die Bundesregierung mit Zustimmung des Bundesrates die notwendigen Maßnahmen treffen, um das Land im Wege des Bundeszwanges zur Erfüllung seiner Pflichten anzuhalten. Auch hier wird nach Art. 37 II zur Durchführung des Bundeszwanges der Bundesregierung oder ihrem Beauftragten ein Weisungsrecht gegenüber allen Ländern und ihren Behörden eingeräumt. Das probate „erste" Zwangsmittel ist die Übertragung der Weisungsrechte an die Bundesregierung oder den Beauftragten, andere Maßnahmen, d. h. Zwangsmittel können nach Art. 37 I folgen.

Vorsicht: Der Bundeszwang erfreut sich in den Diskussionen von Studierenden einer gewissen Beliebtheit, die seiner Bedeutung nicht entspricht. In der Geschichte der BRD hat es weder Verfahren nach Art. 84 III ff. noch Zwangsmaßnahmen nach Art. 37 gegeben. Das GG normiert hier gleichsam präventiv Krisensituationen, die vor dem Hintergrund der stärkeren Konflikte in der Weimarer Republik verständlich sind. Im Rechtsstaat geht man davon aus, dass sich die Verwaltung an die Entscheidungen der Obergerichte halten, die den Streit um eine Auslegung von Bundesrecht im Zweifel entscheiden.

Keinen Konflikt zwischen Bund und Ländern regelt dagegen Art. 91, wonach ein Land Polizeikräfte anfordern kann oder der Bund Länderpolizeien seinem Weisungsrecht unterstellen kann, wenn eine Gefahr für die Republik besteht. Damit werden Maßnahmen im Falle eines innerpolitischen Notstands geregelt, bzw. Kompetenzen verschoben. In den Bereich der Notstandsgesetzgebung fällt auch die Vorschrift des Art. 87 a IV, der an die zitierte anknüpft und im Falle des Notstandes auch den subsidiären Einsatz der Bundeswehr erlaubt, was noch näher zu erörtern ist.

5. Gemeinschaftsaufgaben und Amtshilfe

a) Gemeinschaftsaufgaben

Es wurde gezeigt, dass die Organisation einer Mischverwaltung, d. h. die administrative Verschränkung von Bundes- und Landeszuständigkeiten nach dem Grundgesetz grundsätzlich untersagt ist. Aber selbstverständlich müssen die Länder untereinander – Beispiel Strafverfolgung – sowie der Bund und die Länder in vielen Fällen kooperieren; sie müssen gemeinsame Ziele gemeinsam lösen. Das Grundgesetz setzt Bund und Ländern auch in Fragen der Kooperation, Zusammenarbeit oder Amtshilfe Grenzen und Leitlinien.

Möglich ist zunächst die **Kooperation zwischen Bund und Ländern** in Fragen der Gemeinschaftsaufgaben, deren Reichweite in Art. 91 a I exakt umrissen wird. Danach wirkt der Bund auf bestimmten Gebieten bei der Erfüllung von Aufgaben der Länder mit. Zu diesen Gebieten gehören die Verbesserung der regionalen Wirtschaftsstruktur, der Agrarstruktur und des Küstenschutzes. Wie die Zusammenarbeit genau erfolgen soll, welche Ziele mit welchen Mitteln verfolgt werden sollen, muss durch Bundesgesetz geregelt werden, dem der Bundesrat zustimmen muss. Wichtig ist in Zeiten selbst produzierter knapper Kassen, dass der Bund bei der Erfüllung von Gemeinschaftsaufgaben die Hälfte der Ausgaben in jedem Land trägt (Art. 91 a III).

Während das „Zusammenwirken" von Bund und Ländern auf den oben genannten Gebieten zwingend vorgeschrieben ist, wird die Zusammenarbeit auf den in Art. 91 b I genannten Bereichen nur erlaubt. Nach dieser Vorschrift können Bund und Länder auf Grund von Vereinbarungen in Fällen überregionaler Bedeutung zusammenwirken bei der Förderung von Einrichtungen und Vorhaben der wissenschaftlichen Forschung außerhalb von Hochschulen, Vorhaben der Wissenschaft und Forschung an Hochschulen sowie Forschungsbauten an Hochschulen. Dabei bedürfen solche Vereinbarungen der Zustimmung aller Länder, also nicht nur der Mehrheit im Bundesrat.

Nach dem PISA-Schock wurde Bund und Ländern außerdem ermöglicht auf Grund von Vereinbarungen zur Feststellung der Leistungsfähigkeit des Bildungswesens im internationalen Vergleich und bei diesbezüglichen Berichten und Empfehlungen zusammenzuwirken (Art. 91 b II). Eine Verteilung der Kosten nimmt das GG in diesen Fällen der Zusammenarbeit auf dem Gebiet der Bildung, Wissenschaft und Forschung nicht vor. Da der Bund hier keine Gesetzgebungskompetenz besitzt, läuft die Zusammenarbeit meist darauf hinaus, dass gemeinsame Projekte vom Bund angestoßen und überwiegend von diesem finanziert werden, wie beispielsweise die zweifelhaften Eliteuniversitäten und -cluster.

b) Amtshilfe

Um einen sinnvollen Verwaltungsvollzug über die Ländergrenzen hinweg und zwischen Bund und Ländern sicher zu stellen, bestimmt Art. 35 I, dass sich alle Behörden des Bundes und der Länder gegenseitig Rechts- und Amtshilfe leisten. Die **allgemeine Amtshilfe** umfasst Unterstützung der administrativen Tätigkeiten in unterschiedlicher Form. Dazu gehört die Erteilung von Auskünften oder die Übermittlung von Daten zwischen den Behörden. Dazu gehört auch, dass die Länder sich gegenseitig in der Polizeiarbeit unterstützen und sich bei Großeinsätzen wie Fußballspielen oder Demonstrationen gegenseitig Polizeieinheiten „ausleihen".

Allerdings kann die allgemeine Amtshilfe immer nur dort greifen, wo das GG keine spezielleren Regelungen vorsieht, was insbesondere für die Bundeswehr gilt. Gemäß Art. 87 a I können Streitkräfte aufgestellt werden. Die Vorschrift bestimmt außerdem: „Ihre zahlenmäßige Stärke und die Grundzüge ihrer Organisation müssen sich aus dem Haushaltsplan ergeben." Für die Bundeswehr, die ein gefährliches Machtinstrument sein kann, was die Militärputsche in verschiedenen

Ländern beweisen, oder als „Staat im Staat" wie in der Weimarer Republik eigene politische Interessen verfolgen kann, gelten besondere Transparenzvorschriften, um die Kontrolle durch das Parlament zu sichern als auch besondere Restriktionen für deren Einsatz. Das ergibt sich aus Art. 87 a II. Danach dürfen die Streitkräfte außer zur Verteidigung nur eingesetzt werden, soweit das **Grundgesetz es ausdrücklich** zulässt.

6. Übungsfall zur Verwaltungszusammenarbeit

Der Bund möchte in der Bekämpfung der Arbeitslosigkeit mit den Kommunen zusammenarbeiten. Es sollen gemeinsame Verwaltungsbehörden geschaffen werden. Ist dieses möglich?

Dies ist grundsätzlich problematisch und wird unter dem Stichwort „unzulässige Mischverwaltung" diskutiert. Das Grundgesetz geht eigentlich klar davon aus, dass Bundesverwaltung, Landesverwaltung und Kommunalverwaltung getrennt voneinander und jeweils eigenständig sind. Das Bundesverfassungsgericht (2 BvR 2433/04 – und – 2 BvR 2434/04 –) hat 2007 den damaligen § 44 b SGB II für unzulässig erklärt, nach dem Bund und Kommunen bei der Verwaltung der Arbeitslosen (Hartz IV-Empfängern) zusammenarbeiten sollten. Dies verstoße gegen den „Grundsatz eigenverantwortlicher Aufgabenwahrnehmung". Das Grundgesetz wurde geändert, um die Zusammenarbeit dennoch zu ermöglichen, es wurde, um die Zusammenarbeit zu legitimieren, der Art. 91e in die Verfassung eingefügt.

7. Verteidigungsfall und Einsatz der Streitkräfte

Das GG sieht vor, dass für die Verteidigung – und nur für die Verteidigung – Streitkräfte aufgestellt werden. Diese Zweckbindung ergibt sich aus der Ermächtigung, überhaupt Streitkräfte aufzustellen, also aus Art. 87 a I, wonach Streitkräfte „zur Verteidigung" aufgestellt werden können. Diese Beschränkung der Aufgabe der Bundeswehr auf die Verteidigung ergibt sich auch aus dem Umkehrschluss zu Art. 26 I. Danach sind Handlungen, die geeignet sind und in der Absicht vorgenommen werden, das friedliche Zusammenleben der Völker zu stören, insbesondere die Führung eines **Angriffskrieges** vorzubereiten, verfassungswidrig. Sie sind unter Strafe zu stellen, was durch §§ 80 f. StGB geschehen ist. Die Aufgabe der Bundeswehr ist ausschließlich die Verteidigung. Das GG untersagt ausdrücklich, einen Angriffskrieg zu führen.

Von dieser normativen Beschränkung hat sich die Politik weitgehend verabschiedet. Während bis 1989 die Verteidigung (gegenüber dem Warschauer Pakt) klar die Zielsetzung der Bundeswehr bestimmte, werden seitdem neue Aufgaben gesucht. Die verteidigungspolitischen Richtlinien von 2003 und das Weißbuch 2006 zur Sicherheit Deutschlands und zur Zukunft der Bundeswehr nennen als Auftrag der Bundeswehr an erster Stelle die Gewährleistung der außenpolitischen Handlungsfähigkeit, die schon begrifflich weit über die Landesverteidigung hinausgeht. Ziel der Sicherheitspolitik sei es auch, so das Weißbuch, „den freien und ungehinderten Welthandel als Grundlage unseres Wohlstands zu fördern" – das ist geradezu zynisch und hat mit den normativen Vorgaben des GG nichts mehr zu tun.

Wann ein Fall der Landesverteidigung vorliegt und wer darüber zu entscheiden hat, normiert das GG ebenfalls. Der **Verteidigungsfall** ist legal definiert in Art. 115 a I. Ein Verteidigungsfall setzt voraus, dass das Bundesgebiet mit Waffengewalt angegriffen wird oder ein solcher Angriff unmittelbar droht. Der Verteidigungsfall ist also definiert durch den (unmittelbar bevorstehenden) Angriff des Bundesgebietes mit Waffengewalt. Das ist gleichsam die materielle Voraussetzung. Hinzu treten prozedurale Anforderungen an die Erklärung des Verteidigungsfalles.

Der Verteidigungsfall muss vom Bundestag mit Zustimmung des Bundesrates erklärt werden. Die Feststellung erfolgt, so Art. 115 a I weiter, auf Antrag der Bundesregierung und bedarf einer Mehrheit von zwei Dritteln der abgegebenen Stimmen, mindestens der Mehrheit der Mitglieder des Bundestages. Die formellen Anforderungen an die Erklärung des Verteidigungsfalles hat das GG also vergleichsweise hoch angesetzt.

Es gibt allerdings auch eine Eilvorschrift, die für Fälle eines überraschenden Angriffs oder eines Angriffs, der das ordnungsgemäße Funktionieren der staatlichen Institutionen verhindert, vorgesehen sind. Art. 115 a II normiert: „Erfordert die Lage unabweisbar ein sofortiges Handeln und stehen einem rechtzeitigen Zusammentritt des Bundestages unüberwindliche Hindernisse entgegen oder ist er nicht beschlussfähig, so trifft der Gemeinsame Ausschuss diese Feststellung mit einer Mehrheit von zwei Dritteln der abgegebenen Stimmen, mindestens der Mehrheit seiner Mitglieder." Der gemeinsame Ausschuss wird gemäß Art. 53 a zu zwei Dritteln aus Mitgliedern des Bundestages und zu einem Drittel aus Mitgliedern des Bundesrates zusammengesetzt.

Als „Vorstufe" zum Verteidigungsfall kennt das GG außerdem den **Spannungsfall**. Ein Spannungsfall ist charakterisiert durch konflikthafte Beziehungen zu einem anderen Staat, die möglicherweise in den Verteidigungsfall münden. Auch der Spannungsfall muss vom Bundestag erklärt werden. Das ergibt sich aus Art. 80 a I, wonach auch die Feststellung des Spannungsfalles einer Mehrheit von zwei Dritteln der abgegebenen Stimmen des Bundestages bedarf.

Im Verteidigungs- und Spannungsfall ergeben sich weitere Befugnisse der Streitkräfte aus Art. 87 a III. Dann haben nämlich die Streitkräfte die Befugnis, zivile Objekte zu schützen und Aufgaben der Verkehrsregelung wahrzunehmen, soweit dies zur Erfüllung ihres Verteidigungsauftrages erforderlich ist. Außerdem kann den Streitkräften im Verteidigungsfalle und im Spannungsfalle der **Schutz ziviler Objekte** auch **zur Unterstützung polizeilicher Maßnahmen** übertragen werden; die Streitkräfte wirken dabei mit den zuständigen Behörden zusammen.

Fall: Man könnte also im Falle des Bundeswehreinsatzes während des G8-Gipfels in Heiligendamm überlegen, ob die Bundeswehr ihre Handlungskompetenz aus Art. 87 a III beziehen konnte. Dann hätte allerdings der Spannungs- oder Verteidigungsfall vorliegen müssen. Beide waren weder materiell gegeben noch formell erklärt worden, so dass die Bundeswehr nicht zum Objektschutz eingesetzt werden durfte. Auch unter diesem Gesichtspunkt war der Bundeswehreinsatz verfassungswidrig.

Der Verteidigungsauftrag der Bundeswehr wurde insbesondere beim Einsatz der Streitkräfte in Jugoslawien und in Afghanistan problematisch.

Anfang der 1990er Jahre separierten sich unterschiedliche Teile der Republik Jugoslawien und gründeten eigene Staaten. Den vergleichsweise friedlich verlaufenden Anfang machte Slowenien, das von der BRD alsbald als eigenständiger Staat anerkannt wurde. Besonders kriegerisch verlief die Abspaltung von Bosnien-Herzegowina. In einem blutigen Bürgerkrieg standen sich insbesondere Serben und Bosniaken gegenüber. Einen der blutigen Höhepunkte bildete der Kampf um die Stadt Sarajewo, die von serbischen Truppen belagert und beschossen wurde. Die UNO reagierte zunächst mit einem Embargo von Waffenlieferungen, das um ein Flugverbot erweitert wurde. Weiter wurden verschiedene Städte in den umkämpften Gebieten zu Schutzzonen erklärt, die durch UNO-Soldaten gesichert werden sollten, was aber wenig effektiv war. Insbesondere in Srebrenica kam es unter den Augen der Blauhelmsoldaten zu einem Massaker an der Zivilbevölkerung. Die NATO beschloss schließlich, zunächst das Flugverbot durchzusetzen und schickte entsprechende Militäreinheiten nach Jugoslawien. Die BRD beteiligte sich mit der Entsendung von sog. Awacs Aufklärungsflugzeugen. Gegen diese Entscheidung der Bundesregierung klagten FDP und SPD. Die deutschen Truppen wurden im Rahmen des UN-Mandats und des Nato-Vertrages eingesetzt. Das BVerfG (E 90, 286 vom 12.7.1994) stellte deshalb in seiner Entscheidung vor allem auf die Systeme kollektiver Sicherheit ab.

Die Bundesrepublik darf sich gemäß Art. 24 II zur Wahrung des Friedens einem **System gegenseitiger kollektiver Sicherheit** einordnen und hierbei in die Beschränkungen ihrer Hoheitsrechte einwilligen, um eine friedliche und dauerhafte Ordnung in Europa und zwischen den Völkern der Welt herbeizuführen und zu sichern.

Die NATO, erklärt das BVerfG – eher in einem obiter dictum, da es ja um die UNO als System kollektiver Sicherheit ging, denn diese hatte die entsprechenden Maßnahmen beschlossen, sei so ein System kollektiver Sicherheit.

Wörtlich: „Damit ist die **NATO** durch ein friedenssicherndes Regelwerk und den Aufbau einer Organisation gekennzeichnet, die es zulassen, sie als System gegenseitiger kollektiver Sicherheit im Sinne des Art. 24 Abs. 2 GG zu bewerten“ (E90, 286/ 351). Im Rahmen des Systems kollektiver Sicherheit dürfe der Bund entsprechende Verteidigungsaufgaben auch zum Beistand für andere Staaten übernehmen. Dabei prüft das BVerfG nicht, ob es sich um einen Angriff auf das Bündnis, also einen Verteidigungsfall der Verbündeten oder um einen sonstigen Einsatz des Bündnisses handelt, der nach dem GG verboten sein könnte. Es führt aus: „Art. 87 a GG steht der Anwendung des Art. 24 Abs. 2 GG als verfassungsrechtliche Grundlage für den Einsatz bewaffneter Streitkräfte im Rahmen eines Systems gegenseitiger kollektiver Sicherheit nicht entgegen. … Die mannigfachen Meinungsverschiedenheiten darüber, wie in diesem Zusammenhang die Begriffe der ‚Verteidigung‘ und des ‚Einsatzes‘ auszulegen sind, und ob Art. 87 a Abs. 2 GG als eine Vorschrift zu verstehen ist, die nur den Einsatz der Streitkräfte ‚nach innen‘ regeln will, bedürfen in den vorliegenden Verfahren keiner Entscheidung. Denn wie immer dies zu beantworten sein mag, jedenfalls wird durch Art. 87 a GG der Einsatz bewaffneter deutscher Streitkräfte im Rahmen eines Systems gegenseitiger kollektiver Sicherheit, dem die Bundesrepublik Deutschland gemäß Art. 24 Abs. 2 GG beigetreten ist, nicht ausgeschlossen.“

Bei Friedensmaßnahmen der UNO mag dies überzeugen, weil diese völkerrechtlich legitimiert sind. Dann hätte das Gericht aber vor allem prüfen müssen, ob der Einsatz der NATO durch die UNO gedeckt war und der rechtliche Rahmen des Systems kollektiver Sicherheit der UNO eingehalten wurde. Das geschah aber nicht.

Das Gericht prüft weiter, ob ein Verletzung des Art. 59 II GG vorliegt, weil der NATO-Vertrag implizit erweitert wurde. Die Mehrheit lehnt das aber mit folgender Begründung ab: „Das Grundgesetz ermächtigt den Bund, Streitkräfte zur Verteidigung aufzustellen und sich Systemen kollektiver Selbstverteidigung und gegenseitiger kollektiver Sicherheit anzuschließen; darin ist auch die Befugnis eingeschlossen, sich mit eigenen Streitkräften an Einsätzen zu beteiligen, die im Rahmen solcher Systeme vorgesehen sind und nach ihren Regeln stattfinden. Davon unabhängig bedarf jedoch der Einsatz bewaffneter Streitkräfte grundsätzlich der vorherigen konstitutiven Zustimmung des Bundestages.“ Der Verteidigungsauftrag der Bundeswehr wird damit genauso an die Seite geschoben wie die verfahrensmäßige Voraussetzung der Feststellung des Spannungs- oder Verteidigungsfalles.

Der Einsatz der Bundeswehr bedürfe aber in jedem Fall einer Entscheidung des Bundestages. „Das Grundgesetz verpflichtet die Bundesregierung“, so das BVerfG, „für einen Einsatz bewaffneter Streitkräfte die – grundsätzlich vorherige – konstitutive **Zustimmung des Deutschen Bundestages** einzuholen.“

Dabei wird nicht auf Art. 115 a abgestellt, der eine Zweidrittel-Mehrheit fordert. Die Zustimmungspflicht ergebe sich auch nicht aus Art. 80 a, da dieser keinen Streitkräfteeinsatz in alleiniger Kompetenz der Exekutive gestatte. Die Vorschrift betreffe nur die „zivile Teilmobilmachung“, nicht den Streitkräfteeinsatz im Bündnisfall, da sie sich insbesondere auf Art. 12 a V bezieht. Der Parlamentsvorbehalt oder die Parlamentsarmee wird vielmehr allgemein mit der vom GG angestrebten Beschränkung exekutivischer Macht begründet. Damit werden erstens die strengeren Anforderungen des Art. 116 a umschifft und zweitens die materiellen Voraussetzungen der Verteidigung oder zumindest die Friedenssicherung über die Einordnung in ein System kollektiver Sicherheit umgangen. Das Urteil schuf für die BRD die Voraussetzung für weitere Auslandseinsätze der Bundeswehr jenseits der Verteidigung, die vom Verfassungsgeber so sicher nicht angedacht waren, wenn nur der Bundestag mehrheitlich zustimmt.

Die nächste Bewährungsprobe erfuhr der verfassungsrechtliche Friedensauftrag 1998. Der Jugoslawienkonflikt war in eine weitere Phase eingetreten. Das mehrheitlich von Albanern besiedelte Kosovo wollte sich ebenfalls separieren und einen eigenen Staat gründen. Insbesondere die albanische UCK verfolgte dieses Ziel mit brutalen und z. T. mafiösen Methoden. Die UNO stimmte in diesem Fall keinem Einsatz von Truppen zu, was die NATO nicht davon abhielt, sich auf die Seite der Separatisten im Kosovo zu schlagen. Schließlich wurde von der NATO einseitig der Einsatz von Truppen beschlossen.

Der Bundestag stimmte 1998 dem Einsatz bewaffneter Streitkräfte als deutschem Beitrag zu den von der NATO zur Abwendung einer „**humanitären Katastrophe**“ im **Kosovo-Konflikt** geplanten Militäreinsätzen zu. Im Unterschied zur vorherigen Situation gab es keine Legitimation durch den UN-Sicherheitsrat, der nicht einmal befragt wurde, weil klar war, dass Russland seine Zustimmung verweigern würde. So mandatierte die NATO sich selbst. Die PDS Fraktion klagte gegen die Beteiligung der Bundeswehr zu diesem Einsatz der NATO, weil das allgemeine Gewaltverbot der UNO-Charta und das Verbot des Angriffskrieges nach Art. 26 verletzt sei. Das BVerfG wies den Antrag als unzulässig ab (E 100, 266), weil der Bundestag zugestimmt habe und dieser deshalb nicht in seinen Rechten verletzt sei. Wieder wurden die materiellen Voraussetzungen des Streitkräfteeinsatzes nicht geprüft.

Auch die Entsendung von Tornados nach **Afghanistan** verletzte nach Ansicht des BVerfG nicht die Rechte des Bundestages aus Art. 59 II. Geklagt hatte die LINKE/ PDS mit dem Argument, dass die Bundesregierung an einer Fortentwicklung des NATO-Vertrags mitgewirkt habe, die die Grenzen des durch das Zustimmungsgesetz abgesteckten Integrationsprogramms überschritten habe. Die NATO habe sich mit ihrer Führung der ISAF-Mission an einem militärischen Einsatz beteiligt, der keinen Bezug mehr zur Sicherheit im euro-atlantischen Raum aufweise, auf die der NATO-Vertrag, auch in seiner Fortentwicklung bis hin zum neuen Strategischen Konzept der NATO von 1999, abstelle (E 118, 244). Der Bundestag habe dem NATO-Vertrag zugestimmt, meinte dagegen das Gericht, und seine strategische Weiterentwicklung bewege sich im Rahmen der Friedenssicherung. Wörtlich: „Der Deutsche Bundestag ist nicht in seinem Recht aus Art. 59 Abs. 2 Satz 1 GG verletzt, da der NATO-geführte ISAF-Einsatz in Afghanistan der Sicherheit des euro-atlantischen Raums dient und sich damit innerhalb des Integrationsprogramms des NATO-Vertrags bewegt, wie es der Deutsche Bundestag im Wege des Zustimmungsgesetzes zu diesem Vertrag mitverantwortet“ (E 118, 244/ 263).

Der Verteidigungsauftrag wird damit den Worten des ehemaligen SPD Fraktionsvorsitzenden Struck entsprechend erweitert. „Die Sicherheit Deutschlands wird am Hindukusch verteidigt.“ Wiederum prüft das BVerfG nicht die materielle Voraussetzung des Einsatzes der Streitkräfte, also die Frage, ob ein Verteidigungsfall vorliegt und kein Angriffskrieg. Das Problem ist auch die Beschränkung der Klagebefugnisse, die es Minderheiten beinahe unmöglich macht, gegen faktische große Koalitionen prüfen zu lassen, ob Bundeswehreinsätze von der Verfassung gedeckt sind. So bleibt immer nur die Klage gegen eine Verletzung von Mitwirkungsrechten des Bundestages, die aber das eigentliche Problem nicht berührt.

8. Übungsfall zum Einsatz der Bundeswehr

Während des G 8 Gipfels des Jahres 2007 in Heiligendamm gab es zahlreiche Demonstrationen und Blockaden mit dem Ziel, den Gipfel zu stören. Um dies zu unterbinden wurden von Seiten der „Ordnungskräfte" Polizeieinheiten verschiedener Länder zusammengezogen, die Störungen unterbinden sollten. Außerdem wurden Tornados und „Aufklärungspanzer" sowie Soldaten der Bundeswehr eingesetzt. War das rechtmäßig?

Der Einsatz von Polizeieinheiten anderer Länder kann auf diese Ermächtigung zur allgemeinen Amtshilfe gestützt werden. Der Bundeswehreinsatz kann dagegen nicht auf allgemeine Amtshilfe gestützt werden, da der Einsatz der Bundeswehr vom GG ausdrücklich zugelassen sein muss. Erforderlich wäre also eine spezielle Vorschrift, die den Einsatz der Bundeswehr bei Demonstrationen erlaubt.

Man muss sich also auf die Suche nach einer speziellen Ermächtigungsgrundlage für den Einsatz der Bundeswehr machen. Eine solche könnte sich in Art. 35 II finden. Danach kann ein Land zur Aufrechterhaltung oder Wiederherstellung der öffentlichen Sicherheit oder Ordnung in Fällen von besonderer Bedeutung Kräfte und Einrichtungen des Bundesgrenzschutzes zur Unterstützung seiner Polizei anfordern, wenn die Polizei ohne diese Unterstützung eine Aufgabe nicht oder nur unter erheblichen Schwierigkeiten erfüllen könnte. Zur Hilfe bei einer Naturkatastrophe oder bei einem besonders schweren Unglücksfall kann ein Land Polizeikräfte anderer Länder, Kräfte und Einrichtungen anderer Verwaltungen sowie des Bundesgrenzschutzes und der Streitkräfte anfordern.

Ein Einsatz der Streitkräfte ist nach Art. 35 I Satz 1 nicht vorgesehen, was sich aus dem Umkehrschluss zu Satz 2 ergibt, wo der Einsatz der Streitkräfte ausdrücklich erlaubt wird. Angefordert werden kann die Bundeswehr aber nur bei Naturkatastrophen oder besonders schweren Unglücksfällen. Durch Art. 35 III wird die Einsatzmöglichkeit von Polizei- und Sicherheitskräften erweitert, bzw. die Kompetenz auf die Bundesregierung verlagert. Gefährdet nämlich die Naturkatastrophe oder der Unglücksfall das Gebiet mehr als eines Landes, so kann die Bundesregierung, soweit es zur wirksamen Bekämpfung erforderlich ist, den Landesregierungen die Weisung erteilen, Polizeikräfte anderen Ländern zur Verfügung zu stellen sowie Einheiten des Bundesgrenzschutzes und der Streitkräfte zur Unterstützung der Polizeikräfte einsetzen.

Diese Vorschrift ist allerdings für den Einsatz der Bundeswehr in Heiligendamm irrelevant, weil sicherlich nicht „das Gebiet mehr als eines Landes" gefährdet war. Die Bundesregierung hat auch nicht versucht, das Einsatzkommando an sich zu ziehen.

Der Einsatz der Streitkräfte könnte also nach Art. 35 II S.2 gerechtfertigt gewesen sein. Voraussetzung ist, dass eine Naturkatastrophe oder besonders schwerer Unglücksfall vorlag. Darunter zu verstehen ist ein „Schadensereignis von großem Ausmaß, das – wie ein schweres Flugzeug- oder Eisenbahnunglück, ein Stromausfall mit Auswirkungen auf lebenswichtige Bereiche der Daseinsvorsorge oder der Unfall in einem Kernkraftwerk – wegen seiner Bedeutung in besonderer Weise die Öffentlichkeit berührt und auf menschliches Fehlverhalten oder technische Unzulänglichkeiten zurückgeht" (E 115, 118). Hier liegt nach dieser Definition weder ein Unglücksfall noch eine Naturkatastrophe vor.

Eine weitere mögliche Ermächtigungsgrundlage, die den Einsatz der Streitkräfte erlaubt, könnte Art. 87 a IV sein, wonach zur Abwehr einer drohenden Gefahr für den Bestand oder die freiheitliche demokratische Grundordnung des Bundes oder eines Landes die Bundesregierung, wenn die Polizeikräfte sowie der Bundesgrenzschutz nicht ausreichen, Streitkräfte zur Unterstützung der Polizei und des Bundesgrenzschutzes zum Schutze von zivilen Objekten und bei der Bekämpfung organisierter und militärisch bewaffneter Aufständischer einsetzen kann.

Danach hätte die Bundesregierung Streitkräfte anfordern müssen. Angefordert wurde die Bundeswehr in Heiligendamm aber von der Polizeieinheit des Landes Mecklenburg Vorpommern – so jedenfalls die offiziellen Erklärungen. Voraussetzung für eine Anforderung durch die Bundesregierung wäre gewesen, dass eine drohende Gefahr für den Bestand oder die freiheitliche demokratische Grundordnung des Bundes oder eines Landes besteht und die Polizeikräfte nicht ausreichten. Von beidem kann man trotz des vielfältigen Protestes in Heiligendamm nicht ausgehen. Die Demonstranten wollten ihren Unmut über das unlegitimierte Weltregierungsgehabe und die konkrete Politik der G 8 zum Ausdruck bringen, aber keineswegs die Bundesrepublik auflösen oder das GG abschaffen. Ergebnis: der Einsatz der Tornados, Spähpanzer und Soldaten in Heiligendamm war verfassungswidrig. Es gilt allerdings die alte Weisheit: wo kein Kläger, da kein Richter. Weder die Bürger noch etwa die Partei oder Fraktion der LINKEN konnten wegen der Zulässigkeitsvoraussetzungen Klage beim BVerfG erheben. Ein gezielter Rechts- und Verfassungsbruch unterminiert allerdings die Substanz des Rechtsstaates und der Demokratie.

VII. Finanzverfassung

1. Kosten der Verwaltung

Im Verhältnis des Bundes zu den Ländern kommt es insbesondere in Zeiten knapper Kassen oftmals zum Streit, wie die Kosten bei neuen gesetzlichen Regelungen und staatlichen Leistungen zu verteilen sind. Das liegt daran, dass der Bund – wie gesehen – zwar spezielle Kompetenzregelungen für die Gesetzgebung braucht; diese Kompetenzzuweisungen sind insbesondere durch Art. 74 so weit gefasst, dass die Mehrzahl der Gesetze Bundesgesetze sind. Umgekehrt fällt die Verwaltung und damit der Vollzug der Gesetze regelmäßig in die Landeszuständigkeit, und hier hat es auch keine Verschiebungen gegeben, welche die normative Zuordnung umdrehte. Die Zuständigkeit für den Gesetzesvollzug als eigene Angelegenheit lässt schon vermuten, dass die Länder auch die Kosten für ihre „eigenen Angelegenheiten" und damit auch für den Vollzug von Bundesgesetzen übernehmen. Explizit wird dies normiert in Art. 104 a I, wonach der Bund und die Länder gesondert die Ausgaben tragen, die sich aus der Wahrnehmung ihrer Aufgaben ergeben. Ausgaben sind alle finanziellen Mittel, die für den Staat anfallen, wenn er die gesetzlichen Aufgaben erfüllt. Dazu gehören die Verwaltungsausgaben, d. h. Mittel für die Organisation der Verwaltung in Form von Personal- und Sachkosten, sowie die Zweckausgaben, welche durch die Erfüllung der gesetzlichen Bestimmungen entstehen.

Dazu gehören z. B. Kosten, die bei der Beauftragung von Planungsbüros zur Aufstellung eines Bebauungsplanes entstehen.

Die Aufgabe der Länder ist die Ausführung der Bundesgesetze und die Organisation der Verwaltung, also zahlen sie dafür grds. auch. Kurz: Die Länder zahlen für Landesverwaltung, auch wenn Bundesgesetze vollzogen werden. Es gilt grds. **nicht**: „Wer die Musik bestellt, bezahlt sie auch". Es gilt vielmehr: Jeder zahlt in seinem Verwaltungsbereich.

Davon kann natürlich abgewichen werden, wenn das GG spezielle Vorschriften und Kostentragungsregeln enthält. Einige Ausnahmen findet man in Art. 104 a II, III und IV GG. Nach Abs. 2 trägt der Bund im Falle der Bundesauftragsverwaltung die sich daraus ergebenden Ausgaben. Es folgt eine Spezialvorschrift für Bundesgesetze, die Geldleistungen gewähren, wie beispielsweise das BAFöG. In diesem Fall kann durch das Gesetz bestimmt werden, dass der Bund die Kosten ganz oder zum Teil trägt. Um die Höhe der Bundesbeteiligung entsteht oft der politische Streit. Eine weitere Ausnahme findet sich in Art. 104 b, wonach der Bund den Ländern Finanzhilfen für besonders bedeutsame Investitionen gewähren kann, die beispielsweise zur Abwehr einer Störung des gesamtwirtschaftlichen Gleichgewichts erforderlich sind.

Art. 104 a normiert schließlich eine Regelung für die Haftung zwischen Bund und Ländern. Diesbezüglich regelt Abs. 5, dass Bund und Länder im Verhältnis zueinander für eine ordnungsmäßige Verwaltung haften. Das ist – auch wenn es sich nicht direkt so anhört – eine Anspruchsgrundlage für Schadensersatzforderungen zwischen Bund und Ländern für Schäden, die aus Pflichtverletzungen im Rahmen der Verwaltungstätigkeit entstanden sind.

Problematischer und interessanter sind die vergleichsweise neuen Haftungsregelungen bei der Verletzung von Europarecht. Damit ist vor allem die Nichtumsetzung oder Schlechtumsetzung von Richtlinien gemeint. Der EuGH verurteilt die Mitgliedstaaten zunächst zweimal sanktionslos wegen eines Verstoßes gegen Europarecht. Wird der Mitgliedstaat ein drittes Mal vor dem EuGH verklagt, kann der EuGH Zwangsgelder in empfindlicher Höhe gegen die Mitgliedstaaten anordnen. Bei der bundesstaatlichen Kompetenzordnung des GG kann es aber sein, dass die EU die BRD zur Umsetzung einer Richtlinie verpflichtet, deren Regelungsmaterie in den Kompetenzbereich der Länder fällt. Gegenüber der EU haften aber die Mitgliedstaaten, also der Bund. Was geschieht also, wenn die Verletzung im Zuständigkeitsbereich eines Landes liegt? Art. 104 a VI normiert, dass Bund und Länder nach der innerstaatlichen Zuständigkeits- und Aufgabenverteilung die Lasten einer Verletzung von supranationalen oder völkerrechtlichen Verpflichtungen Deutschlands tragen. Das bedeutet, derjenige, der für die Verletzung von Europarecht verantwortlich ist, muss auch die Kosten übernehmen.

2. Gesetzgebungskompetenz

Die Gesetzgebungskompetenz im Bereich des Steuerrechts ergibt sich aus Art. 105. Der Bund hat zunächst nach Abs. 1 die ausschließliche Gesetzgebung über die Zölle und Finanzmonopole. Nach Abs. 2 hat der Bund weiter die konkurrierende Gesetzgebungskompetenz über die übrigen Steuern, wenn ihm das Aufkommen dieser Steuern ganz oder zum Teil zusteht oder wenn zur Herstellung gleichwertiger Lebensverhältnisse im Bundesgebiet oder für die Wahrung der Rechts- oder Wirtschaftseinheit eine bundeseinheitliche Regelung notwendig ist. Die konkurrierende Gesetzgebungskompetenz hängt also zunächst davon ab, ob dem Bund Einnahmen aus den Steuern zustehen, was das GG ebenfalls regelt. Wenn Gesetze aus dem Bereich des Art. 105 II Steuern vorsehen, deren Aufkommen vollständig oder teilweise den Ländern oder Gemeinden zustehen, ist die Zustimmung des Bundesrates erforderlich. Das betrifft, wie wir gleich sehen werden, den überwiegenden Teil der bundesgesetzlichen Steuern.

Das GG normiert in Art. 105 II a schließlich die Gesetzgebungskompetenz der Länder in Steuersachen. Das erscheint nur auf den ersten Blick merkwürdig, weil den Ländern doch grundsätzlich die Gesetzgebungskompetenz zusteht, solange sie nicht ausdrücklich dem Bund zugewiesen worden ist. Nach Art. 105 II hat der Bund aber – unter den genannten Voraussetzungen – die konkurrierende Gesetzgebung für die „übrigen Steuern“, deshalb wurden in Abs. 2 a bestimmte Steuergesetze ausdrücklich den Ländern vorbehalten, nämlich Gesetze über die örtlichen Verbrauchs- und Aufwandssteuern, solange und soweit sie nicht bundesgesetzlich geregelten Steuern gleichartig sind. Weiter haben die Länder die Befugnis zur Bestimmung des Steuersatzes bei der Grunderwerbsteuer.

Die Gesetzgebungszuständigkeit und Steuerverteilung ist relevant vor dem Hintergrund des realen Steueraufkommens, das für das Jahr 2009 folgendermaßen aussah:

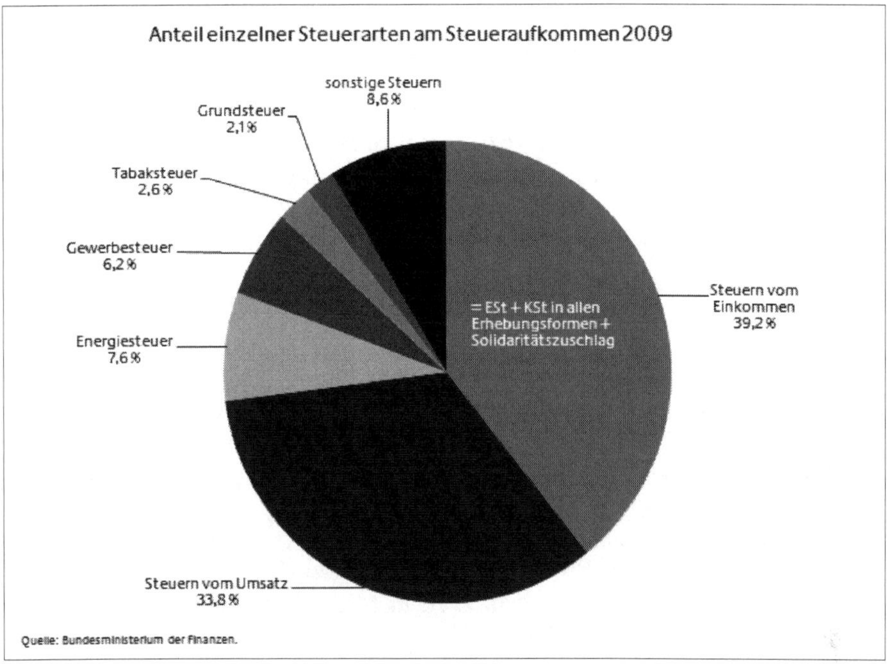

Der größte Anteil der Steuereinnahmen kommt aus der Einkommens- und Lohnsowie der Mehrwertsteuer. Dann ist es natürlich interessant, an wen diese Steuern fließen. Die Verteilung wird in Art. 106 geregelt.

Ausschließlich dem Bund stehen nach Abs. 1 folgende Steuern zu:
1. die Zölle, 2. die Verbrauchssteuern, soweit sie nicht nach Absatz 2 den Ländern, nach Absatz 3 Bund und Ländern gemeinsam oder nach Absatz 6 den Gemeinden zustehen, 3. die Straßengüterverkehrssteuer, 4. die Kapitalverkehrssteuern, die Versicherungssteuer und die Wechselsteuer, 5. die einmaligen Vermögensabgaben und die zur Durchführung des Lastenausgleichs erhobenen Ausgleichsabgaben, 6. die Ergänzungsabgabe zur Einkommensteuer und zur Körperschaftsteuer, 7. Abgaben im Rahmen der Europäischen Gemeinschaften.

In diesem Bereich hat der Bund die ausschließliche (Zölle) oder konkurrierende Gesetzgebungszuständigkeit ohne Zustimmungspflicht des Bundesrates.

Ausschließlich den Ländern stehen gemäß Abs. 2 zu:
1. die Vermögensteuer, 2. die Erbschaftsteuer, 3. die Kraftfahrzeugsteuer, 4. die Verkehrssteuern, soweit sie nicht nach Absatz 1 dem Bund oder nach Absatz 3 Bund und Ländern gemeinsam zustehen, 5. die Biersteuer, 6. die Abgabe von Spielbanken.

Hier hat der Bund die konkurrierende Gesetzgebungszuständigkeit nur, wenn dies zur Herstellung gleichwertiger Lebensverhältnisse im Bundesgebiet oder für die

Wahrung der Rechts- oder Wirtschaftseinheit eine bundeseinheitliche Regelung notwendig ist. Der Bundesrat muss den Gesetzen zustimmen.

Schließlich steht gemäß Art. 106 III das Aufkommen der Einkommensteuer, der Körperschaftsteuer und der Umsatzsteuer dem Bund und den Ländern gemeinsam zu (Gemeinschaftsteuern), soweit das Aufkommen der Einkommensteuer nicht nach Abs. 5 und das Aufkommen der Umsatzsteuer nicht nach Abs. 5 a den Gemeinden zugewiesen wird. In diesem Bereich hat der Bund die konkurrierende Gesetzgebungskompetenz, wobei es sich um Zustimmungsgesetze handelt.

Art. 106 III regelt auch, wie die Gemeinschaftssteuern zwischen Bund und Ländern verteilt werden: „Am Aufkommen der **Einkommensteuer und der Körperschaftsteuer** sind der Bund und die Länder **je zur Hälfte** beteiligt. Die Anteile von Bund und Ländern an der **Umsatzsteuer** werden **durch Bundesgesetz**, das der Zustimmung des Bundesrates bedarf, festgesetzt.“

Zusammenfassend hat der Bund die Gesetzgebungszuständigkeit also für:

- Ausschließliche Gesetzgebung für Zölle und Finanzmonopole;
- Konkurrierende Zuständigkeit für alle Steuern, außer für die den Ländern explizit zugewiesenen (Art. 105 IIa).
  - Teilweise als Einspruchsgesetze, nämlich bei den Steuern nach Art. 106 I.
  - Großteils als Zustimmungsgesetze, nämlich bei den nur den Ländern (Art. 106 II) zustehenden oder Bund und Ländern gemeinsam zustehenden Steuern (Art. 106 III).

3. Verwaltungskompetenzen

Die Verwaltungskompetenzen folgen den Gesetzgebungskompetenzen. Es gibt gemäß Art. 108 I Bundesfinanzbehörden, die Zölle, Finanzmonopole, die bundesgesetzlich geregelten Verbrauchssteuern einschließlich der Einfuhrumsatzsteuer und die Abgaben im Rahmen der Europäischen Gemeinschaften verwalten und eintreiben.

Grundsätzlich ist aber auch die Steuerverwaltung Angelegenheit der Länder, denn gemäß Art. 108 II werden die übrigen Steuern durch Landesfinanzbehörden verwaltet.

Allerdings kann der Bund gesetzlich den Aufbau dieser Behörden und die einheitliche Ausbildung der Beamten regeln. Eine Besonderheit ist auch, dass die Leiter von Mittelbehörden im Einvernehmen (also nur mit Zustimmung) der Bundesregierung ernannt werden können.

Die Länder vollziehen die Bundesgesetze z. T. als eigene Angelegenheit, soweit nur ihnen das Aufkommen zusteht. Die Gemeinschaftssteuern werden hingegen durch Bundesauftragsverwaltung eingezogen. Die Landesfinanzbehörden werden gemäß Art. 108 III im Auftrag des Bundes tätig, wenn die Steuern ganz oder zum Teil dem Bund zufließen. Wir haben gesehen, dass dies für die großen Aufkommen aus den Einkommen- und Lohnsteuern sowie der Mehrwertsteuer gilt.

Das Weisungsrecht des Bundes bezieht sich dabei nach wohl h. M. auf vorhandene Kapazitäten, nicht auf die Erweiterung der Kapazitäten, da der Bund damit in das Budgetrecht des Landesparlaments eingreifen würde. Faktisch tritt durch diese Beschränkung das Problem auf, dass die Länder zu wenig Steuerfahnder einstellen. Diese rechnen sich zwar, kosten also weniger als sie einnehmen, aber die Einnahmen fließen nicht dem Land als Dienstherren zu, der die Personalkosten trägt. Die Länder begreifen es aber als Standortvorteil, weniger intensiv zu ermitteln. Hier müsste dem Bund wenigstens die Kompetenz zustehen, beispielsweise eine Quote pro Einwohner oder pro Gewerbebetrieb festzulegen, um das Vollzugsdefizit im Steuerrecht gleichmäßig abzubauen.

4. Finanzausgleich

Die Bundesländer haben eine unterschiedlich hohe Wirtschaftskraft und ein entsprechend unterschiedlich hohes Steueraufkommen. Die Wirtschaftskraft hängt dabei von eher langfristigen strukturellen Entwicklungen als von kurzfristiger Wirtschaftspolitik und -förderung des Landes ab. Der Niedergang des Schiffsbaus, der Bremen von einem der reichen Länder zu einem der ärmsten Länder gemacht hat, war genauso wenig landespolitisch zu steuern wie der Bedeutungsverlust der Kohleförderung, der NRW zu scharfen Strukturänderungen zwang, die nur teilweise gelungen sind.

Wegen des unterschiedlich hohen Steueraufkommens der Länder findet zwischen diesen ein Bundesfinanzausgleich statt. Das heißt, die reichen Länder geben einen Teil ihres Steueraufkommens an die armen Länder weiter, um so einheitliche Lebensverhältnisse i. S. v. Art. 72 herzustellen. Grundlage für den Finanzausgleich der Länder ist Art. 107 i. V. m. dem Finanzausgleichsgesetz:

Zunächst gilt nach Abs. 1 der Grundsatz, dass das Aufkommen der Landessteuern und der Länderanteil am Aufkommen der Einkommensteuer und der Körperschaftsteuer den einzelnen Ländern insoweit zustehen, als die Steuern von den Finanzbehörden in ihrem Gebiet vereinnahmt werden (örtliches Aufkommen). Die Steuern fließen in das Staatssäckel des Landes, in dem sie eingenommen wurden. Der Länderanteil am Aufkommen der Umsatzsteuer steht den einzelnen Ländern nach Maßgabe ihrer Einwohnerzahl zu. Das hieße, die Länder mit hohem Steueraufkommen hätten auch die höchsten Einnahmen. Um dem Ziel annähernd gleichwertiger Lebensverhältnisse über eine vergleichbare Finanzkraft der Länder nahe zu kommen, findet aber ein sekundärer Finanzausgleich statt. Denn für einen Teil, höchstens jedoch für ein Viertel dieses Länderanteils, können durch Bundesgesetz sog. **Ergänzungsanteile für die Länder** vorgesehen werden, deren Einnahmen aus den Landessteuern und aus der Einkommensteuer und der Körperschaftsteuer je Einwohner **unter dem Durchschnitt** der Länder liegen. Ergänzungs**anteile** meint die Zuweisung von Geld aus dem Haushalt der reichen an die ärmeren Länder. Dabei wird der oben genannte Grundsatz nicht vollständig umgekrempelt, denn höchstens ein Viertel der Steuereinnahmen eines Landes können in den sekundären Finanzausgleich fließen. Das heißt, der Länderfinanzausgleich soll die Einnahmen der Länder angleichen, aber nicht nivellieren, erst recht ist eine Umkehrung der primären Finanzverteilung durch den Finanzausgleich verboten (E 101, 158/ 292).

Grundlage des Länderfinanzausgleichs soll gemäß Art. 107 II S. 2 ein Gesetz sein, dass die Maßstäbe für Ausgleichspflichten und Rechte im Voraus und längerfristig festlegt. Das BVerfG forderte 1999 explizit ein Maßstäbegesetz, denn die Finanzverfassung verpflichtet den Gesetzgeber, das verfassungsrechtlich nur in unbestimmten Begriffen festgelegte Steuerverteilungs- und Ausgleichssystem durch anwendbare, allgemeine, **ihn selbst bindende Maßstäbe** gesetzlich zu konkretisieren und zu ergänzen (E 101, 158). Durch ein Gesetz, das auf langfristige Geltung angelegte, fortschreibungsfähige Maßstäbe normiert, sollte die Zuteilung von Ergänzungszuweisungen nach politischen Farben vermieden werden. Die Ergänzungs**zuweisung** wird gemäß Art. 107 II S. 3 aus Bundesmitteln bezahlt und kann besonders leistungsschwachen Ländern zur ergänzenden Deckung ihres allgemeinen Finanzbedarfs gesetzlich zugewiesen werden. Das heißt, die Länder erhalten Bundesmittel, i. d. R. um ihren Haushalt zu sanieren.

Das BVerfG wurde mehrere Male angerufen, weil einige Länder ein sehr hohes Staatsdefizit hatten und Hilfe von den anderen Ländern und vom Bund erwarteten. Für Bremen und das Saarland stellte das BVerfG 1991 eine Haushaltsnotlage fest, für deren Behebung die bundesgesetzliche Ergänzungszuweisungen an Bremen nicht ausreiche (E 86, 148). Bremen musste also mehr Geld bekommen. Berlin scheiterte mit dem gleichen Anliegen im Jahr 2006, die Ergänzungszuweisung wurde vom BVerfG nicht aufgestockt (E 116, 327). Der regierende Bürgermeister Wowereit reagierte darauf mit dem berühmt gewordenen Ausspruch: Berlin sei zwar „arm aber sexy“.

Der Finanzausgleich kennt Geber- und Nehmerländer, die 2009 folgende Mittel erhielten oder einzahlten:

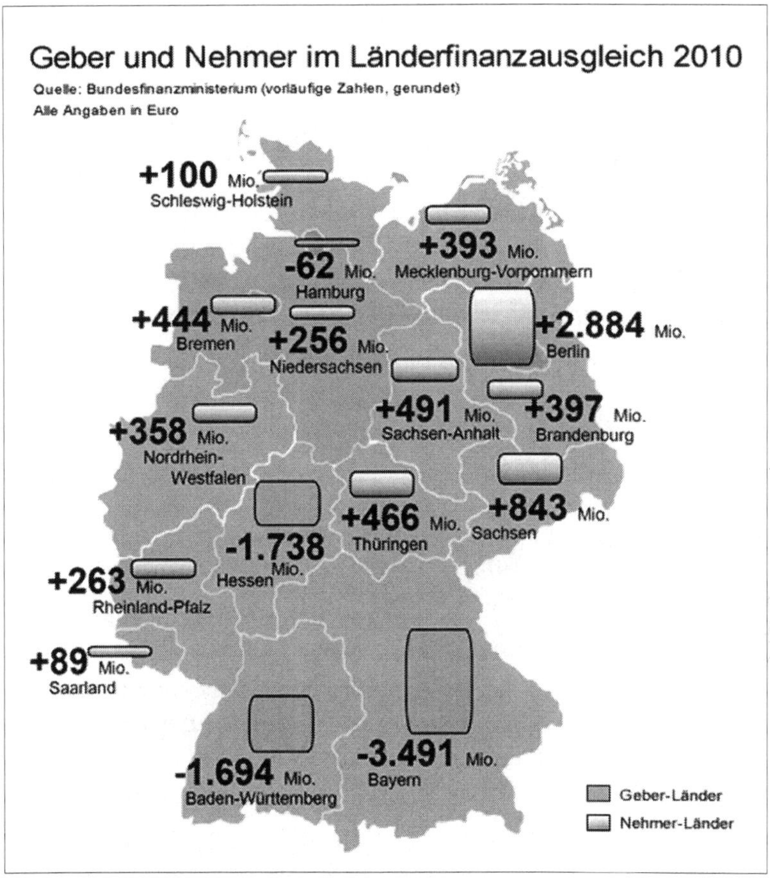

5. Schuldenbremse

Der verfassungsändernde Gesetzgeber hat dem Bund und den Ländern 2009 die sog. Schuldenbremse verordnet.

Ziel ist es, die Neuverschuldung des Bundes zu stoppen, um so langfristig die Gesamtverschuldung des Bundes abzubauen, die sich 2010 nach Angaben des statistischen Bundesamtes auf 1.284 Milliarden Euro belief. Das führt dazu, das jährlich große Teile des Bundeshaushaltes (2010: 35 Mrd. Euro) für Zinszahlungen verwendet werden müssen.

Die grundsätzliche Regel scheint einfach zu sein und ist in Art. 109 III zu finden: „Die Haushalte von Bund und Ländern sind grundsätzlich ohne Einnahmen aus Krediten auszugleichen.“ Weder Bund noch die Länder dürfen sich danach weiter Verschulden. In Zeiten Orwellscher Sprachverwirrung ist diese Regel aber nicht so einfach, wie sie aussieht. Denn Art. 115 II bestätigt zunächst: Einnahmen und

Ausgaben sind grundsätzlich ohne Einnahmen aus Krediten auszugleichen. Ergänzt dann aber: Diesem Grundsatz ist entsprochen, wenn die Einnahmen aus Krediten 0,35 vom Hundert im Verhältnis zum nominalen Bruttoinlandsprodukt nicht überschreiten. Das heißt ein Haushalt gilt als ausgeglichen, wenn die Neuverschuldung weniger als 0,35 % des BIP ausmacht.

Weiter gilt die Schuldenbremse nicht sofort. Art. 143 d enthält kaum verständliche Übergangsregelungen. Danach kann der Bund im Zeitraum vom 1. Januar 2011 bis zum 31. Dezember 2015 von der Vorgabe des Artikels 115 Absatz 2 Satz 2 abweichen – also mehr neue Schulden als 0,35 % des BIP machen. Mit dem Abbau des bestehenden Defizits soll im Haushaltsjahr 2011 begonnen werden. Die jährlichen Haushalte sind so aufzustellen, dass im Haushaltsjahr 2016 die Vorgabe aus Artikel 115 Absatz 2 Satz 2 erfüllt wird.

Das soll dadurch geschehen, dass die Neuverschuldung, mit 2011 angefangen, jährlich soweit gesenkt wird, dass 2016 die Grenze von 0,35 % erreicht ist. 2009/10 wurde die Neuverschuldung wegen der Finanz- und Wirtschaftskrise jedoch extrem gesteigert. Die Verpflichtungen wurden damit nach hinten verschoben, weil nun prozentual zur gesteigerten Neuverschuldung gekürzt werden mussten.

Problematisch sind auch die Ausnahmen. Denn gemäß Art. 115 II sind die Auswirkungen einer von der Normallage abweichenden konjunkturellen Entwicklung auf den Haushalt im Auf- und Abschwung symmetrisch zu berücksichtigen. Was aber eine von der Normallage abweichende konjunkturelle Entwicklung sein könnte, ist ein unbestimmter Rechtsbegriff, der sich kaum sinnvoll füllen lässt.

Das Hauptproblem der Schuldenbremse ist aber, dass sie in einer Situation eingeführt wurde, in der die öffentlichen Haushalte unterfinanziert sind, was nicht an einer übermäßigen Steigerung der Ausgaben liegt. Inflationsbereinigt sanken die Staatsausgaben zwischen 1998 und 2008 um 0,2 Prozent pro Jahr. Das Problem ist die Einnahmenseite, d. h. die intentionale Senkung von Steuern und das Vollzugsdefizit bei den Steuern. Das Institut für Makroökonomie und Konjunkturforschung berechnete, dass Bund, Länder und Gemeinden in jenem Jahr gut 51 Milliarden Euro mehr an Steuern eingenommen hätten, wenn 2010 noch die gleichen Steuergesetze gegolten hätten wie 1998. Um die Staatsverschuldung abzubauen, wäre also ein verfassungsrechtliches Steuersenkungsverbot notwendig gewesen. Die Schuldenbremse dürfte absehbar ins Leere laufen, was mittelfristig zur Verfassungswidrigkeit der Haushalte von Bund und Ländern führen dürfte.

B. Staatsstrukturprinzipien

Als Staatsstrukturprinzipien werden die grundlegenden normativen Bestimmungen in den Art. 20 und 28 bezeichnet. Nach Art. 20 I ist die Bundesrepublik Deutschland ein demokratischer und sozialer Bundesstaat. Hier findet sich also das Prinzip der Demokratie, des Sozialstaates und des Bundesstaates. In Art. 20 II heißt es: „Alle Staatsgewalt geht vom Volke aus. Sie wird vom Volke in Wahlen und Abstimmungen und durch besondere Organe der Gesetzgebung, der vollziehenden Gewalt und der Rechtsprechung ausgeübt." Damit wird zunächst das **Demokratieprinzip** weiter konkretisiert und der Satz: „Alle Staatsgewalt geht vom Volke aus" wird zur normativen Grundlage der Auslegung des Demokratiebegriffs, soweit dieser nicht in den besprochenen Bestimmungen zur Wahl des Bundestages, der Parteien usw. durch das Grundgesetz selber konkretisiert wird. Im zweiten Satz werden dann die Gewalten des Staates benannt: Gesetzgebung, vollziehende Gewalt und Rechtsprechung. Daraus lässt sich das Prinzip der **Gewaltentrennung** entnehmen, das gleichzeitig in einem richtig verstandenen Rechtsstaat verwirklicht sein muss. Dazu bestimmt Art. 20 III: „Die vollziehende Gewalt und die Rechtsprechung sind an Gesetz und Recht gebunden." Das ist die grundlegende Bestimmung des **Rechtsstaatsprinzips**, die in Art. 1 III mit Blick auf die bindende Wirkung der Grundrechte dem Grundgesetz vorangestellt wird.

Für die Länder normiert Art. 28, dass ihre verfassungsmäßige Ordnung den Grundsätzen des republikanischen, demokratischen und sozialen Rechtsstaates im Sinne dieses Grundgesetzes entsprechen muss. Die Prinzipien Rechtsstaat, Demokratie und **Sozialstaat** werden noch einmal wiederholt. Obwohl nach dem Wortlaut normative Anforderungen an die Länder postuliert werden, wirken diese zurück auch auf die gesamtstaatliche Ordnung, denn offenbar sind die genannten Prinzipien auch Prinzipien (im Sinne) des Grundgesetzes. Hinzu kommt als weiteres Prinzip die **Republik**, die sich im Namen des Gesamtstaates ebenfalls wiederfindet. Betrachten wird diese Prinzipien genauer:

I. Der Bundesstaat

1. Grundsatz und Geschichte

Bundesstaat bezeichnet die Verbindung mehrerer Einzelstaaten zu einem Gesamtstaat. Die normative Grundlage der bundesstaatlichen Ordnung findet sich in Art. 20 I GG: Die Bundesrepublik Deutschland ist ein demokratischer und sozialer **Bundesstaat**. Außerdem regelt Art. 29 I GG: „Das **Bundesgebiet** kann neu gegliedert werden, um zu gewährleisten, dass die Länder nach Größe und Leistungsfähigkeit die ihnen obliegenden Aufgaben wirksam erfüllen können."

Im Bundesstaat wird unterschieden zwischen der zentralstaatlichen Ebene, dem Bund und der dezentralen Ebene, den Ländern, die zum Bund zusammengeschlossen sind.

Der Bund gliedert sich also in zwei Ebenen:

- Die Bundesebene mit Bundesorganen und Bundesgesetzgebung. Dabei ist der Bund in vielen Fällen auf die Mitwirkung der Bundesländer angewiesen (kein Zentralstaat);
- 16 Bundesländer mit drei Stadtstaaten. Dabei haben die Bundesländer sehr unterschiedliche Größen. NRW hat beispielsweise 17 Mio. Einwohner (soviel wie die fünf Neuen Bundesländer zusammen); Bremen hat 600.000 Einwohner (soviel wie etwa Dortmund). Die Unterschiede entspringen der historischen Entwicklung, waren bei Gründung der Bundesrepublik gewollt, führen aber gelegentlich zu Problemen.

Bis 1871 bestand Deutschland aus vielen kleinen selbstständigen Staaten. 1871 wird das **Deutsche Reich** unter starkem Einfluss von Bismarck gegründet. Dabei zeichnet sich die Reichsverfassung durch starke Mitspracherechte der Länder aus. Die bundesstaatliche Organisation folgt zu diesem Zeitpunkt aus der deutschen Geschichte – die Länder wollten auch im Deutschen Reich ein gewisses Maß an Eigenständigkeit behalten. Nach der erfolgreichen Revolution von 1919 übernimmt die neue **Weimarer Reichsverfassung** die Eigenständigkeit der Länder, wobei insbesondere Preußen weiterhin ein starkes Gewicht hat. Die **Nazis** schalten die Länder gleich und entmachten insbesondere das weiter sozialdemokratisch regierte Preußen. So überführen sie das Deutsche Reich in einen Zentralstaat.

1945 lassen zunächst die Alliierten politische Institutionen auf der Ebene der Länder zu, d. h. die Bundesrepublik entsteht aus den zuvor eigenständigen, aber von den Alliierten kontrollierten Ländern. 1949 wird mit dem **Grundgesetz** die Bundesrepublik als Bundesstaat gegründet. Dabei spielen verschiedene Gründe eine Rolle. Einerseits folgt man weiter der Tradition, wenn auch einige Länder jenseits dieser Tradition entstehen, wie Baden-Württemberg oder Nordrhein-Westfalen aus den beiden im Namen enthaltenen Teilen. Die dem Bund vorangehende Konstituierung der Länder hat ihren Einfluss, womit gleichzeitig dem Zentralismus des Hitlerfaschismus entgegengearbeitet werden sollte. Es ging darum, die **Macht** in Deutschland zu **verteilen**, einerseits zwischen den Staatsgewalten und andererseits auf Bund und Länder. 1990 wird das Gebiet der Bundesrepublik um das Gebiet der bis dahin zentralstaatlichen DDR erweitert. Die DDR schließt sich der Bundesrepublik an und das Gebiet wird in fünf Länder eingeteilt.

2. Neugliederung des Bundesgebietes und Volksabstimmung

Die Gliederung der Bundesländer folgt bestimmten historischen Vorgaben, kann aber geändert werden. Das sieht das GG mit Art. 29 vor, wonach das **Bundesge-**

biet neu gegliedert werden kann. Nicht zulässig ist es danach, die Länder ganz abzuschaffen oder ihre Kompetenzen soweit zu beschneiden, dass sie nur als leere Hülle bleiben. Zulässig ist es aber, Länder zu vereinigen oder neu zu gliedern. Nun ließe sich darüber streiten, **wieviele Länder** mindestens bestehen müssen, um von einem Bundesstaat zu sprechen, wo also die Grenzen einer Zusammenlegung liegen. Das ist aber eher eine abstrakte Frage, weil für die Verschmelzung von Ländern immer eine Volksabstimmung erforderlich ist und die Bürger eher bundesstaatlich gestimmt sind, also die Anzahl der Bundesländer nicht so schrumpfen dürfte, dass das Bundesstaatsprinzip verletzt ist.

Eine Zusammenlegung wurde 1996 für die Länder Brandenburg und Berlin initiiert, scheiterte aber in der Volksabstimmung. Die Bürger folgten dem Vorschlag zur Zusammenlegung nicht. Eher als theoretische Überlegung geistert immer wieder die Konstruktion eines Nordstaates durch die politische Diskussion, der von Niedersachsen bis Schleswig-Holstein reichen soll.

Gemäß Art. 29 GG muss eine Neugliederung des Bundesgebietes durch ein **Bundesgesetz** beschlossen werden, das der Bestätigung durch **Volksentscheid** bedarf. Der Volksentscheid muss in den Ländern stattfinden, die durch die Änderung betroffen sind, wobei in allen betroffenen Ländern jeweils eine Mehrheit der Änderung zustimmen muss. Außerdem muss die Mehrheit gemäß Abs. 6 mindestens 25 % der Wahlberechtigten umfassen.

Beim Versuch der Zusammenlegung von Berlin und Brandenburg wurden Abstimmungen in beiden Ländern durchgeführt, während die Berliner der Fusion mit knapper Mehrheit zustimmten, entschieden sich in Brandenburg die Wähler mit ca. 63 % dagegen.

Die **Volksgesetzgebung** findet sich inzwischen in allen Landesverfassungen, d. h. Landesgesetze können durch einen Volksentscheid verabschiedet werden. In der Regel ist das Verfahren dreistufig geregelt, zunächst gibt es eine Volksinitiative, deren Anliegen auf ihre verfassungsrechtliche Zulässigkeit geprüft wird. Eine Volksinitiative ist nur erfolgreich, wenn sie von einer bestimmten Anzahl von Wählern unterstützt wird.

Ist die Anzahl erreicht, muss sich der Landtag mit dem politischen Anliegen befassen. Wird die Gesetzesinitiative vom Landesparlament nicht übernommen, kann im nächsten Schritt das sog. Volksbegehren folgen – nämlich dann, wenn die Initiatoren diesen weiteren (aufwendigen) Schritt gehen wollen. In NRW müssen gemäß Art. 67 a LVerf mindestens 0,5 vom Hundert der Stimmberechtigten die Volksinitiative unterzeichnen, damit das Volksbegehren eingeleitet werden kann.

Die Initiatoren müssen im Volksbegehren für breite Zustimmung in der Bevölkerung werben, bevor es zum Volksentscheid kommen kann. Die Wahlberechtigten tragen sich i. d. R. in Listen ein und signalisieren, dass sie die Initiative unterstützen. Entscheidend für den Erfolg des Volksbegehrens ist, dass das in den Verfassungen unterschiedlich hoch angesetzte Quorum erreicht wird. Die Rechtsfolge ist wiederum, dass sich der Landtag mit dem Antrag beschäftigen muss, verwirft er ihn, kommt es zwingend zum Volksentscheid.

In NRW ist ein Volksbegehren gemäß Art. 68 LVerf nur rechtswirksam, wenn es von mindestens 8 vom Hundert der Stimmberechtigten gestellt ist.

Auch beim Volksentscheid schreiben die Landesverfassungen regelmäßig bestimmte Beteiligungsquoren vor. Eine Volksgesetzgebungsinitiative ist nicht schon dann erfolgreich, wenn eine Mehrheit der Abstimmenden der Initiative zustimmt, zusätzlich wird gefordert, dass eine bestimmte Zahl von Wahlberechtigten zur Abstimmung geht.

In NRW muss beispielsweise gemäß Art. 68 IV LVerf die zustimmende Mehrheit mindestens 15 % der Stimmberechtigten betragen.

Das Grundgesetz enthält mit der Ausnahme von Art. 29 keine expliziten Bestimmungen zur Volksgesetzgebung. Einen Hinweis auf eine verfassungsgebende Volksgesetzgebung enthält Art. 146, wonach das GG seine Gültigkeit verlieren soll, wenn das deutsche Volk sich nach „Vollendung der Einheit und Freiheit" eine neue Verfassung gegeben hat – wörtlich: wenn eine „Verfassung in Kraft tritt, die von dem deutschen Volke in freier Entscheidung beschlossen worden ist."

Dies lässt sich zwanglos als Auftrag verstehen, eine Verfassung durch Volksabstimmung zu verabschieden, wenn die Einheit Deutschlands vollendet ist. Der richtige Zeitpunkt dafür wäre die Vereinigung der BRD mit der DDR gewesen, denn weitere Gebietsansprüche oder Vereinigungsoptionen bestehen nicht bzw. wären völkerrechtswidrig. Die Regierung Kohl hat sich jedoch über den recht klaren Verfassungsauftrag des Art. 146 hinweggesetzt und die Vereinigung mit der DDR nach dem damaligen Art. 23 vollzogen. Danach sollte das GG zunächst für die westdeutschen Bundesländer gelten, dann hieß es: „In anderen Teilen Deutschlands ist es nach deren Beitritt in Kraft zu setzen." Nach dieser Vorschrift trat 1957 das Saarland der Bundesrepublik bei – die Saarländer hatten sich allerdings vorher in einer Volksabstimmung für den Beitritt entschieden. Die DDR trat 1990 ebenfalls nach Art. 23 der Bundesrepublik bei – allerdings ohne vorherige Volksabstimmung. Vermieden wurde so auch die Erarbeitung einer Verfassung für das neue Gesamtdeutschland, über die das Volk nach Art. 146 hätte abstimmen müssen. Inhaltlich ging es vor allem um soziale Grundrechte, wie etwa das Recht auf Arbeit oder Wohnung, die sich in den Landesverfassungen, in vielen Staatsverfassungen und im internationalen Recht finden, nicht aber im Grundgesetz.

Das demokratische Postulat des Art. 20 „Alle Staatsgewalt geht vom Volke aus. Sie wird vom Volke in **Wahlen und Abstimmungen** ausgeübt," wird vom GG für die Wahlen ausgeführt und präzisiert, für die Abstimmungen aber nur durch die Art. 29

und 146, d. h. für die Spezialfälle der Neugliederung des Bundes und der Verfassungsgebung. Daraus wird mehrheitlich geschlossen, dass eine Volksgesetzgebung auf Bundesebene nur durch Verfassungsänderung, nicht aber durch einfaches Gesetz eingeführt werden könnte. Ein entsprechendes einfaches Gesetz wäre danach verfassungswidrig. Das ist allerdings keineswegs zwingend, da der demokratische Prozess, auf den Art. 20 II abzielt, sich ja kaum auf die Neugliederung des Bundes und den einmaligen Akt der Verfassungsgebung beschränken kann. Wenn die Abstimmungen in Art. 20 II also einen Sinn haben sollen, lassen sie sich als Grundlage für die einfachgesetzliche Einführung der Volksgesetzgebung verstehen.

3. Organisation der Länder und Kommunen

Die Bundesländer sind Staaten mit einer eigenen Verfassung, die die Organisation des jeweiligen Bundeslandes bestimmt. Allerdings wird die Verfassungsautonomie der Länder durch das GG begrenzt. Die Grenzen der Selbstorganisation ergeben sich aus dem sog. **Homogenitätsgebot** des Art. 28 I GG, wonach die verfassungsmäßige Ordnung in den Ländern den Grundsätzen des republikanischen, demokratischen und sozialen Rechtsstaates im Sinne dieses Grundgesetzes entsprechen muss. Das bedeutet, dass die Bundesländer sich nicht z. B. als Monarchie oder Diktatur organisieren dürfen – möglich ist aber, eher partizipative oder eher repräsentative Formen der Demokratie zu wählen usw.

Wie die Bundesländer nach Art. 28 eine demokratische Verfassung haben müssen, so müssen auch die Kreise und Gemeinden demokratisch organisiert sein. Art. 28 schreibt vor, dass in ihnen das **Volk eine Vertretung** haben muss, die aus allgemeinen, unmittelbaren, freien, gleichen und geheimen Wahlen hervorgegangen ist. Eine Volksvertretung ist nur sinnvoll, wenn dort allgemein verbindliche Entscheidungen für das Wahlvolk getroffen werden können. Deshalb garantiert das Grundgesetz den Gemeinden ein **Selbstverwaltungsrecht** (Art. 28 II), das die Kompetenz umfasst, alle Angelegenheiten der örtlichen Gemeinschaft im Rahmen der Gesetze in eigener Verantwortung zu regeln. Selbstverwaltung ist zu verstehen als demokratische Selbstorganisation in den Belangen, die das Gemeindegebiet betreffen.

Die Gewährleistung der Selbstverwaltung umfasst – nach dem Wortlaut des Art. 28 II – auch die Grundlagen der finanziellen Eigenverantwortung; zu diesen Grundlagen gehört eine den Gemeinden mit Hebesatzrecht zustehende wirtschaftskraftbezogene Steuerquelle. Diese finanzielle Selbstständigkeit ist in Zeiten knapper Kassen als besonders problematisch hervorzuheben, weil Bund und Länder durch die Steuergesetze die Gemeinden finanziell ausbluten können und damit die Selbstverwaltung konterkarieren. Das GG sieht zwar auch im Rahmen der Finanzverfassung Steuerquellen der Gemeinden vor, die aber den Aufgaben und dem Finanzbedarf nicht mehr gerecht werden. Viele Kommunen sind heillos überschuldet.

Wie weit die Selbstverwaltung der Gemeinden inhaltlich reicht, ist oft zweifelhaft, da die gemeindliche Autonomie – wie der Wortlaut des Art. 28 formuliert – nur im Rahmen der Gesetze besteht. Anerkannt ist, dass Art. 28 einen unantastbaren Aufgabenbereich der Gemeinden oder Kernbereich der Selbstverwaltung garantiert. Dazu gehört:

- das Satzungsrecht, d. h. die Befugnis zur Rechtssetzung in kommunalen Angelegenheiten,
- die Finanzhoheit – wie gesehen,
- die Personal- und Organisationshoheit sowie
- die kommunale Daseinsvorsorge (Büchereien, Theater, Schwimmbäder usw.), die nicht gesetzlich vorgeschrieben ist.

Die Bundesländer haben wichtige Rechte im Rahmen des Gesamtstaates. Die grundlegende Regelung findet sich in Art. 30 GG. Danach ist die Ausübung der staatlichen Befugnisse und die Erfüllung der staatlichen Aufgaben Sache der Länder, soweit das Grundgesetz keine andere Regelung enthält.

Daraus ergeben sich als Kompetenzen für die Länder:

- Die Länder sind grundsätzlich zuständig für die Gesetzgebung, solange das GG nichts anderes bestimmt (Art. 70 I), d. h. sie erlassen die Landesgesetze.
- Sie wirken mit an der Bundesgesetzgebung über den Bundesrat.
- Sie übernehmen den überwiegenden Teil der Verwaltungsaufgaben (Art. 83). Die Länder führen die Bundesgesetze als eigene Angelegenheit aus, soweit nichts anderes bestimmt ist.

Während die Verwaltungsaufgaben tatsächlich weitgehend von den Ländern wahrgenommen werden, hat der Bund von seiner Gesetzgebungskompetenz weitgehend Gebrauch gemacht, so dass den Ländern nur noch wenige originäre Regelungsmaterien zur Verfügung stehen, wichtig sind darunter die Bereiche Bildung und Kultur (Rundfunk und Fernsehen), Polizei, Raumordnung und Bauordnung.

Die Hierarchie des Rechts im Bundesstaat drückt Art. 31 GG aus: Bundesrecht bricht Landesrecht.

4. Bund und Länder im Konflikt

Immanentes Prinzip des Bundesstaates ist das **bundesfreundliche Verhalten** oder die **Bundestreue**. Bundestreue und bundesfreundliches Verhalten werden verstanden als allgemeines Gebot der Zusammenarbeit, Abstimmung, Koordination, gegenseitige Information und Rücksichtnahme zwischen Bund und Ländern, sowie der Länder untereinander.

Das Prinzip findet seine Begründung in der Gefahr, dass der Föderalismus dysfunktional werden kann, wenn die Länder gegen den Bund oder gegeneinander arbeiten. Damit ist nicht die sog. Blockadepolitik Im Bundesrat gemeint, die vielmehr Teil der gewollten Machtbalance sein kann.

Bundestreue bezieht sich auf Gesetzgebung und Gesetzesvollzug. Zentrale Problembereiche sind ausschließliche Kompetenzen der Länder mit Auswirkungen auf andere Länder oder den Bund. Aber das bundesfreundliche Verhalten ist keine Einbahnstraße. Auch der Bund ist in der Pflicht, sich gegenüber den Ländern freundlich zu verhalten und ihre Eigenständigkeit zu achten.

Die Bundestreue ist ein ungeschriebener Verfassungsgrundsatz, der im Ergebnis zu Kompetenzbeschränkungen führen kann, regelmäßig aber Verfahrens-, Abstimmungs- und Unterstützungspflichten vom Bund und den Ländern fordert.

Daneben gibt es im GG explizit normierte Möglichkeiten des Bundes, Gesetzestreue der Länder zu erzwingen. Vorderhand ist hier die **Verwaltungsaufsicht** nach Art. 84 III-V, 85 GG, wie sie oben besprochen wurde, einschlägig. Ultima Ratio ist der **Bundeszwang** nach Art. 37 GG, wonach der Bund mit Zustimmung des Bundesrates die notwendigen Maßnahmen treffen kann, um das nicht gesetzestreue Land im Wege des Bundeszwanges zur Erfüllung seiner Pflichten anzuhalten. Dazu kann der Bund einen Beauftragten in das Land schicken, der Weisungskompetenzen gegenüber der Verwaltung des Landes hat. Faktisch waren beide Vorschriften bisher irrelevant.

II. Republik

Der Begriff Republik hat zwei unterschiedliche Bedeutungsvarianten. In der weiten Interpretation ist die Republik eine emphatische Bezeichnung für ein auf individueller Freiheit, Gleichheit und demokratischer Selbstorganisation beruhendes Gemeinwesen. Dieser emphatische Begriff kommt insbesondere aus der Tradition der französischen Revolutionen. Die französische Republik nach 1789 beschränkte sich nicht nur auf den Sturz und die Enthauptung des Monarchen, sondern war von den linken Republikanern gedacht als Staat, in dem nicht nur die Standesprivilegien und die rechtlichen Unterschiede, sondern auch die **Standesunterschiede**, also die tatsächliche Ungleichheit beseitigt ist.

Graccus Babeuf, französischer Revolutionär, postulierte als die „republikanischen Gottheiten“, die sich im „Herzen der Republikaner finden“ die Besinnung auf die Gesetze der Natur mit folgenden Worten: „Wir werden deutlich aussprechen, was das gemeine Glück, Ziel der Gesellschaft, ist. Wir werden zeigen, dass beim Übergang aus dem Naturzustand zum gesellschaftlichen Zustand das Los keines einzigen sich hätte verschlechtern dürfen. Wir werden die Grenzen des Eigentumsrechts festsetzen. Wir werden beweisen, dass Grund und Boden nicht einzelnen, sondern allen gehört. Wir werden beweisen, dass alles, was sich jemand mehr davon aneignet als er zu seiner Ernährung braucht, Diebstahl an der Gesellschaft ist. Wir werden beweisen, dass das angebliche Veräußerungsrecht ein infames, volksmörderisches Verbrechen darstellt. Wir werden beweisen, dass das Erbrecht der Familie ein nicht minder großer Gräuel ist; dass es alle Mitglieder der Gesellschaft voneinander isoliert und aus jedem Haushalt eine kleine Republik macht, die gezwungen ist, gegen die große Republik zu konspirieren und die Ungleichheit zu verewigen. Wir werden beweisen, dass alles, was ein Glied des Gesellschaftskörpers weniger besitzt als es zur Befriedigung seiner verschiedenen Bedürfnisse immer braucht, einen Raub an seinem natürlichen persönlichen Eigentum darstellt, begangen von denen, welche die gemeinschaftlichen Güter an sich reißen" (Le Tribun du Peuple, Nr. 34 vom 06.11.1795).

In der engen Bedeutung wird der Begriff Republik fast banal und meint: Republik ist **nicht Monarchie**. Das Staatsstrukturprinzip des GG wird oft nur im letzten engen Sinne ausgelegt. Das ist jedoch wenig überzeugend, da sich die Länder, als das GG verabschiedet wurde, längst als Republiken im engeren Sinne konstituiert hatten. Die überschießende Bedeutung des emphatischen Begriffs ist für die Auslegung anderer Strukturprinzipien, vor allem des Sozialstaatsprinzips relevant. Wie in anderen Fällen auch (z. B. Gewaltentrennung und Rechtsstaat) überlappen, ergänzen und verstärken sich die Prinzipien. Der Sozialstaat bekommt eine weitere Dimension, wenn das republikanische Prinzip der Brüderlichkeit oder Solidarität und Gleichheit hinzugedacht wird.

Die ersten Sätze der französischen Revolutionsverfassung von 1791 lauten: „Da die Nationalversammlung die Französische Verfassung auf den Grundsätzen aufbauen will, die sie eben anerkannt und erklärt hat, schafft sie unwiderruflich die Einrichtungen ab, welche die Freiheit und die **Gleichheit der Rechte** verletzen. Es gibt keinen Adel mehr, keinen Hochadel, keine erblichen Unterschiede, keine Standesunterschiede, keine Lehnsherrschaft, keine Patrimonialgerichtsbarkeiten, keine Titel, Benennungen und Vorrechte, die davon herrührten, […]".

In dieser Bedeutung gehen in der Republik sowohl Elemente des Rechtsstaates wie auch der Demokratie auf, in deren Zusammenhang sie zu diskutieren sind.

III. Gewaltentrennung

Gewaltentrennung bedeutet in moderner Lesart die Unterscheidung von Legislative (Gesetzgebung), Exekutive (Regierung und Verwaltung) und Jurisdiktion (Rechtsprechung). Das Prinzip der Gewaltentrennung findet sich im Grundgesetz nicht als explizites Prinzip, wie etwa der soziale Rechtsstaat. Durch die Bestimmungen über die Kompetenzen und Verfahrensregeln des Bundestages, der Regierung und der Rechtsprechung führt das Grundgesetz unterschiedliche Gewalten ein. In Art. 1 III, nach dem Gesetzgebung, vollziehende Gewalt und Rechtsprechung unmittelbar an die Grundrechte gebunden sind, wird die Gewaltentrennung des Grundgesetzes außerdem gleichsam vorangestellt.

Der Begriff der **Gewaltenteilung** geht zurück auf **Montesquieu**. Dieser wird in der Weise interpretiert, dass er über eine Trennung der Gewalten eine gegenseitige Kontrolle und Machtminderung der Staatsgewalt, die nun auf verschiedene Organe verteilt sein soll, angestrebt habe.

Der aus der US-amerikanischen Verfassungsdiskussion bekannte Begriff des „check and balances“ macht dieses Prinzip deutlich. Die Gewalten sollen sich durch die Trennung gegenseitig kontrollieren und die Macht verteilt und ausbalanciert werden. Montesquieu verfolgte mit seiner Staatstheorie aber – zumindest auch – durchaus konservativ-reaktionäre Absichten. Über die Gewaltenteilung sollten besondere politische Rechte des Adels gegen die egalitären Ansprüche der bürgerlichen Demokratie verteidigt werden. Der Adel sollte eine eigene Vertretung und eigene Rechtsprechungsorgane bekommen – Montesquieu war es ein Gräuel, dass der „bürgerliche Pöbel“ über seinesgleichen, den Adel, zu Gericht sitzen sollte. So forderte er eine eigene adelige Gerichtsbarkeit.

Im GG gibt es keine strikte Gewaltenteilung, sondern nur eine Gewaltentrennung. Die drei Gewalten sind – wie gezeigt wurde – vielfältig miteinander **verflochten**. So kann die Regierung Gesetze einbringen, ist also am legislativen Prozess beteiligt. Der Bundestag wählt die Exekutive und kann/ muss Einzelfallentscheidungen treffen (Auslandseinsätze der Bundeswehr oder Planungsgesetze). Schließlich werden die Richter von der Politik bestellt, sind also erst unabhängig, wenn sie einmal auf Lebenszeit ernannt sind.

Gewaltentrennung wird in ihrer Bedeutung unterschiedlich beschrieben. Es lässt sich – wie bei der Demokratietheorie auch – eine staatszentrierte und eine verfassungs- oder gesellschaftszentrierte Auffassung unterscheiden. Nach der **staatszentrierten Auffassung** ist die Gewaltentrennung zu verstehen als **funktionale Trennung** und ergibt sich aus unterschiedlichen Aufgaben der staatlichen Institutionen. Die unterschiedlichen Funktionen können von unterschiedlichen Organen besser ausgefüllt werden. Die Gerichte wären beispielsweise heillos überfordert und nicht repräsentativ, wollte man sie an der Gesetzgebung beteiligen. Aus dieser Sicht ist das verfassungsrechtliche Prinzip der Gewaltentrennung erst durchbrochen, wenn eine Aufgabenumschichtung zu dysfunktionalen Ergebnissen führen würde.

Nach der **verfassungs- und gesellschaftszentrierten Auffassung** dient die Gewaltentrennung der gegenseitigen Kontrolle der Gewalten und damit der **Machtbeschränkung** (check and balances). Ergänzend muss man die Gewaltentrennung als Teil des Rechtsstaates verstehen, nämlich wenn man diesen formell durch das allgemeine bestimmte Gesetz definiert. Dann muss folgerichtig das allgemeine Gesetz vor Vollzug durch die Exekutive konkretisiert werden, es ist nur in seltenen Fällen selbstausführend. Der Vollzug der Gesetze muss durch die Gerichte kontrolliert werden, um erstens eine einheitliche Anwendung zu garantieren und zweitens, um eine Verselbstständigung der Exekutive gegenüber der Programmierung durch die Legislative zu verhindern.

IV. Der Sozialstaat

1. Strukturprinzip

Das Sozialstaatsprinzip findet sich in den Art. 20 und 28 in Kombinationen als **sozialer** Bundesstaat und **sozialer** Rechtsstaat. Aus beiden normativen Postulaten wird unbestritten abgeleitet, dass das GG einen Sozialstaat einfordert. Die Verpflichtung auf die Berücksichtigung des sozialen Ausgleichs findet sich außerdem in Art. 14 II: „Eigentum verpflichtet. Sein Gebrauch soll zugleich dem Wohle der Allgemeinheit dienen." Dies wird kurz als „**Sozialpflichtigkeit**" des Eigentums gedeutet, was verdeutlicht, dass das Sozialstaatsprinzip eng mit der Eigentums- und Wirtschaftsordnung sowie den Schranken des Eigentums verknüpft ist.

Die Verknüpfung der Sozialpflichtigkeit des Eigentums und des Sozialstaates lässt sich beispielsweise am Steuerrecht demonstrieren. Es gilt der Grundsatz, dass die stärkeren Schultern auch höhere Lasten tragen, also eine **Steuerprogression** besteht, d. h. die Steuerpflicht steigt prozentual mit dem Einkommen. Ein einheitlicher Steuersatz widerspräche dem Sozialstaatsgedanken. Durchbrochen wird dieser gegenwärtig im Bereich der Rentenversicherung, weil sich die besser Verdienenden in eigenständige Versorgungswerke verabschiedet haben, oder in der Krankenversicherung, weil mit der sog. Beitragsbemessungsgrenze eine Einkommensgrenze besteht, ab welcher der absolute Betrag der Beitragszahlungen nicht mehr steigt.

In Art. 20 und 28 findet sich das Sozialstaatsprinzip auf der gleichen Ebene wie Demokratie, Bundesstaat und Republik, die Prinzipien stehen nach dem Wortlaut des GG gleichberechtigt nebeneinander.

Dennoch wird von einigen unterschieden. Demokratie, Bundesstaat und Republik werden als **Staatsstrukturprinzipien** charakterisiert, der Sozialstaat dagegen nur als **Staatszielbestimmung**, die dem Gesetzgeber erstens keine verbindlichen Vorgaben mache, sondern ihm einen weiten Gestaltungsspielraum lasse, der nur überschritten werde, wenn willkürlich und evidentermaßen gegen das Gebot sozialstaatlichen Handelns verstoßen wird.

2. Individuelle Dimension

Insbesondere ließen sich, so wird aus der Annahme gefolgert, das Sozialstaatsgebot sei nur eine Staatszielbestimmung, aus diesem keine subjektiven, **einklagbaren Ansprüche** ableiten. Das ist nach dem Wortlaut, der Historie und der Systematik nicht zu rechtfertigen. Der Sozialstaat ist neben Rechts-, Bundesstaat und

Demokratie ein Staatsstrukturprinzip, aus dem auch subjektive Rechte abgeleitet werden können und dessen Verletzung gerichtlich überprüfbar ist.

In einer Entscheidung aus dem Jahre 1951 stellte das BverfG fest, dass aus dem Sozialstaatsprinzip ein einklagbarer Anspruch erwachsen könne, folgt hier aber der Auffassung, dass dieser nur entstehe, wenn der Gesetzgeber seine sozialstaatlichen Verpflichtungen willkürlich, d. h. ohne sachlichen Grund versäume.“ (E 1, 97/105).

Nägel mit Köpfen machte das BVerfG dann im **Numerus Clausus** Urteil. Zunächst lässt das Gericht offen, „ob aus den grundrechtlichen Wertentscheidungen und der Inanspruchnahme des Ausbildungsmonopols ein objektiver sozialstaatlicher Verfassungsauftrag zur Bereitstellung ausreichender Ausbildungskapazitäten für die verschiedenen Studienrichtungen folgt.“ Denn verfassungswidrig handele der Gesetzgeber erst, wenn die Verletzung des Verfassungsauftrages evident sei, also eine deutliche Unterkapazität an Studienplätzen bestehe, was aber nicht der Fall sei. Aber: „Aus dem in Art. 12 Abs. 1 Satz 1 GG gewährleisteten Recht auf freie Wahl des Berufes und der Ausbildungsstätte in Verbindung mit dem allgemeinen Gleichheitssatz und dem Sozialstaatsprinzip folgt ein **Recht auf Zulassung zum Hochschulstudium**.“ Hier wird u. a. aus dem Sozialstaatsprinzip ein subjektives Recht hergeleitet, das selbstverständlich unter bestimmten Voraussetzungen – nämlich u. a. durch Erschöpfung der vorhanden Kapazitäten und gerechte Auswahl – einschränkbar ist. Seitdem sind die Verwaltungsgerichte mit Klagen beschäftigt, mit denen die Hochschulzulassung auf Grundlage der genannten Verfassungsnormen eingefordert wird (E 33, 303).

Die sozialstaatliche Sicherung des Einzelnen leitet das BVerfG zunächst als normatives Gebot ohne subjektiven Anspruch aus dem Sozialstaatsprinzip ab. Es stellt fest: „Gewiss gehört die Fürsorge für Hilfsbedürftige zu den selbstverständlichen Pflichten eines Sozialstaates“ (E 40,121; 5, 85/ 198; 35, 202/ 236). Das BVerwG konkretisierte dies nachfolgend zum Recht auf ein **soziokulturelles Existenzminimum**, das den Leistungsberechtigten nicht nur das zum Lebensunterhalt Unerlässliche gewährt, sondern sie in die Lage versetzen soll, in der Umgebung von Nichthilfeempfängern ähnlich wie Personen mit geringem Einkommen leben zu können (BVerwGE 36, 258).

Mit den Hartz IV Reformen der Regierung Schröder wurde das System der sozialen Sicherung bei Arbeitslosigkeit zu einem zentralen Politikum und Gegenstand von verfassungsrechtlichen Klagen. Das BVerfG entwickelte aus der Menschenwürde und dem Sozialstaatsprinzip ein neues **Grundrecht auf Gewährleistung eines menschenwürdigen Existenzminimums**. Dieses Grundrecht „aus Art. 1 Abs. 1 GG in Verbindung mit dem Sozialstaatsprinzip des Art. 20 Abs. 1 GG sichert jedem Hilfebedürftigen diejenigen materiellen Voraussetzungen zu, die für seine physische Existenz und für ein Mindestmaß an Teilhabe am gesellschaftlichen, kulturellen und politischen Leben unerlässlich sind. Dieses Grundrecht aus Art. 1 Abs. 1 GG hat als Gewährleistungsrecht in seiner Verbindung mit Art. 20 Abs. 1 GG neben dem absolut wirkenden Anspruch aus Art. 1 Abs. 1 GG auf Achtung der Würde jedes Einzelnen eigenständige Bedeutung. Es ist dem Grunde nach unverfügbar und muss eingelöst werden, bedarf aber der Konkretisierung und stetigen Aktualisierung durch den Gesetzgeber, der die zu erbringenden Leistungen an dem jeweiligen Entwicklungsstand des Gemeinwesens und den bestehenden Lebensbedingungen auszurichten hat. Dabei steht ihm ein Gestaltungsspielraum zu" (BVerfG, 1 BvL 1/09 vom 9.2.2010).

Der Gestaltungsspielraum führt im Ergebnis dazu, dass sich das Gericht der Kontrolle der Mindestsicherung entzieht und vom Gesetzgeber nur verlangt, dass er „alle existenznotwendigen Aufwendungen in einem transparenten und sachgerechten Verfahren realitätsgerecht sowie nachvollziehbar auf der Grundlage verlässlicher Zahlen und schlüssiger Berechnungsverfahren" berechnet. Damit hat das Gericht einerseits das Sozialstaatsprinzip subjektiviert, andererseits ist es aber vor der logischen Konsequenz zurückgeschreckt, das Grundrecht auch materiell auszugestalten, vielmehr hat es sich auf prozedurale Anforderungen beschränkt.

3. Gesellschaftliche Dimension

Neben der Frage nach den subjektiven Rechten und Ansprüchen hat das Sozialstaatsprinzip notwendig auch eine kollektive, **gesellschaftliche Dimension**. Eine weitgehende Interpretation der gesellschaftlichen Dimension des Sozialstaates stammt von Wolfgang Abendroth. Das Sozialstaatsprinzip verpflichtet nach dieser überzeugenden Interpretation auf eine **integrierte Wirtschafts- und Sozialpolitik**, d. h. die Wirtschaftspolitik des Staates soll auf soziale Sicherung zielen, die im Zweifel über staatliche Planung der ökonomischen Entwicklung herzustellen ist und sie darf vor der Enteignung sozial unverträglicher Formen des Eigentums – dabei dachte er noch nicht an Hedge-Fonds, sondern eher an mächtige Großkonzerne und Banken – nicht zurückschrecken.

Die h. M. der Literatur hat sich dieser weitreichenden Interpretation nicht angeschlossen und kaum die Ausführungen des BVerfG zur gesellschaftlichen Dimension des Sozialstaates rezipiert, denn auch dieses erkennt über die individuelle Sicherung hinaus an, dass das Sozialstaatsprinzip zu gesellschaftlichem Ausgleich und **sozialer Gerechtigkeit** verpflichtet.

Das BVerfG formuliert: „Das liefe auf ein Missverständnis von Freiheit hinaus, bei dem verkannt würde, dass sich persönliche Freiheit auf die Dauer nicht losgelöst von Funktionsfähigkeit und Gleichgewicht des Ganzen verwirklichen lässt und dass ein unbegrenztes subjektives Anspruchsdenken auf Kosten der Allgemeinheit unvereinbar mit dem Sozialstaatsgedanken ist. Das Grundgesetz hat – wie das Bundesverfassungsgericht wiederholt im Zusammenhang mit dem Grundrecht der allgemeinen Handlungsfreiheit hervorgehoben hat – die Spannung Individuum – Gemeinschaft im Sinne der **Gemeinschaftsbezogenheit und Gemeinschaftsgebundenheit der Person** entschieden; der Einzelne muss sich daher diejenigen Schranken seiner Handlungsfreiheit gefallen lassen, die der Gesetzgeber zur Pflege und Förderung des sozialen Zusammenlebens in den Grenzen des allgemein Zumutbaren vorsieht, vorausgesetzt, dass dabei die Eigenständigkeit der Person gewahrt bleibt. Diese Erwägungen beanspruchen erst recht im Bereich staatlicher Teilhabegewährung Geltung" (E 33, 303/ 334f).

Zur kollektiven Bedeutung des Sozialstaatprinzips führt das Gericht weiter aus: Das GG enthält ein „Bekenntnis zum Sozialstaat, das bei der Auslegung des Grundgesetzes wie bei der Auslegung anderer Gesetze von entscheidender Bedeutung sein kann. Das Wesentliche zur Verwirklichung des Sozialstaates aber kann nur der Gesetzgeber tun; er ist gewiss verfassungsrechtlich zu sozialer Aktivität, insbesondere dazu verpflichtet, sich um einen erträglichen Ausgleich der widerstreitenden Interessen und um die **Herstellung erträglicher Lebensbedingungen** für alle die zu bemühen..." (E 1, 97/105).

Heute lässt sich der Sozialstaat auch bestimmen als Verpflichtung des Staates, eine **Grundversorgung an kollektiven Gütern** (Wasser, Bildung, Telefon, Verkehr) unter Wahrung von Gleichheitsgesichtspunkten bereitzustellen oder effektiv zu gewährleisten. Daraus ergeben sich Grenzen der Privatisierung kollektiver Güter.

V. Rechtsstaat

1. Der Begriff des Rechtsstaates

Der Rechtsstaat findet sich nicht in den Staatsstrukturprinzipien des Art. 20, wohl aber als sozialer Rechtsstaat in Art. 28 I. Außerdem wird die Bundesrepublik in speziellen Vorschriften in einer Weise auf den Rechtsstaat verpflichtet, die klar machen, dass auch der Rechtsstaat Strukturprinzip des GG ist.

So heißt es in Art. 16 II: „Kein Deutscher darf an das Ausland ausgeliefert werden. Durch Gesetz kann eine abweichende Regelung für Auslieferungen an einen Mitgliedstaat der Europäischen Union oder an einen internationalen Gerichtshof getroffen werden, soweit **rechtsstaatliche** Grundsätze gewahrt sind." Und in Art. 23 I: Zur Verwirklichung eines vereinten Europas wirkt die Bundesrepublik Deutschland bei der Entwicklung der Europäischen Union mit, die demokratischen, **rechtsstaatlichen**, sozialen und föderativen Grundsätzen und dem Grundsatz der Subsidiarität verpflichtet ist und einen diesem Grundgesetz im wesentlichen vergleichbaren Grundrechtsschutz gewährleistet."

Inhaltlich wird das Strukturprinzip Rechtsstaat durch zentrale Vorschriften ausgefüllt. Gleich in Art. 1 III heißt es: „Die nachfolgenden Grundrechte binden Gesetzgebung, vollziehende Gewalt und Rechtsprechung als unmittelbar geltendes Recht." Und Art. 20 III formuliert diese Bindung über die Grundrechte hinaus: „Die Gesetzgebung ist an die verfassungsmäßige Ordnung, die vollziehende Gewalt und die Rechtsprechung sind an Gesetz und Recht gebunden."

Mit diesen beiden Vorschriften werden zwei wesentliche, inhaltliche Elemente des Rechtsstaates bestimmt, nämlich die **Grundrechte** als materieller Inhalt des Rechtsstaates und die **Bindung an das Gesetz** als formeller Inhalt des Rechtsstaates:

Rechtsstaat

Materiell — vor allem Grundrechte

Formell — allgemeines, bestimmtes Gesetz

Aus der Doppelung in Art. 20 III als „Recht und Gesetz“ lässt sich überdies schließen, dass der Rechtsstaat an **Gerechtigkeit und Rechtssicherheit** orientiert sein soll. Recht umfasst in einer emphatischen oder naturrechtlichen Bedeutung mehr als das korrekt verabschiedete Gesetz, nämlich richtiges oder gerechtes Recht. Rechtssicherheit und Gerechtigkeit widersprechen sich aber nicht notwendig, vielmehr ist die Rechtssicherheit auch ein Element der Gerechtigkeit.

Gerechtigkeit ergibt sich für das geschriebene Verfassungsrecht materiell aus dem Inhalt der Grundrechte, sie wird insbesondere durch die Grundrechte auf Freiheit und Gleichheit, die Garantie der Menschenwürde, aber auch dem Sozialstaatsprinzip angestrebt. Der Eingriff in Grundrechte bedarf einer besonderen Rechtfertigung oder Ermächtigung, regelmäßig einer gesetzlichen Grundlage. Gerechtigkeit ergibt sich formell aus der Allgemeinheit des Gesetzes.

Kant entwickelte die ethische Maxime der Gerechtigkeit im **Kategorischen Imperativ**: „Handle nur nach derjenigen Maxime, durch die du zugleich wollen kannst, dass sie ein allgemeines Gesetz werde.“ Rechtssicherheit ergibt sich vor allem aus der allgemeinen, bestimmten Form des Gesetzes. Grundlage staatlicher Handlungen, Maßnahmen, Entscheidungen ist ein allgemeines, aber bestimmtes Gesetz. Bestimmt heißt: dem Gesetz ist zu entnehmen, was der Bürger zu tun oder unterlassen hat und ob und wie die öffentliche Gewalt handeln darf. D. h. die Maßnahmen der öffentlichen Gewalt werden für den Bürger berechenbar, er hat eine sichere Entscheidungs- und Handlungsgrundlage für seine individuelle Entfaltung, also Rechtssicherheit. Die Berechenbarkeit staatlicher – auch gerichtlicher – Entscheidungen ist konstitutiv für die kapitalistische Ökonomie, eine Marktgesellschaft braucht berechenbare Gesetze.

Das Rechtsstaatsprinzip als Herrschaft des allgemeinen, bestimmten Gesetzes ist eng verflochten mit der **Unterscheidung der drei Gewalten**: Das allgemeine Gesetz muss zunächst erlassen werden, das ist Aufgabe der Legislative. Es muss dann konkretisiert, von der Exekutive auf den Einzelfall angewendet werden. Das Gesetz hat Vorrang vor der individuellen, konkreten Anweisung, d. h. es muss überprüft werden, ob die konkrete Anwendung mit dem Inhalt des Gesetzes übereinstimmt, das übernimmt die Jurisdiktion.

Der Rechtsstaat entwickelt sich in Abgrenzung zum wohlfahrtsstaatlichen **Polizeystaat** des Merkantilismus. Das Paradigma des Polizeystaates ist die Sorge für die gesamte gesellschaftliche Entwicklung, was die Detailsteuerung der Wohlfahrt und insbesondere die merkantilistische Steuerung der Wirtschaft umfasst. Im **Liberalismus** wird der Staat durch den Rechtsstaat entlastet. Die Wirtschaft ist nicht mehr Sache des Staates; umgekehrt wird die Macht des Staates durch das Recht begrenzt.

Nach 1945 wechselt das Paradigma erneut. Der **wohlfahrtsstaatliche Sozialstaat** übernimmt explizit wieder die Verantwortung für die Wirtschaft über rechtliche Rahmenbedingungen und keynesianische Konjunkturpolitik. Ende der 1970er Jahre wird in Europa der Wohlfahrtsstaat abgebaut und spätestens in den 1990er Jahren wird die **neoliberale Konzeption** hegemonial, die vor allem den Rückzug des Staates aus der Politik fordert. Das führt schließlich zu einer Umkehrung der bis dahin geltenden Vorstellung des Verhältnisses von Staat und Wirtschaft: Die Wirtschaft übernimmt staatliche Funktionen, das Recht verliert an Bedeutung.

2. Elemente des Rechtsstaates

a) Allgemeinheit des Gesetzes

Allgemeines Gesetz heißt, dass das Gesetz zunächst für eine unbestimmte Anzahl von Fällen gilt und nicht auf nur auf einen Einzelfall zugeschnitten ist. Weiter muss das Gesetz für alle in gleicher Weise gelten, d. h. es gibt keine Sondergesetze für bestimmte Gruppen wie beispielsweise die Nazi-Sondergesetze für Juden.

Das GG normiert explizit ein allerdings eingeschränktes Verbot von Einzelfallgesetzen in Art. 19 I: „Soweit nach diesem Grundgesetz ein Grundrecht durch Gesetz oder auf Grund eines Gesetzes eingeschränkt werden kann, muss das Gesetz **allgemein** und nicht nur für den Einzelfall gelten."

Art. 19 I beinhaltet also kein grundsätzliches Verbot des Einzelfallgesetzes. Das stünde auch im Widerspruch zu Art. 14 III, wonach eine Enteignung zum Wohle der Allgemeinheit auf Grund eines Gesetzes, das eine Vielzahl von Fällen, oder durch ein Gesetz, das gezielt eine bestimmte Eigentumsübertragung vorsehen kann, möglich ist. Eine Einzelfall-Enteignung kann also explizit durch ein Gesetz angeordnet werden.

Verboten ist ein Einzelfallgesetz in den Fällen, dass Grundrechte nur durch oder aufgrund eines Gesetz eingeschränkt werden können, z. B. Art. 2 II, in die Freiheit darf **nur aufgrund** eines Gesetzes eingegriffen werden oder Art. 12 I, wonach die Berufsausübung **durch Gesetz** oder auf Grund eines Gesetzes geregelt werden kann. In diesen Fällen darf hier nicht durch Einzelfallgesetze geregelt werden. Anders bei Art. 2 I, weil die allgemeine Handlungsfreiheit durch die Schrankentrias begrenzt wird, die durch ein Einzelfallgesetz konkretisiert werden kann.

Das BVerfG hat in der Entscheidung zur Südumgehung Stendal festgestellt, dass die Planung einer Eisenbahntrasse mittels Gesetz nicht gegen die Gewaltentrennung oder

Art. 19 I verstößt, und festgestellt: „Auch Detailpläne im Bereich der anlagenbezogenen Fachplanung sind einer gesetzlichen Regelung zugänglich. Das Parlament darf durch Gesetz eine solche Entscheidung freilich nur dann an sich ziehen, wenn hierfür im Einzelfall gute Gründe bestehen“ (BVerfGE 95, 1/ 1). Nicht zulässig soll das jedenfalls das Einzelpersonengesetz mit Eingriff in die Grundrechte sein. Bei der Planung wird jedoch ein Sachverhalt mit Auswirkungen auf viele Personen erfasst.

Die rechtsstaatliche Herrschaft des allgemeinen Gesetzes hat auch Konsequenzen für die Organisation der Justiz. Das macht – nach der Sonderjustiz der Nazis – das GG in Art. 101 ff. deutlich, wonach Ausnahmegerichte, d. h. Gerichte, die in Abweichung von den allgemeinen, gesetzlichen Zuständigkeitsregelungen ad hoc zur Entscheidung bestimmter Einzelfälle gebildet werden, unzulässig sind. Selbstverständlich können dennoch (Art. 101 II) Fachgerichte für bestimmte Sachgebiete durch Gesetz eingerichtet werden, wie etwa Sozialgerichte oder Finanzgerichte.

b) Bestimmtheitsgebot

Tatbestand und Rechtsfolge einer gesetzlichen Norm müssen erkennbar sein, so dass der Bürger wissen kann, welche Folgen seine Handlungen haben werden. Das **Bestimmtheitsgebot** ist Teil des Rechtsstaatsprinzips und Maßstab für den Gesetzgeber. Der Sinn ist die Berechenbarkeit des staatlichen Handelns.

Das Gesetz unterscheidet sich durch die allgemeine Bestimmtheit vom individuell konkreten Befehl, der im Rechtsstaat regelmäßig nur aufgrund eines Gesetzes ergehen kann. Der Befehl, die Anordnung, der Verwaltungsakt ist regelmäßig individuell konkret. Die Allgemeinheit des Gesetzes (s. o.) führt nur zu rechtsstaatlichen Zuständen, wenn die Norm gleichzeitig bestimmt, d. h. in ihrer begrifflichen Formulierung klar eingrenzbar ist.

Ein hohes Maß an Bestimmtheit wird vom GG für das Strafrecht verlangt. Nach Art. 103 II kann eine Tat nur bestraft werden, wenn die Strafbarkeit gesetzlich bestimmt war, bevor die Tat begangen wurde.

Bei anderen Gesetzen ist die h. M. nicht so streng. Im Zivilrecht genügt beispielsweise der Verweis auf „Treu und Glauben“ in § 242 BGB dem Bestimmtheitsgebot. Im öffentlichen Recht ist insbesondere der Verweis auf die „öffentliche Sicherheit und Ordnung“ eine gängige Generalklausel, deren Bestimmtheit offensichtlich problematisch ist.

Beispiel: Das Versammlungsgesetz bestimmt in § 15 I, dass die zuständige Behörde eine Versammlung (z. B. Demonstration) verbieten kann, wenn **die öffentliche Sicherheit oder Ordnung** bei Durchführung der Versammlung unmittelbar gefährdet ist. Es ist höchst fraglich, ob eine solche Formulierung dem Bestimmtheitsgebot genügt. Die Rechtsprechung hilft sich mit einem Trick und argumentiert: Es sei ausreichend, wenn der Wortlaut durch die Rechtsprechung und Praxis ausreichend konkretisiert wurde und verfassungskonform ausgelegt werden kann. Nichtig sind nur solche Normen, deren Inhalt auch bei sachkundiger Auslegung nicht erkennbar ist. Insbesondere das Versammlungsgesetz hat das BVerfG bis an die Grenze des Wortlauts verfassungskonform ausgelegt – das ist inhaltlich richtig, methodisch aber zweifelhaft.

Man bewegt sich hier zwangsläufig in einem **methodischen Dilemma**. Sprache ist immer unpräzise oder enthält neben einem klaren Begriffskern von Elementen, die durch den Begriff eindeutig erfasst werden, oft einen weiten Begriffshof, also Elemente, die je nach Interpretation von dem Begriff erfasst sind oder nicht. D. h. Generalklauseln teilen das Problem aller gesetzlichen Bestimmungen, sie müssen ausgelegt werden. Danach wäre es unrealistisch zu verlangen, dass die von einer Rechtsnorm erfassten Sachverhalte klar und eindeutig abgrenzbar sein müssen. Andererseits gilt: Es gibt offensichtlich weniger eindeutige Formulierungen in den Generalklauseln, wie „Treu und Glauben", und vergleichsweise bestimmte Normen wie die Regelung der Höchstgeschwindigkeit innerhalb geschlossener Ortschaften (§ 3 StVO). Es ist nun keineswegs so, dass der Gesetzgeber die bestimmten Formulierungen favorisiert und immer das Bestimmtheitsgebot befolgt, so bleibt ein Raum für die verfassungsrechtliche Prüfung, die sich des methodischen Problems bewusst sein sollte, was es vermeidet, auf den doch dürftigen „Trick" der Rechtsprechung zurückgreifen zu müssen.

c) Verhältnismäßigkeit oder Übermaßverbot

Staatliche Eingriffe in Grundrechte müssen dem Grundsatz der Verhältnismäßigkeit genügen. Das gilt für alle gesetzgeberischen Eingriffe in Grundrechte. Es gilt im Verwaltungsrecht für alle hoheitlichen Maßnahmen mit Entscheidungsfreiheit (d. h., Ermessensnormen). Es gilt aber nicht für gebundene Normen, die der Verwaltung keinen Entscheidungsspielraum einräumen, denn bei solchen Normen wurde die notwendige Abwägung vom Gesetzgeber getroffen, der Verwaltung bleibt kein Entscheidungsspielraum, der eine unverhältnismäßige Maßnahme billigen würde. Sie muss die gesetzgeberische Programmierung nur nachvollziehen. Die Prüfung der Verhältnismäßigkeit ist die Anwendung des Rechtsstaatsprinzips auf Gesetzgebung und Verwaltung (E 23, 133).

Vorsicht: Spielräume, die durch unterschiedliche Auslegungen von Normen entstehen, bleiben dennoch, aber dies sind keine Spielräume, die der Gesetzgeber der Verwaltung einräumt, sondern solche, die durch unbestimmte Rechtsbegriffe entstehen und von den Gerichten (anders als Ermessensentscheidungen) vollständig überprüfbar sind.

Die Verhältnismäßigkeit umfasst folgende Prüfungspunkte:

- ein legitimes Ziel der staatlichen Maßnahme: Das Ziel ist mit dem GG vereinbar;
- die Geeignetheit der Maßnahme: Das Mittel ist geeignet, den Zweck zu erreichen;
- die Erforderlichkeit: Es steht kein milderes Mittel zur Verfügung, um das Ziel zu erreichen;
- die Angemessenheit oder Verhältnismäßigkeit i. e. S.: Die Zweck-Mittel-Relation, das Verhältnis zwischen angestrebtem Ziel und Eingriff in Rechte des Bürgers stimmt; Verbot, mit Kanonen auf Spatzen zu schießen.

Die Verhältnismäßigkeit ist insbesondere bei der Grundrechtsprüfung zu beachten und wird in diesem Rahmen intensiv behandelt. Dogmatisch ist sie aus dem Rechtsstaatsprinzip abzuleiten.

d) Rückwirkungsverbot

Vertrauensschutz und das Verbot der **Rückwirkung von Gesetzen** garantiert Rechtssicherheit und ist damit ein Teil des Rechtsstaatsprinzips. Besonders stark und ausdrücklich normiert wird das Rückwirkungsverbot verfassungsrechtlich für das Strafrecht. So kann gemäß Art. 103 II eine Tat nur bestraft werden, wenn die Strafbarkeit gesetzlich bestimmt war, bevor die Tat begangen wurde. Der Straftatbestand, das Gesetz, muss bestanden haben, bevor die Handlung begangen wurde (nulla poena sine lege). Rückwirkende Strafgesetze sind ausnahmslos verboten.

Zum Vertrauensschutz zählt auch das Verbot der Doppelbestrafung, geschützt wird das Vertrauen in den Freispruch oder das Ableisten der Strafe (nebis in idem). Geregelt ist dies in Art. 103 III, wonach niemand wegen derselben Tat auf Grund der allgemeinen Strafgesetze mehrmals bestraft werden darf.

Im Übrigen verbietet das Rechtsstaatsprinzip die **echte Rückwirkung** eines Gesetzes. Eine echte Rückwirkung liegt vor, wenn ein Gesetz an einen abgeschlossenen Tatbestand (der Vergangenheit) anknüpft.

Beispiel: Das Steuergesetz aus 2011 ändert den Steuertatbestand für 1997, so dass Herr A Steuern nachzahlen müsste. Das wäre als echte Rückwirkung unzulässig.

Davon zu unterscheiden ist die **unechte Rückwirkung**, die dann vorliegt, wenn das Gesetz an einen Tatbestand, Lebenssachverhalt anknüpft, der in der Vergangenheit begonnen hat, aber noch fortdauert.

Beispiel a.: Die BAföG-Regelung wird im Jahre 2011 geändert. Student A hat 2009 angefangen zu studieren und beendet das Studium erst 2012.

Beispiel b.: Student A hat 2010 angefangen zu studieren, 2011 wird die Studienordnung geändert.

Für die Rechtsfolge ist – wie zu erwarten – zwischen echter und unechter Rückwirkung zu unterscheiden.

Die **echte Rückwirkung** ist grundsätzlich unzulässig, d. h. rückwirkende Gesetze sind verfassungswidrig und das BVerfG erklärt das Gesetz für nichtig.

Davon sollen aber Ausnahmen gemacht werden, nämlich wenn kein **Vertrauenstatbestand** geschaffen wurde, weil:

- eine vorläufige, gleich lautende Regelung in Kraft war oder
- die Rechtslage völlig verworren war, oder

- eine gleichlautende Regelung nur aus formellen Gründen nichtig war, oder
- es sich nur um eine Bagatellbelastung handelt (str.) oder
- zwingende Interessen des Allgemeinwohls das rückwirkende Gesetz erforderlich machen (str.).

Die **unechte Rückwirkung** ist grundsätzlich zulässig. Das Regel-Ausnahme Verhältnis gilt hier umgekehrt. Die unechte Rückwirkung ist ausnahmsweise unzulässig, wenn der Vertrauensschutz des Betroffenen dem entgegensteht.

Zu prüfen ist:

1) Das Vertrauen des Normadressaten in den Fortbestand der Regelung, d. h. er durfte nicht erwarten, dass eine Änderung der Norm bevorsteht, **und**
2) getroffene Dispositionen aufgrund der Regelung, insbesondere Vermögensaufwendungen oder Entscheidungen in der Lebensplanung, für die die alte Regelung einen Anreiz darstellte, und
3) die Schutzwürdigkeit des Vertrauens, die sich i. d. R. aus der Kombination obiger Punkte ergibt, und
4) der Vertrauensschutz ist in der Abwägung höher zu bewerten als das Allgemeinwohlinteresse.

Beispiel a. (s. o.): Eine Änderung der BAföG-Regelung ist erlaubt, denn das Vertrauen des A in die Nichtänderung des Gesetzes ist schon fraglich; jedenfalls überwiegt das Allgemeinwohl in der Abwägung.

Beispiel b.: Grundsätzlich verstößt die Rückwirkung – außer bei geringfügigen Abweichungen – gegen das Rückwirkungsverbot.

Neues Beispiel: Das trifft etwa nicht zu bei der Anordnung nachträglicher Maßnahmen gegen karzinogene Stoffe in der Produktion zum Schutz der Beschäftigten, d. h. bei der Abwägung Gesundheit gegen zusätzliche Kosten des Unternehmens geht der Gesundheitsschutz klar vor, auch wenn das Unternehmen auf den Bestand der gesetzlichen Regelung und seiner Genehmigung vertrauen durfte.

Die Rechtsfolge einer unzulässigen, unechten Rückwirkung ist aber nicht zwingend die Nichtigkeit der Norm, sie kann verfassungskonform sein, wenn

- **Übergangsregelungen** vorgesehen sind (typisch bei Änderungen der Studienordnung) oder
- Schadensersatz vorgesehen ist.

e) Justizrechte als spezifische Ausprägungen des Rechtsstaatsprinzips

Der Rechtsstaat gewährt spezifische Verfahrensrechte, die auch **justizielle Grundrechte** genannt werden. So ist es rechtsstaatlich zwingend geboten, dass staatliche Handlungen gerichtlich kontrolliert werden, d. h. der Rechtsschutz muss gewährleistet sein. Deshalb bestimmt Art. 19 IV, dass jedem der Rechtsweg offen steht, der durch die öffentliche Gewalt in seinen Rechten verletzt wird.

- Der Bürger muss außerdem die Chance haben, sein Recht – auch gegen den Staat – durchzusetzen, deshalb gibt es verschiedene Verfahrensregelungen (insbesondere die Gerichtsordnungen, StPO oder VwGO).
- Der Anspruch auf **rechtliches Gehör**, der nach Art. 103 I für alle Verfahren vor Gericht gilt, ist anerkannt auch für sonstige Verfahren, z. B. nach § 28 VwVfG für Verwaltungsverfahren.
- Die Gewährleistung der **Unabhängigkeit der Gerichte** von der Exekutive. Deshalb bestimmt Art. 97 II: Die Richter sind unabhängig und nur dem Gesetze unterworfen.
- Das schon erwähnte **Verbot der Sondergerichte** und das Gebot des gesetzlichen Richters (Art. 101).
- Zusammengefasst wurde dies vom BVerfG als Gebot eines **fairen Prozesses**, bei dem die Waffengleichheit der Parteien gewährleistet sein muss (BVerfGE 108, 150; 110, 226).
- Die **Unschuldsvermutung** und das Schuldprinzip im Strafrecht (gegenwärtig unter Beschuss mit Forderungen nach präventiver Haft).

3. Übungsfragen zum Rechtsstaat

1. Was versteht man unter dem Rechtsstaatsprinzip?
Der Begriff „Rechtsstaat" findet sich in Art. 28 Abs. 1 Satz 1 GG. Eigentlich geht es nicht nur um ein Prinzip, sondern um mehrere. Der Staat ist in seiner Macht beschränkt, weil er an die Grundrechte gebunden ist, Art. 1 Abs. 3 GG, und an Recht und Gesetz, Art. 20 Abs. 3 GG. Weitere Elemente bzw. Unterprinzipien des Rechtsstaatsprinzips sind insbesondere das Verbot des Einzelfallgesetzes, das Bestimmtheitsgebot von Rechtsvorschriften, die Verhältnismäßigkeit staatlichen Handelns, sowie das Vertrauen in die Gesetze, einhergehend mit einem Rückwirkungsverbot von Gesetzen. Auch die Justizgrundrechte des Grundgesetzes werden als Element des Rechtsstaates verstanden.

2. Wie ist das „Rückwirkungsverbot" zu prüfen?
Zunächst muss immer an das strafrechtliche Rückwirkungsverbot gedacht werden, dass in Art. 103 Abs. 2 GG speziell geregelt ist. Geht es nicht um das Strafrecht, so ist allgemein zu fragen, ob eine echte Rückwirkung vorliegt oder eine unechte Rückwirkung. Für die Unterscheidung kommt es darauf an, ob ein schon abgeschlossener Sachverhalt vorliegt, der durch ein Gesetz noch einmal anders geregelt wird. Ist der Sachverhalt schon abgeschlossen, liegt echte Rückwirkung vor, dauert er noch an, liegt unechte Rückwirkung vor. Es gilt folgende Faustformel: Echte Rückwirkung ist grundsätzlich unzulässig, unechte Rückwirkung ist grundsätzlich zulässig. Dies gilt in beiden Fällen, jedoch eben nur grundsätzlich. Die unechte Rückwirkung muss insbesondere verhältnismäßig sein, die echte Rückwirkung kann ausnahmsweise zulässig sein, wenn kein Vertrauen in die Rechtslage bestand.

3. Was sind die Justizrechte bzw. Justizgrundrechte?

Hierunter werden mehrere Rechte des Grundgesetzes verstanden. Nach Art. 19 Abs. 4 GG muss effektiver Rechtsschutz gewährleistet werden. Richter sind unabhängig, dies ergibt sich aus Art. 97 Abs. 2 GG. Jeder hat das Recht auf rechtliches Gehör, Art. 103 Abs. 1 GG und eine Strafe kann nur ergehen, wenn die Tat schon zum Zeitpunkt ihrer Begehung strafbar war, Art. 103 Abs. 2 GG. Außerdem hat jeder das Recht auf einen gesetzlichen Richter, Art. 101 GG, es kann also nicht willkürlich ein Richter nachträglich einer Rechtssache zugeordnet werden.

VI. Demokratie

1. Normative Grundlagen

Das Demokratieprinzip ist an verschiedenen Stellen im Grundgesetz verankert. Gemäß Art. **20** I GG ist die Bundesrepublik Deutschland ein **demokratischer** und sozialer Bundesstaat. Was dies bedeutet, verdeutlicht im Grundsatz Art. 20 II GG: **Alle Staatsgewalt geht vom Volke aus. Sie wird vom Volke in Wahlen und Abstimmungen** und durch besondere Organe der Gesetzgebung, der vollziehenden Gewalt und der Rechtsprechung **ausgeübt**. In Art. 28 I GG findet man erneut den Hinweis auf die Grundsätze des republikanischen und **demokratischen Rechtsstaats** als Forderung an die Staatsorganisation der Länder. Und auch der zweite Satz derselben Vorschrift ist dem Demokratieprinzip zuzuordnen: „In den Ländern, Kreisen und Gemeinden muss das **Volk eine Vertretung** haben, die aus allgemeinen, unmittelbaren, freien, gleichen und geheimen Wahlen hervorgegangen ist."

Wenn Art. 21 I GG bestimmt, dass die Parteien an der politischen Willensbildung des Volkes mitwirken und fordert, dass ihre innere Ordnung **demokratischen Grundsätzen** entsprechen muss, so lassen sich auch diese Formulierungen dem Demokratieprinzip zuordnen. Demokratie ist nicht nur ein staatliches, sondern auch ein gesellschaftliches Organisationsprinzip, das die Struktur der Parteien bestimmen soll. Die Willensbildung des Volkes während der Wahlen und jenseits dieser im demokratischen Alltag ist Teil des Demokratieprinzips, das den Grundrechten auf Meinungs-, Vereinigungs- und Versammlungsfreiheit eine Bedeutung jenseits des Schutzes individueller Freiheiten zuerkennt. Gemäß Art. 38 I GG sind die Abgeordneten des Bundestages **Vertreter des ganzen Volkes**, was das Prinzip der demokratischen Repräsentation hervorhebt. Die Vertretungsfunktion impliziert, dass sie an (Einzel-)Weisungen und Aufträge nicht gebunden sein dürfen. Aber die Abgeordneten sind Vertreter, die nicht aus eigener Befugnis handeln, sondern im Namen des Volkes, an dessen Willen, Interessen und Meinungen zur Politik, d. h. zur Frage „Wie wollen wir leben?", sie rückgebunden sein sollen.

Schließlich bringt auch die Präambel des Grundgesetzes den demokratischen Kerngedanken zum Ausdruck, wenn sie formuliert, dass die Deutschen in den Ländern in **freier Selbstbestimmung** die Einheit und Freiheit Deutschlands vollendet haben. Die freie Selbstbestimmung ist die Grundlage einer demokratischen Verfassung, welche die Form der Selbstbestimmung organisieren soll.

2. Modelle der Demokratie

a) Modell der hierarchischen Demokratie

Das Modell der hierarchischen Demokratie oder das **Legitimationskettenmodell** der Demokratie ist wesentlich von den theoretischen Überlegungen von Ernst-Wolfgang Böckenförde beeinflusst worden, der diesem Modell als Bundesverfassungsrichter zu einiger Prominenz verholfen hat. Der Begriff der Demokratie wird danach durch die Legitimation von Herrschaft expliziert. Demokratie meine nicht, dass Herrschaft tendenziell aufgehoben oder zurückgenommen werde, sondern sie werde legitimiert.

Wenn Herrschaft durch Demokratie legitimiert wird, ist Subjekt der Herrschaft die Regierung eines Staates und niemand sonst. Dann folgt, dass Legitimation nur vom Gesamtvolk vermittelt werden kann. Ein **Gesamtvolk** gibt es nur auf der Ebene der Länder und des Bundes. Zivilgesellschaftliche **Partizipation** durchkreuzt aus dieser Perspektive die Legitimationsbeziehungen. Die Legitimation der Herrschaft oder Staatsgewalt erfolgt über drei Modi der Legitimation:

- die **unmittelbare verfassungsrechtliche** Legitimation, d. h. es gibt Bereiche eigenständiger Kompetenzen der Regierung, die nicht vom Parlament zurückgeholt werden können;
- die **sachliche, inhaltliche** Legitimation mittels Gesetzgebung und hierarchischer Weisung in der Verwaltung;
- die **personelle Legitimation** mittels sog. Legitimationsketten bei der personellen Besetzung der Verwaltung. Unmittelbar wird der Regierungschef legitimiert, alle weiteren Personalentscheidungen müssen theoretisch auf ihn rückführbar sein.

Das Modell widerspricht dem aufklärerischen Konzept der Selbstorganisation oder Selbstgesetzgebung und knüpft eher an ein monarchisches Staatsverständnis an. Die Legitimation durch „**Gottes Gnaden**“ wird ersetzt durch die Legitimation mittels der Wahl. Das Modell reduziert die Aussagen der Verfassung auf Art. 20 I GG und stellt sie nicht in den Gesamtkontext. Dabei wird „alle Staatsgewalt geht vom Volke aus“ so interpretiert, dass man anfügen könnte: „Und sie kommt nie wieder zurück.“ Die Bindung der Staatsgewalt wird auf den **singulären Akt** der Bundestags- oder Landtagswahl reduziert, sonstige Willensbildung im Volk ist Vorbereitung auf diesen Akt. Alle übrigen Abstimmungen und Wahlen, die in der Gesellschaft stattfinden, sind kein Bestandteil der Demokratie, die damit auf eine Staatsform reduziert wird, also nicht die gesellschaftliche Verfasstheit insgesamt strukturiert. Schließlich ist das Zurechenmodell der **Legitimationsketten** tatsächlich **unrealistisch** und es wird normativ durch Verfassungsnormen durchkreuzt. Tatsächlich gibt es keine Zurechnung der Ausübung von Staatsgewalt vom Zollbeamten in Cuxhaven zum Bundeskanzler – die Legitimationskette ist hyperdeterministisch und geht an den tatsächlichen Zurechnungen und Verantwortlichkeiten der Politik vorbei. Die Grundsätze des Berufsbeamtentums, die in Art. 33 GG genannt werden, implizieren die lebenszeitliche Stellung, die Legitimationskette ist also regelmäßig eine, die an historisch vergangene Tatsachen anknüpft, während Demokratie auf den Wandel, auf wechselnde Mehrheiten, angelegt ist. Entscheidend ist deshalb nicht die Legitimationskette bei der Ernennung der Beamten, sondern deren loyale Amtsführung ohne Ansehen der Person und Sache. Gemäß Art. 60 GG ernennt schließlich der Bundespräsident und nicht der Bundeskanzler die Bundesbeamten, die Kette müsste also zum Bundespräsidenten führen.

b) Modell der Selbstgesetzgebung und -organisation

Dem geschlossenen, hierarchischen Modell der Demokratie wird ein **offenes Modell** der Demokratie gegenübergestellt, das auf **zivilgesellschaftliche Partizipation** angelegt ist. Diese Konzeption versteht Demokratie als tendenzielle Rücknahme von Herrschaft. die **Rücknahme von Herrschaft** durch die Selbstorganisation der Gesellschaft ist gleichsam die regulative Idee der Demokratie.

Demokratie ist dann nicht nur eine Angelegenheit des Gesamtstaates, für den die Organisationsform durch das GG bis in die Einzelheiten vorgegeben ist. Auch dort, wo das Grundgesetz die Organisationsform nicht konkret und detailliert normiert – auf der Ebene der Länder, Kreise und Gemeinden oder innerhalb der Parteien – fordert es die Achtung und Verwirklichung demokratischer Grundsätze. Sie ist angelegt in den expliziten Regelungen des GG, zu Volksvertretung, Wahl usw. und gilt darüber hinaus für andere Bereiche der gesellschaftlichen Selbstorganisation. Das Grundgesetz öffnet so gleichsam Felder für **demokratische Teilhabe**. Demokratie heißt aus dieser Sicht die **Rückbindung kollektiver Willensbildung** an die Mitglieder der organisationellen Einheit (Bund, Land, Kommune, Partei, funktionale Selbstverwaltung). Entscheidendes Merkmal ist, dass diejenigen Bürger, die potenzielle Adressaten kollektiv verbindlicher Entscheidungen sind, auf diese Entscheidungen Einfluss nehmen können, sich an der kollektiven Willensbildung, die der Entscheidungsfindung vorausgeht, beteiligen können.

Die demokratische Beteiligung an der kollektiven Willensbildung, die sich letztlich in der Staatsgewalt manifestiert, unterscheidet sich von oligarchischem, nicht demokratischen Einfluss dadurch, dass die Form der Beteiligung folgende Kriterien erfüllt:

- Sie ist **frei** und unbeeinflusst;
- sie garantiert tendenziell **gleiche** Einflusschancen;

- sie ist **rekursiv** (lat. recurrere = zurücklaufen), d. h. sie ist auf kollektive Entscheidungen beschränkt, die nur für diejenigen verbindlich sind, die an der Entscheidungsfindung partizipieren konnten. Dann folgt umgekehrt: **Rekursivität** meint, dass kollektiv verbindliche Entscheidungen nur von Organen getroffen werden dürfen, die an die Willensbildung der Adressaten zurückgebunden sind.

Die ersten beiden Voraussetzungen sind normativ weitgehend unbestritten, stellen oft ein faktisches Problem dar, weil sie durch informale Strategien oder Einflusschancen unterlaufen werden. Die freie und gleiche Beteiligung ist als Prinzip allen demokratischen Wahlen und Abstimmungen zu eigen. Das Prinzip der **Rekursivität** wird im Legitimationskettenmodell theoretisch bestritten, faktisch ist es aber weitgehend Praxis und äußert sich in Kompetenzabgrenzungen.

Es ist selbstverständlich, dass der Gemeinderat aus X keine Beschlüsse für die Bürger der Gemeinde Y treffen kann. Es fehlt nicht an der Legitimation, sondern an der Rekursivität der Entscheidung.

Das Prinzip der Rekursivität folgt aus dem Gedanken der Selbstorganisation und Selbstgesetzgebung, der es ausschließt, kollektiv verbindliche Entscheidungen für Dritte zu treffen.

Demokratie vollzieht sich über Volksvertretungen in Bund, Ländern und Gemeinden, über die Wahlen der administrativen Spitzen, die vom Grundgesetz und den Länderverfassungen explizit normiert werden. Und sie vollzieht sich über eine offene, gleiche Partizipation an kollektiv verbindlichen Entscheidungen, derjenigen, für die diese Entscheidungen verbindlich sind. Demokratie setzt voraus, dass über die kollektiv verbindlichen Entscheidungen die Frage der **Politik „Wie wollen wir leben"** beantwortet wird, d. h. Entscheidungskompetenzen mit kollektiven Rückwirkungen außerhalb der *politischen* Institutionen unterlaufen die Demokratie.

3. Rechtsprechung und die Modelle der Demokratie

a) Kommunales Ausländerwahlrecht

Das BVerfG hat unter Einfluss des hierarchischen Modells der Demokratie für Schleswig-Holstein (BVerfGE 83, 37) und Hamburg (BVerfGE 83, 60) und der Staatsgerichtshof für Bremen die Einführung eines **kommunalen Ausländerwahlrechts** abgelehnt (StGH Bremen v. 8. Juli 1991, NVwZ-RR 1992, S. 149). Weil auch auf kommunaler Ebene in Schleswig-Holstein und auf der Ebene der Bezirke in Hamburg Staatsgewalt ausgeübt werde, müsse sich diese gemäß Art. 20 GG auf das Volk zurückführen lassen. Volk i. S. d. Art. 20 GG könne nur das deutsche Volk sein, weil die Präambel und Art. 146 GG vom deutschen Volk spreche. Also sei in Art. 20 GG analog auch das **deutsche Volk** gemeint. Die Auslegung ist nicht zwingend, weil es immer eine Wertungsfrage ist, ob man ein fehlendes Wort durch Analogiebildung einfügt oder e contrario schließt, es müsse etwas anderes gemeint sein. Nach dem Modell der Selbstgesetzgebung und Organisation, können die Adressaten kollektiver Entscheidungen auch an deren Entstehung partizipieren.

Inzwischen gibt es bekanntlich ein kommunales Ausländerwahlrecht, das allerdings nur für **EU-Ausländer** gilt. Eingeführt wurde es auf der Grundlage einer Vorgabe der EU, deren Umsetzung in der BRD nach den genannten Urteilen eine Verfassungsänderung erforderlich machte. So erlaubt Art. 28 I das kommunale Ausländerwahlrecht für Personen, die die Staatsangehörigkeit eines Mitgliedstaates der Europäischen Gemeinschaft besitzen. Diese sind bei Wahlen in Gemeinden und Kreisen wahlberechtigt und wählbar.

b) Personalvertretung

Im Jahre 1995 hat das BVerfG wesentliche Regelungen des **Personalvertretungsgesetzes** Schleswig-Holstein für verfassungswidrig erklärt (BVerfGE 93, 37). Die Ausübung der Staatsgewalt bedürfe einer ununterbrochenen Legitimationskette. Ausübung von Staatsgewalt, für die demokratische Legitimation erforderlich ist, sei grundsätzlich alles amtliche Handeln mit Entscheidungscharakter, unabhängig davon, ob es Außenwirkung gegenüber den Bürgern entfalte.

Uneingeschränkte, demokratische Legitimation besitze ein Amtsträger nur dann, wenn er durch einen seinerseits **personell legitimierten**, unter Verantwortung gegenüber dem Parlament handelnden Amtsträger oder mit dessen Zustimmung bestellt worden sei. Durch Mitbestimmungs- und Entscheidungsrechte der Personalvertretungen, die sich auf die Personalauswahl beziehen, wird die **Legitimationskette**, welche die Ausübung von Staatsgewalt legitimieren muss, nach Ansicht des BVerfG durchbrochen. Dennoch dürfe der Gesetzgeber eingeschränkte Mitbestimmungsrechte der Personalvertretungen vorsehen, die zur „Wahrung ihrer Belange und zur Mitgestaltung ihrer Arbeitsbedingungen" den Arbeitnehmern der Privatwirtschaft vergleichbare Beteiligungsrechte einräumten.

Nach dem Modell der Selbstorganisation ist eine stärkere Personalvertretung insoweit erlaubt, als durch Entscheidungen die Belange der öffentlichen Bediensteten geregelt werden. Sie findet ihre Grenzen dort, wo die öffentlichen Bediensteten über Mitbestimmungsregeln ein **exklusives Zugangsrecht** zu Entscheidungen haben, die sich auf alle Bürger auswirken. Das Prinzip der Rekursivität wird dann verletzt.

c) Die Emscher-Genossenschaft

Im Jahr 1990 wurden in Nordrhein-Westfalen die beiden großen Wasserverbände betreffend die Lippe und die Emscher durch das Lippeverbandsgesetz und durch das Emschergenossenschaftsgesetz neu strukturiert. Die Verbände nehmen als Körperschaften des öffentlichen Rechts die wesentlichen wasserwirtschaftlichen Aufgaben für das Einzugsgebiet der Lippe bzw. der Emscher wahr. Mitglieder beider Verbände fochten die ersten Vorstandswahlen an. Sie bezweifelten wegen der neu eingeführten **Mitbestimmung der Arbeitnehmer** die verfassungsrechtliche Zulässigkeit der Zusammensetzung der jeweiligen Vorstände. Die Arbeitnehmermitbestimmung verstoße gegen das Demokratieprinzip und das Rechtsstaatsprinzip in seiner Ausprägung als Grundsatz der Gesetzmäßigkeit der Verwaltung.

Das BVerfG erklärte die gesetzlichen Neuregelungen für verfassungskonform (E, 107, 59). Dabei bezog sich das Gericht auf das Legitimationskettenmodell, wich aber an entscheidenden Punkten von diesem ab und nahm Elemente des Modells offener Demokratie auf, wenn es etwa formulierte: „Das demokratische Prinzip lässt auch Raum für die Beteiligung einer Mitarbeitervertretung, solange diese nicht den Grundsatz berührt, dass alle der Staatsgewalt Unterworfenen den gleichen Einfluss auf die Ausübung von Staatsgewalt haben müssen" (E, 107, 59 [88]). Die funktionale Selbstverwaltung in den Wasserverbänden ergänze und verstärke das demokratische Prinzip und könne als Ausprägung dieses Prinzips verstanden werden, soweit sie der Verwirklichung der **freien Selbstbestimmung aller** diene.

So folgert das Gericht: „Die gesetzgeberische Gestaltungsfreiheit bei der Schaffung und näheren Ausgestaltung von Organisationseinheiten der Selbstverwaltung erlaubt auch, den Selbstverwaltungsträger zu verbindlichem Handeln mit Entscheidungscharakter zu ermächtigen; dies gilt in allerdings begrenztem Umfang auch für ein Handeln gegenüber Dritten, also Nichtmitgliedern. Nicht bereits die Erledigung öffentlicher Aufgaben als solche, wohl aber die Befugnis zu verbindlichem Handeln mit Entscheidungscharakter macht es erforderlich, Maßnahmen, welche die jeweilige Selbstverwaltungskörperschaft bei der Erfüllung der ihr übertragenen Aufgaben ergreift, am Maßstab des Art. 20 Abs. 2 GG zu messen. Das bedeutet im Bereich der **funktionalen Selbstverwaltung** nicht, dass dies im Wege einer lückenlosen, personellen Legitimationskette vom Volk zum einzelnen Entscheidungsbefugten zu geschehen hat. Verbindliches Handeln mit Entscheidungscharakter ist den Organen von Trägern der funktionalen Selbstverwaltung aus verfassungsrechtlicher Sicht aber nur gestattet, weil und soweit das Volk auch insoweit sein Selbstbestimmungsrecht wahrt, indem es maßgeblichen Einfluss auf dieses Handeln behält" (E, 107, 59 [94]). Damit hat sich das Gericht weit vom Legitimationskettenmodell entfernt.

4. Konsequenzen aus dem Demokratieprinzip

a) Rekursivität und Bundesbank

Unter „**Ministerialfreien Räumen**" werden Entscheidungsbefugnisse der Exekutive verstanden, die nicht in die bürokratische Hierarchie eingebunden sind. Der Ausdruck entspricht dem Legitimationskettenmodell. Ein Beispiel für solch einen ministerialfreien Raum ist die Bundesbank, die allerdings kaum noch Entscheidungsbefugnisse hat, und die Europäische Zentralbank, die gemäß Art. 88 GG unabhängig sein soll und dem vorrangigen Ziel der Preisstabilität verpflichtet sein soll. Nach dem offenen Modell der Demokratie stellt sich neben der Frage nach der Einbindung in die Hierarchie und die Weisungsgebundenheit gegenüber der parlamentarischen Entscheidungen die weitere Frage, ob eine sonstige Rückbindung der Entscheidungsbefugnis, eine Form der Rekursivität, hergestellt ist. Auch dies ist bei der unabhängigen **Zentralbank** nicht der Fall. Art. 88 GG verstößt damit gegen das **Demokratieprinzip**, das durch Art. 79 III GG, die Ewigkeitsklausel, geschützt ist. Art. 88 GG ist verfassungswidriges Verfassungsrecht, weil kollektive, verbindliche Entscheidungen ohne Rückbindung an die Willensbildung des Souveräns getroffen werden können. Dies ist nicht mit dem Sachverstand der Zentralbänker zu begründen, da auch die demokratisch verantwortlichen Politiker Sachverstand aufbringen sollten und der Sachverstand der EZB, wie viele andere auch, ein politischer ist.

b) Gesetzesmäßigkeit der Exekutive

Vorrang des Gesetzes:

Aus dem Demokratieprinzip folgt der Grundsatz des „Vorrangs des Gesetzes". Dieser besagt: Keine Tätigkeit der Verwaltung darf *gegen* Rechtsnormen verstoßen. Daraus folgt als wichtiges Prinzip insbesondere für das Verwaltungsrecht, dass Eingriffe in individuelle Rechte von einer **Ermächtigungsnorm** gedeckt sein müssen, dem Normbefehl des Gesetzes entsprechen müssen. Leistungen der Verwaltung an die Bürger müssen entsprechend den vorhandenen gesetzlichen Normen erfolgen, d. h. mindestens unter Beachtung des Gleichheitsgebotes.

Der Vorrang des Gesetzes lässt sich verstehen als Prinzip der **Gesetzmäßigkeit im negativen Sinne**, d. h. Verwaltung darf nicht gegen gesetzliche Normen verstoßen. Das Prinzip hat seinen positivrechtlichen Ursprung in Art. 1 III und 20 III GG. Dann folgt, dass es für alle Arten der Verwaltung sowie für Gesetze im formellen wie materiellen Sinne gilt.

Vorbehalt des Gesetzes:

Vorbehalt des Gesetzes bedeutet, dass ein Verwaltungshandeln nur dann rechtmäßig ist, wenn es durch eine Rechtsnorm gestattet ist. Eingriffe in Grundrechte müssen sich nicht nur im Rahmen der Ermächtigungsgrundlage halten, sondern bedürfen zwingend einer solchen gesetzlichen Grundlage. Das ergibt sich aus den expliziten Gesetzesvorbehalten in den Grundrechten wie z. B. in Art. 2 II und 8 II GG sowie aus der **Wesentlichkeitstheorie** des BVerfG, die aus dem Demokratieprinzip und dem Rechtsstaatsprinzip zu entwickeln ist. Nach der Wesentlichkeitstheorie muss der Gesetzgeber Wesentliches selbst, d. h. durch Gesetz entscheiden, d. h. die Verwaltung kann in diesen Fragen nicht *ohne* Gesetz handeln.

Das BVerfG formulierte: Der Vorbehalt des Gesetzes „verlangt, dass staatliches Handeln in bestimmten grundlegenden Bereichen durch förmliches Gesetz legitimiert wird. Der Gesetzgeber ist verpflichtet, alle wesentlichen Entscheidungen selbst zu treffen und darf sie nicht anderen Normgebern überlassen. Wann es danach einer Regelung durch den parlamentarischen Gesetzgeber bedarf, lässt sich nur mit Blick auf den jeweiligen Sachbereich und auf die Eigenart des betroffenen Regelungsgegenstandes beurteilen. Die verfassungsrechtlichen Wertungskriterien sind dabei den tragenden Prinzipien des Grundgesetzes, insbesondere den darin verbürgten Grundrechten, zu entnehmen (vgl. BVerfGE 40, 237 [248 ff.]; 49, 89 [126 f.]; 95, 267 [307 f.]). Danach bedeutet wesentlich im grundrechtsrelevanten Bereich in der Regel ‚wesentlich für die Verwirklichung der Grundrechte‘ (vgl. BVerfGE 47, 46 [79] m. w. N.; 83, 130 [140])“ (E 98, 218 [258]).

Der Vorbehalt des Gesetzes lässt sich verstehen als Prinzip der **Gesetzmäßigkeit im positiven Sinne**. Die Verwaltung darf nicht nur nicht gegen das Gesetz verstoßen, sondern ein Gesetz ist als Grundlage für das Verwaltungshandeln zwingend notwendig.

Zum Geltungsumfang des Prinzips gibt es verschiedene Theorien:

- **Eingriffsvorbehalt**: Formuliert wird der klassische Gesetzesvorbehalt liberaler Staatstheorien. Er umfasst das Verbot eines Eingriffs in Freiheit und Eigentum ohne formell-rechtliche Grundlage. Für Rechtsverordnungen und Satzungen ist eine hinreichend bestimmte Gesetzesgrundlage erforderlich. Die Auffassung ist unbestritten.
- **Totalvorbehalt**: Nach dieser Ansicht folgt aus dem Vorbehalt des Gesetzes als Element des Demokratieprinzips das Gebot, formell-gesetzliche Grundlagen für alle Arten der Verwaltung, d. h. auch für Leistungsverwaltung zu schaffen. Verwaltungshandeln ohne eine gesetzliche Grundlage ist danach rechtswidrig.
- Das BVerfG entwickelte zu dieser Frage die **Wesentlichkeitstheorie**. Sie formuliert das Gebot, formell-gesetzliche Grundlagen für Exekutivakte zu schaffen, die den Freiheits- und Gleichheitsbereich der Bürger wesentlich berühren.

5. Fallübung zu Wahlperiode und Demokratieprinzip

(angelehnt an: das Urteil des Landesverfassungsgerichtshof vom 18.02.2009 VerfGH 24/09 – das nordrheinwestfälische Recht wird wiedergegeben)

Der Innenminister des Landes NRW hält es für problematisch, dass binnen desselben Jahres Bundestagswahl, Europawahl und Kommunalwahl stattfinden. Er befürchtet dadurch eine geringere Wahlbeteiligung, er spricht von einer zu befürchtenden erhöhten „Wahlmüdigkeit". Außerdem würde jede Wahl erhebliche Kosten verursachen. Er trägt diese Argumente im Landeskabinett vor. Die Landesregierung schlägt deshalb vor, die europaweit am 07.06.2009 stattfindende Europawahl zu nutzen, um am selben Datum auch die Kommunalwahl durchzuführen. Dies könne die Wahlbeteiligung erhöhen und zugleich Kosten sparen. Die allgemeinen Kommunalwahlen in Nordrhein-Westfalen und die Europawahlen fänden schließlich beide in fünfjährigem Turnus jeweils in demselben Jahr statt.

Die Regierung legt dem Parlament einen Gesetzesentwurf vor. Im Gesetz über die Zusammenlegung der allgemeinen Kommunalwahlen mit den Europawahlen (KWahlZG NRW) wird die ursprünglich für Oktober 2009 vorgesehene Kommunalwahl in NRW mit der auf den 07.06.2009 festgelegten Wahl zum Europäischen Parlament zusammengelegt. Der Landtag in seiner 14. Wahlperiode mit seinen 187 Mitgliedern beschließt das Gesetz mit Mehrheit formell ordnungsgemäß. Durch Art. 1 Nr. 3 des Gesetzes wird § 14 Abs. 1 Satz 2 KWahlG NRW dahingehend geändert, dass die Kommunalwahlen am Tag der Europawahl stattfinden sollen. § 14 Abs. 1 KWahlG NRW lautet in Folge der Gesetzesänderung:

> *„Wahltag ist ein Sonntag. Die allgemeinen Neuwahlen finden in der Zeit zwischen dem 1. April und dem 15. Juli statt; sie sollen am Tag der Wahl der Abgeordneten des Europäischen Parlaments aus der Bundesrepublik Deutschland durchgeführt werden. Der Wahltag wird vom Innenminister festgelegt und bekannt gemacht (Wahlausschreibung). Im Übrigen wird der Wahltag von der Aufsichtsbehörde festgelegt und bekannt gemacht, soweit dieses Gesetz und die Wahlordnung nichts anderes bestimmen."*

Durch den damit auserkorenen Wahltag erfolgt die Neuwahl der kommunalen Vertretungskörperschaften 4 Monate und 13 Tage vor ihrer Konstituierung. Dies ergibt sich daraus, dass die amtierenden Mitglieder der kommunalen Vertretungskörperschaften zuletzt für eine Amtszeit bis zum 20.10. gewählt wurden. Die noch laufende Kommunalwahlperiode dauert daher gemäß § 1 Abs. 1 des Gesetzes zur Regelung der Wahlperiode der im Jahr 2004 gewählten kommunalen Vertretungen nämlich bis zum 20.10.2009. Dies soll auch so beibehalten werden.

Die Opposition im Landtag hält die Zusammenlegung für undemokratisch und verfassungswidrig. Sie befürchtet, abgewählte Bürgermeister und Ratsmehrheiten könnten in der noch verbleibenden Amtszeit bis zum 20.10. den neu gewählten Mehrheiten „Steine in den Weg" legen. Bürgermeister, die mit der Wahl am 07.06. schon abgewählt worden seien, dürften nicht noch bis zum 20.10.2009 die Amtsgeschäfte führen. Neugewählte Gemeindevertreter müssten schneller zu ihrem Mandat kommen, das Parlament dürfe sich nicht so spät nach einer Wahl erst konstituieren. Zutreffend weist sie darauf hin, dass nirgends längere Fristen als 3 Monate zwischen Neuwahl und Konstituierung vorgesehen seien. Der Wähler müsse noch erkennen können, dass auf Grund seines Wahlaktes gehandelt wird. 70 Oppositionelle Abgeordnete entscheiden sich zu einer Normenkontrolle vor dem Landesverfassungsgerichtshof. Hat diese Aussicht auf Erfolg?

Wichtige Normen des Landesrechts

Artikel 75 Landesverfassung des Landes NRW:

Der Verfassungsgerichtshof entscheidet:

1. *in den Fällen der Artikel 32, 33, 63,*
2. *über die Auslegung der Verfassung aus Anlaß von Streitigkeiten über den Umfang der Rechte und Pflichten eines obersten Landesorgans oder anderer Beteiligter, die durch diese Verfassung oder in der Geschäftsordnung eines obersten Landesorgans mit eigenen Rechten ausgestattet sind,*
3. *bei Meinungsverschiedenheiten oder Zweifeln über die Vereinbarkeit von Landesrecht mit dieser Verfassung auf Antrag der Landesregierung oder eines Drittels der Mitglieder des Landtags,*
4. *in sonstigen durch Gesetz zugewiesenen Fällen.*

Artikel 78 Landesverfassung des Landes NRW

Die Gemeinden und Gemeindeverbände sind Gebietskörperschaften mit dem Recht der Selbstverwaltung durch ihre gewählten Organe. […]

Artikel 34 Landesverfassung des Landes NRW

Der Landtag wird auf fünf Jahre gewählt. Die Neuwahl findet im letzten Vierteljahr der Wahlperiode statt.

Artikel 37 Landesverfassung des Landes NRW

Der Landtag tritt spätestens am zwanzigsten Tage nach der Wahl, jedoch nicht vor dem Ende der Wahlperiode des letzten Landtags, zusammen.

Abwandlung

(angelehnt an: das Urteil des Landesverfassungsgerichtshofs vom 26.05.2009, VerfGH 03/09)

Der Innenminister unterliegt einem Sinneswandel und legt nunmehr doch einen Extra-Wahltermin fest. Eine Gesetzesänderung findet nicht statt. § 14 Abs. 1 des Gesetzes über die Kommunalwahlen im Lande NRW (Kommunalwahlgesetz – KWahlG NRW) lautete daher noch wie folgt:

> *„Wahltag ist ein Sonntag. Der Wahltag wird für allgemeine Neuwahlen vom Innenminister, im Übrigen von der Aufsichtsbehörde festgelegt und bekannt gemacht (Wahlausschreibung).“*

Es finden somit 3 Wahltermine (Europawahl, Kommunalwahl, Bundestagswahl) statt. Mit Pressemitteilung vom 18.2.2009 erklärte der Innenminister: „Wir haben uns jetzt für den 30.8.2009 als Wahltermin entschieden, um die Eigenständigkeit der Kommunalwahlen si-

cherzustellen und zugleich unter Berücksichtigung der Ferientermine eine gute Wahlbeteiligung zu ermöglichen. Wir nähern uns mit der Festlegung des Wahltermins im August dem künftig in der Jahresmitte gelegenen gemeinsamen Wahltermin von Kommunal- und Europawahl."

Mit Bekanntmachung vom 4.3.2009 bestimmte er dann förmlich und formell rechtmäßig, dass die allgemeinen Neuwahlen zu den Vertretungen der Gemeinden und Kreise und zu den Bezirksvertretungen in den kreisfreien Städten sowie die Wahlen der Bürgermeisterinnen und Bürgermeister und Landrätinnen und Landräte am 30.8.2009 stattfinden. Er begründet dieses ferner damit, die Regierung wolle nicht Kommunalwahl und Bundestagswahl gleichzeitig durchführen, da ansonsten kommunale Themen bei der Wahl nicht ausreichend diskutiert würden. Es müsse um die Freibäder vor Ort, um die Schulen, um örtliche Straßen und nicht um Themen der Bundespolitik gehen.

Die Opposition ist erneut verärgert. Sie hält diese Terminbestimmung für willkürlich. Erst habe man Wahltermine einsparen wollen, nun lege man aber die Kommunalwahl nicht mit der Bundestagswahl im September zusammen. Dies diene auch nur der kleineren Partei des Innenministers, eine Bundestagswahl habe eine höhere Wahlbeteiligung, deshalb drohe diese dabei gegenüber größeren Parteien schlechter abzuschneiden. Deshalb sei auch das Gebot der Chancengleichheit der politischen Parteien nicht eingehalten. Ist der Wahltermin rechtmäßig bestimmt worden?

Lösungsskizze
Ein Antrag der Abgeordneten auf Überprüfung der Verfassungsmäßigkeit des Gesetzes hat Erfolg, wenn er zulässig und begründet ist. Vorliegend kommt ein Antrag auf Durchführung einer abstrakten Normenkontrolle vor dem Landesverfassungsgericht in Betracht. Dessen Zuständigkeit ergibt sich aus Artikel 75 Abs. 1 Nr. 3 LVerf NRW.

A. Zulässigkeit der Normenkontrolle

I. Zuständigkeit
Der Landesverfassungsgerichtshof müsste für die abstrakte Normenkontrolle zuständig sein. Die Zuständigkeit ergibt sich aus Artikel 75 Abs. 1 Nr. 3 LVerf NRW.

II. Beteiligtenfähigkeit
Fraglich ist, ob die 70 Abgeordneten beteiligtenfähig sind. Dies ergibt sich aus Artikel 75 Abs. 1 Nr. 3 der Landesverfassung NRW. Hiernach entscheidet der Verfassungsgerichtshof bei Meinungsverschiedenheiten oder Zweifeln über die Vereinbarkeit von Landesrecht mit der Verfassung auf Antrag eines Drittels der Mitglieder des Landtags. Nach dem Sachverhalt hat der Landtag 187 Mitglieder. Ein Drittel hiervon sind mindestens 63 Abgeordnete. Die 70 Abgeordneten sind folglich mehr als ein Drittel der Mitglieder des Landtages. Sie sind folglich beteiligtenfähig.

III. Kontrollgegenstand / Beschwerdegegenstand
Es müsste ein tauglicher Kontrollgegenstand vorliegen. Nach Artikel 75 Abs. 1 Nr. 3 der Landesverfassung NRW wird die Vereinbarkeit von Landesrecht mit der Verfassung überprüft. Vorliegend wollen die Abgeordneten die Regelungen des KWahlZG überprüft

wissen, hierbei handelt es sich um Landesrecht. Folglich können diese als Landesrecht im Normenkontrollverfahren auf ihre Vereinbarkeit mit der Landesverfassung als tauglicher Kontrollgegenstand geprüft werden.

IV. Klarstellungsinteresse/ Meinungsverschiedenheiten oder Zweifel

Es müsste ein Klarstellungsinteresse bestehen. Nach Artikel 75 Abs. 1 Nr. 3 der Landesverfassung NRW müssten Meinungsverschiedenheiten oder Zweifel hinsichtlich der Verfassungskonformität der Regelungen bestehen. Vorliegend tragen die Abgeordneten vor, die Regelungen seien undemokratisch und deshalb verfassungswidrig. Dieses stellt eine Meinungsverschiedenheit zur Landesregierung dar, entsprechend bestehen auch Zweifel. Folglich besteht ein Klarstellungsinteresse.

B. Begründetheit

I. Verstoß gegen Art. 78 Abs. 1 LV NRW i. V. m. Art. 28 Abs. 1 GG, Art. 20 Abs. 1 GG

Die Gemeinden und Gemeindeverbände sind Gebietskörperschaften mit dem Recht der Selbstverwaltung durch ihre gewählten Organe. Jede Wahl muss demokratischen Grundsätzen entsprechen. Nach der sog. Homogenitätsklausel in Art. 28 Abs. 1 GG muss die „verfassungsmäßige Ordnung in den Ländern den Grundsätzen des republikanischen, demokratischen und sozialen Rechtsstaates im Sinne dieses Grundgesetzes entsprechen." Fraglich ist vorliegend, ob die Regelungen des KWahlZG mit dem Demokratieprinzip vereinbar sind. Das Bundesverfassungsgericht hat hierzu einmal ausgeführt: „Wahltermine müssen so gelegt werden, dass das „Ausgehen von Staatsgewalt" vom Volk im Sinne eines hinreichenden Legitimationsniveaus noch konkret erfahrbar und praktisch wirksam ist (vgl. BVerfGE 107, 59, 91)".

Fraglich ist, ob die Regelungen mit dem Demokratieprinzip vereinbar sind, insbesondere ob es vereinbar ist, dass die neugewählten Vertreter erst nach über 4 Monaten ihr Amt ausüben. Es muss für den Wähler klar erkennbar sein, dass die Ausübung von Macht an seinen Wahlakt gekoppelt ist.

- ✓ *Für die Vereinbarkeit mit dem Demokratieprinzip spricht, dass der Zeitraum noch überschaubar ist. Zudem wird ein Zweck verfolgt, der dem verfassungsrechtlichen Demokratieprinzip dient: die Zusammenlegung von mehreren Wahlen auf einen Wahltermin soll zu einer höheren Wahlbeteiligung führen.*
- ✓ *Gegen die Vereinbarkeit mit dem Demokratieprinzip spricht, dass es zutrifft, dass nirgends Regelungen existieren, die zwischen der Wahl und der Zusammenkunft der Neugewählten eine längere Frist als 3 Monate vorsehen. Für den Landtag existieren Regelungen in Art. 34 Abs. 1 Satz 2 der Landesverfassung NRW und Art. 37 der Landesverfassung NRW. Für den Bundestag existiert eine Regelung in Art. 39 GG. Ausführlich hat der Landesverfassungsgerichtshof NRW (Urteil vom 18.2.2009 – VerfGH 24/08 –) den Vergleich der Vorschriften wie folgt wörtlich beschrieben: „Im Einzelnen ergibt sich folgendes Bild: Der Bundestag und die Landtage von Brandenburg, Mecklenburg-Vorpommern, Niedersachsen, dem Saarland, Sachsen, Sachsen-Anhalt, Schleswig-Holstein und Thüringen treten jeweils spätestens am 30. Tag nach der Wahl zusammen (Art. 39 Abs. 2 GG, Art. 62 Abs. 4 BbgVerf, Art. 28 M-VVerf, Art. 9 Abs. 3 Nds.Verf, Art. 67 Abs. 2 SaarlVerf,*

Art. 44 Abs. 3 Satz 1 SächsVerf, Art. 45 Abs. 1 Satz 2 VerfLSA, Art. 13 Abs. 4 Satz 1 SchlHVerf, Art. 50 Abs. 3 Satz 2 ThürVerf). In Hamburg findet die erste Sitzung der Bürgerschaft spätestens drei Wochen nach der Wahl statt (Art. 12 Abs. 3 HmbVerf). In Bayern muss der neue Landtag spätestens am 22. Tag nach der Wahl zusammen treten (Art. 16 Abs. 2 BayVerf). In Berlin tritt das Abgeordnetenhaus spätestens sechs Wochen nach der Wahl zusammen (Art. 54 Abs. 5 Satz 2 VvB). Der Zusammentritt des Landtags von Rheinland-Pfalz muss spätestens 60 Tage nach seiner Wahl erfolgen (Art. 83 Abs. 2 Satz 2 Rh-PfVerf). In Hessen und Nordrhein-Westfalen müssen die Landtage 18 Tage (Art. 83 Abs. 2 Satz 1 HessVerf) bzw. 20 Tage (Art. 37 LV NRW) nach der Wahl zusammentreten, jedoch nicht vor dem Ende der starren Wahlperiode des letzten Landtags. In Hessen muss die Wahl vor Ablauf der Wahlperiode stattfinden (Art. 79 HessVerf), in Nordrhein-Westfalen im letzten Vierteljahr der Wahlperiode (Art. 34 Satz 2 LV NRW). In Bremen tritt die Bürgerschaft innerhalb eines Monats nach Ablauf der Wahlperiode der vorhergehenden Bürgerschaft zusammen (Art. 81 BremLVerf); die Neuwahl findet innerhalb des letzten Monats der Wahlperiode statt (Art. 75 Abs. 4 BremLVerf). Die erste Sitzung des baden-württembergischen Landtags muss spätestens am 16. Tag nach Beginn der Wahlperiode stattfinden; einen frühesten Zeitpunkt für die vor Ablauf der Wahlperiode durchzuführende Neuwahl legt die Verfassung allerdings nicht fest (Art. 30 Abs. 2 und 3 LV BW). Danach räumen die Verfassungsbestimmungen in Bund und Ländern Höchstfristen für das erste Zusammentreten des Parlaments von zwischen 18 und 60 Tagen nach der Wahl ein, soweit sie wie die meisten Verfassungen derartige Fristen festlegen. Diese Fristen sind außer in Hessen und Nordrhein-Westfalen strikt einzuhalten ... Um [...] äußerste Grenzen zu setzen, müssen in Nordrhein-Westfalen Neuwahlen im letzten Vierteljahr der Wahlperiode stattfinden. Da ihr Ende festgelegt ist, ergibt sich hieraus eine maximale Dauer zwischen Wahl und Konstituierung des Landtags von drei Monaten.

Ergebnis: Der Vergleich der existierenden verfassungsrechtlichen Regelungen zeigt, dass sich den geltenden Verfassungsbestimmungen als „gemeinsame Verfassungsüberzeugung" entnehmen lässt, dass zwischen Wahl und Konstituierung neu gewählter Volksvertretungen äußerstenfalls drei Monate liegen dürfen. Der Wähler muss erkennen können, dass auf Grund seiner aktuellen Wahlentscheidung gehandelt wird. Abgewählte Vertreter dürfen nach einer Wahl nicht zu lange im Amt bleiben. Ein Zeitraum von über 3 Monaten ist zu lang. Insbesondere lässt sich dies mit Art. 34 Satz 2 der Landesverfassung NRW begründen, wonach der Landtag im letzten Vierteljahr der Wahlperiode neu gewählt wird. Längere Fristen finden sich nirgends.

II. Ergebnis
Die Normenkontrolle ist zulässig und begründet

Abwandlung
Der Termin ist rechtmäßig bestimmt worden, wenn dafür eine Ermächtigungsgrundlage besteht, und diese verfassungskonform angewandt wurde.

I. Ermächtigungsgrundlage
Die Befugnis des Innenministers, den Wahltag zu bestimmen, ergibt sich zwar nicht aus der Landesverfassung, aber aus § 14 Abs. 1 Satz 2 KWahlG NRW.

II. Formelle Rechtmäßigkeit

Die Bestimmung erfolgte formell rechtmäßig.

III. materielle Rechtmäßigkeit

1. Verstoß gegen Chancengleichheit

Fraglich ist, ob ein Verstoß gegen das „Gebot der Chancengleichheit der politischen Parteien" vorliegt. Dieses ist von der Verfassungsrechtsprechung anerkannt und findet seine Grundlage in Art. 21 I GG in Verbindung mit Art. 38 GG, wenn es um die Chancengleichheit bei Wahlen geht. Außerhalb von Wahlen findet es seine Grundlage in Art. 21 I GG in Verbindung mit Art. 3 Abs. 1 GG.

Fraglich ist, ob dieses Gebot durch die bloße Terminierung eines Wahltermins verletzt worden sein könnte. Zwar mag es sein, dass bestimmte Parteien zu bestimmten Wahlen besser mobilisieren können. Dies kann auch dazu führen, das kleinere Parteien bei örtlichen Wahlen besser abschneiden, bei Bundestagswahlen hingegen wegen der großen Aufmerksamkeit die größeren Parteien besser abschneiden. Letztlich ist es aber gerade Aufgabe der Parteien selbst, im Wettbewerb mit anderen Parteien ihre eigenen Anhänger zu mobilisieren. Hinsichtlich dieser Chance findet keine Benachteiligung statt. Folglich kommt ein Verstoß gegen das Gebot der Chancengleichheit durch die bloße Terminierung eines Wahltermins daher nicht in Betracht. So hat es auch das Landesverfassungsgericht (Urteil vom 26. Mai 2009 – VerfGH 3/09 –) gesehen und hierzu ausgeführt:

„Die Festlegung eines eigenständigen Wahltermins verstößt als solche nicht gegen das Gebot der Chancengleichheit der politischen Parteien. Sie begründet schon im Ansatz keine Veränderung der vorgefundenen Wettbewerbslage. Von einem Wahltermin sind alle politischen Gruppierungen und Wahlbewerber gleichermaßen betroffen. Das gilt auch dann, wenn in einem eng umrissenen Zeitraum mehrere Wahlen anstehen. (…) Auch in einem solchen Fall führt die Bestimmung eines eigenständigen Wahltermins mit der Folge einer entsprechend geringeren Wahlbeteiligung aber zu keiner rechtlich relevanten Veränderung der Wettbewerbslage. Denn grundsätzlich hat jede Wahl ihren eigenen Wahltag, für den alle Parteien und Wahlbewerber ihre Wähler mobilisieren und auf eine möglichst hohe Wahlbeteiligung hinwirken müssen. Ob diese Mobilisierung großen oder kleinen Parteien unterschiedlich leicht fällt, gehört gegebenenfalls zu den vorgegebenen Unterschieden, die nach dem Gebot der Chancengleichheit nicht vom Staat ausgeglichen werden müssen."

2. Verstoß gegen Willkürverbot

Fraglich ist, ob ein Verstoß gegen das Willkürverbot vorliegt. Dieses findet seine Grundlage im Rechtsstaatsprinzip. Es ist insbesondere dann verletzt, wenn ohne vernünftigen Grund gehandelt wird bzw. sachfremd gehandelt wird, zum Beispiel um Einzelne zu bevorzugen. Es dürfen daher keine Ziele verfolgt werden, die sachwidrig sind. Vorliegend wirft die Opposition dem Innenminister zwar vor, er habe den Termin gewählt, weil dies möglicherweise für seine Partei günstiger sei. Jedoch macht er andere Gründe geltend. Er führt aus, der kommunale Wahlakt und die kommunalen Themen würden mehr wahrgenommen, wenn ein einzelner Wahltermin bestünde. Bei einer Zusammenlegung mit der Bundestagswahl drohten örtliche Themen zu wenig eine Rolle zu spielen. Folglich hat der Innenminister nicht sachwidrig gehandelt, sondern Gründe vorgetragen, die im Zusammenhang mit der Entscheidung stehen. Ein Verstoß gegen das Willkürverbot ist folglich nicht gegeben.

3. Ergebnis
Die Festsetzung des Kommunalwahltermins ist rechtmäßig erfolgt.

6. Fallübung zu den Rechten des Bundestags

Die Bundesregierung und der Bundestag berieten darüber, wie die Krise des Euro gelöst werden kann. Einzelne Mitgliedstaaten hatten hohe Staatsschulden. Dies gefährdete die gemeinsame Währung, weil zu erwarten war, dass die Staaten ihre Schuldendienste nicht mehr erfüllen können und deshalb Insolvenz anmelden müssen. Die Euro-Länder haben deshalb mit Zustimmung des Bundestages einen Rettungsfonds, den sog EFSF, zur Stützung der hoch verschuldeten Länder eingerichtet. In Notlagen sollen einem in Bedrängnis geratenen Land aus dem Fonds Gelder ausbezahlt werden. Der Bundestag hat sich eine Mitentscheidung im Einzelfall vorbehalten. Da oftmals aber schnelles Handeln erforderlich ist, überträgt die Regierungskoalition die Mitentscheidung des Bundestages per Gesetz einem Gremium, das aus nur neun Mitgliedern des Haushaltsausschusses besteht. Der Abgeordnete A der Opposition hält dies für sehr bedenklich. Seine Rechte als Abgeordneter würden so geschmälert, was gegen das Demokratieprinzip verstoße. Hat A mit seiner Meinung Recht? (angelehnt an den Beschluss des Bundesverfassungsgerichts 2 BvE 8/11).

Lösung
Ja. Denn das Gremium ist so klein, dass es die aus dem Demokratieprinzip folgende Spiegelbildlichkeit des Parlaments nicht gewährleisten kann. Zwar kann der Bundestag Entscheidungsbefugnisse an Ausschüsse oder Gremien abgeben, dies darf aber nur geschehen, wenn diese nicht von erheblicher grundsätzlicher Bedeutung sind und wenn die Mehrheitsverhältnisse im Parlament in den Gremien erkennbar bleiben. Dies ist bei kleinen Gremien schwierig. Neun Abgeordnete reichen nicht aus, um das Parlament bei solch wichtigen Fragen ausreichend zu repräsentieren. Das Parlament ist außerdem nicht nur ein Gremium, das entscheidet. Seine Aufgabe ist vielmehr auch das Beraten. In offener und öffentlicher Diskussion sollen Ergebnisse gefunden werden, die eine hohe Akzeptanz vermuten lassen und in denen unterschiedliche Standpunkte und Interessen abgewogen wurden. Das ist nicht möglich, wenn die Entscheidungen einem nicht repräsentativen Gremium übertragen werden.

Das GG hat schließlich erheblichen Aufwand darauf verwendet, dass der Bundestag seine Entscheidungsrechte nicht durch Ermächtigung der Regierung aufgibt (Art. 80), das gilt entsprechend auch für die Übertragung von Entscheidungsbefugnissen auf andere innerstaatliche Gremien. Entscheidungen, die erhebliche Relevanz für die Bürgerinnen und Bürger haben, wozu auch eine hohe Verschuldung zählt, sind mit dem in der Wesentlichkeitstheorie präzisierten Demokratiegebot nicht vereinbar. Ab welcher Größe und in welchem Umfang ein anderes Gremium Eilbeschlüsse fassen dürfte, kann offen stehen.

7. Fallübung zum kommunalen Ausländerwahlrecht

Das Bundesland X engagiert sich für die Integration ausländischer Staatsbürger. Es möchte daher für die Wahl der kommunalen Organe (Stadträte, Kreistage, Bürgermeister etc.) im Kommunalwahlgesetz ein aktives und passives Wahlrecht für lange in Deutschland lebende Ausländer normieren. Ist dieses möglich?

Diese Frage ist seit längerem umstritten. Einzelne Bundesländer haben solche Bestrebungen immer wieder aufgegriffen. Die Rechtsprechung hat jedoch hier durch eine abzulehnende Interpretation des Demokratiebegriffes dies als verfassungswidrig angesehen. Das Bundesverfassungsgericht (BVerfGE 83, 37 – Ausländerwahlrecht I und BVerfGE 83, 60 – Ausländerwahlrecht II) hat dabei auf Art. 28 und Art. 20 Abs. 2 abgestellt. Die Rechtsprechung meinte, Art. 20 Abs. 2 Satz 1 bestimme, dass die Ausübung von Staatsgewalt grundsätzlich der Legitimation bedürfe. Diese erfolge (ausschließlich) durch Wahlen. Die kommunalen Vertretungen bedürften der Legitimation durch Wahlen, weil sie Staatsgewalt ausübten. Diese Position ist bis dahin richtig, widerspricht aber der gleichzeitig vertretenen h. M., dass es sich bei den kommunalen Vertretungskörperschaften nur um „Selbstverwaltungsorgane" innerhalb der mittelbaren Staatsverwaltung handele. Die Staatsverwaltung wird nicht durch Wahlen der jeweiligen Organe, sondern durch Legitimationsketten vom Landtag zum Ministerpräsidenten und von dorthin in die kleinsten Verästelungen der Landesverwaltung abgeleitet. Wenn man eine Legitimation der kommunalen Vertretungskörperschaften durch das Volk verlangt, muss man anerkennen, dass es sich um kommunale Demokratie handelt und nicht nur um eine besondere Form der Verwaltung.

Weil das GG verlangt: „Alle Staatsgewalt geht vom Volke aus", stellt sich die Frage, wer das Volk ist. Das Volk der Gemeinde können, dazu macht das GG keine Ausführungen, alle Einwohner und Einwohnerinnen der Gemeinde sein oder eben nur diejenigen mit einem deutschen Pass, also mit deutscher Staatsbürgerschaft. Das BVerfG zieht die Grenzen des Begriffes „Volk" eng und versteht darunter nur die Staatsbürger der BRD. Grund ist die Überzeugung, dass es eines homogenen Volkes als Voraussetzung der Demokratie bedürfe. Dagegen wird richtig argumentiert, dass es bei Demokratie um die Reflexivität allgemein verbindlicher Entscheidungen geht – die Adressaten staatlicher Entscheidungen sollen auch an deren Entstehung beteiligt sein. Die Homogenität des „Deutschen Volkes" ist eher ein metaphysischer Begriff, da eine prinzipielle völkische, rassische, kulturelle oder auch nur sprachliche Homogenität unterstellt wird, was historischer Unsinn ist und sich mit der Einbürgerung vieler Zuwanderer endgültig erledigt hat.

Wünschenswert ist sicherlich eine Klarstellung im Grundgesetz, die den Bundesländern ausdrücklich erlaubt, das Wahlrecht für Ausländer einzuführen.

VII. Umweltschutz

Vergleichsweise spät, nämlich erst 1994, ist mit Art. 20 a der Umweltschutz als Verpflichtung für das staatliche Handeln in das GG aufgenommen worden. Die Formulierung der Norm ist beinahe schon **grotesk umständlich**: „Der Staat schützt auch in Verantwortung für die künftigen Generationen die natürlichen

Lebensgrundlagen und die Tiere im Rahmen der verfassungsmäßigen Ordnung durch die Gesetzgebung und nach Maßgabe von Gesetz und Recht durch die vollziehende Gewalt und die Rechtsprechung."

Diese Formulierung zeugt vor allem von der Angst vor der eigenen Courage des verfassungsändernden Gesetzgebers. Damit die Wirtschaft auch ja nicht durch Umweltschutz „belastet" werden kann, wurde die Norm mit einer Fülle von Einschränkungen versehen, die das Gemüt der Lobbyisten im Parlament beruhigen konnten. Dabei ist diesen offenbar nicht aufgefallen, dass die Einschränkungen eigentlich selbstverständlich sind. Natürlich müssen auch die Umweltgesetze mit dem GG vereinbar sein, wenn man sich einen Umweltschutz außerhalb der verfassungsmäßigen Ordnung begrifflich überhaupt vorstellen kann. Selbstverständlich ist auch, dass die Rechtsprechung und vollziehende Gewalt Umweltschutz nicht gegen das Gesetz betreiben kann.

So bleibt der Umwelt- und Tierschutz eine Rechtspflicht des Staates, die zunächst Bedeutung bei Abwägungs- und Ermessensentscheidungen der Verwaltung oder bei der **Auslegung unbestimmter Rechtsbegriffe** durch die Rechtsprechung oder Verwaltung gewinnen kann. Im Zusammenhang mit den Grundrechten – etwa auf Gesundheit nach Art. 2 II – kann die Verpflichtung auf den Umweltschutz aber auch individuelle Ansprüche begründen, die etwa über die Abwehr konkreter oder nachweisbarer Gesundheitsgefährdungen hinausgehen. Das heißt der Umweltschutz kann in der zukünftigen Entwicklung eine ähnliche Karriere machen wie das Sozialstaatsprinzip. Bisher wird die Norm aber überwiegend so verstanden, dass dem Gesetzgeber ein **weiter Ermessensspielraum** bei der Umsetzung zustehe und nur eine geringe gerichtliche Kontrolle möglich sei.

VIII. Staatsorganisation und Europa

Die Bundesrepublik ist Mitglied der Europäischen Union und die deutsche Politik wird durch Entscheidungen der EU wesentlich vor-determiniert, umgekehrt ist die BRD ein großer „Player" innerhalb der EU und beeinflusst deren Entscheidungen wesentlich, negativ könnte man formulieren: gegen die Bundesregierung läuft in der EU nichts.

Das Verhältnis der Republik zur EU bestimmt das GG vor allem durch Art. 23. Dieser normiert zunächst den grundsätzlichen Auftrag an die Gesetzgebung, ein **vereintes Europa** zu verwirklichen: „Zur Verwirklichung eines vereinten Europas wirkt die Bundesrepublik Deutschland bei der Entwicklung der Europäischen Union mit." Die EU hat inzwischen viele Kompetenzen, vor allem für Wirtschaft, Währung, Zoll, aber auch für Umwelt und inzwischen für Strafrecht, deren Regeln zwangsläufig mit Eingriffen in die Freiheitsrechte der Bürger verbunden sind. Deshalb müssen die Mitgliedstaaten **Hoheitsrechte** auf die EU **übertragen**.

Nach Art. 23 I kann der Bund durch Gesetz mit Zustimmung des Bundesrates Hoheitsrechte übertragen. Die Übertragung der Hoheitsrechte erfolgt durch die **Europäischen Verträge**, welche die grundsätzlichen Kompetenzen der Union regeln. Vertragsänderungen bedürfen grundsätzlich (zu den Ausnahmen vgl. Europarecht) einer Zustimmung in Bundestag und Bundesrat und dort jeweils einer ⅔ Mehrheit. Über die Einbindung in die EU darf die Ewigkeitsgarantie des Art. 79 III nicht ausgehebelt werden, d. h. sowohl die menschliche Würde wie – das ist relevanter – die Staatsstrukturprinzipien des Art. 20 dürfen nicht leerlaufen und erst recht nicht aufgegeben werden.

Hoheitsrechte – so die etwas altmodische und obrigkeitsstaatliche Formulierung, moderner würde man von der Berechtigung sprechen, allgemein verbindliche Entscheidungen zu treffen – werden grundsätzlich von Staaten ausgeübt. Die h. M. geht jedoch davon aus, dass die EU kein Staat sei, sondern ein Staatengebilde, dessen Bezeichnung recht unterschiedlich ist, etwa Herrschaftsverbund, Staatenbund oder Staatenverbund. Das BVerfG bezeichnet die EU im Maastricht Urteil als **Staatengemeinschaft** (E 98, 155/ 182), im Lissabon Urteil als **Staatenverbund**, womit „eine enge, auf Dauer angelegte Verbindung souverän bleibender Staaten, die auf vertraglicher Grundlage öffentliche Gewalt ausübt, deren Grundordnung jedoch allein der Verfügung der Mitgliedstaaten unterliegt“ (E 123, 267/ 348), gemeint sei. Art. 23 erlaube die Beteiligung an einem Staatenverbund, was umgekehrt heißt: „Das Grundgesetz ermächtigt die für Deutschland handelnden Organe nicht, durch einen Eintritt in einen **Bundesstaat** das Selbstbestimmungsrecht des Deutschen Volkes in Gestalt der völkerrechtlichen Souveränität Deutschlands aufzugeben.“ Dazu bedürfe es einer Volksabstimmung. Deshalb legt des Gericht wert auf die Wahrung der Souveränität der Bundesrepublik und prüft die Wahrung der nationalen Souveränität über die sogenannte Verfassungsidentität des GG, die durch die Übertragung der Hoheitsrechte an Europa nicht aufgegeben werden dürfe.

Nun lässt sich diskutieren, ob die Europäische Union inzwischen nicht zu einem Staat geworden ist. Unumstritten ist, dass der EU eine Menge von Hoheitsrechten eingeräumt wurde. Das BVerfG meint, die Union sei deshalb kein Staat, weil ihr die Kompetenz-Kompetenz fehle, sie basiere auf einer „abgeleiteten Grundordnung. Sie begründet eine im politischen Alltag durchaus weitreichende, aber immer sachlich begrenzte überstaatliche Autonomie.“ Staatliche Souveränität beanspruche aber „gerade für ihre konstitutionellen Grundlagen die Unabhängigkeit von fremdem Willen.“ Das Argument ist schlecht. Wie gesehen gelten in der BRD sowohl der Gesamtstaat als auch die Länder als Staat. Die Länder können ihre Verfassung aber nicht gegen Art. 28 ändern und der Bund braucht für Verfassungsänderungen die Zustimmung des Bundesrates – also anderer Staaten. Die Souveränität ist eine überholte Konstruktion und Autonomie lässt sich nur höchst ideologisch als Unabhängigkeit vom fremden Willen denken.

Die Wirtschafts- und Finanzkrise 2008 hat jedoch gezeigt, dass die EU sich auch faktisch nicht zu einem Staat entwickelt hat. Der EU fehlt die für einen Staat erforderliche **Finanzhoheit** (s. o.). Die EU wurde ins politische Abseits gedrängt, weil die Mitgliedstaaten über intergouvernementale Vereinbarungen Rettungsschirme für die Euro-Länder aufspannten, die von einer Pleite bedroht waren. Die Mittel kamen aus den Mitgliedstaaten, nicht von der EU.

Das BVerfG bindet die **Verfassungsidentität** an die Souveränität der BRD, nicht an die Verpflichtung in Art. 23 I, wonach die EU „demokratischen, rechtsstaatlichen, sozialen und föderativen Grundsätzen und dem Grundsatz der Subsidiarität verpflichtet" sein soll. Die Staatsstrukturprinzipien der Bundesrepublik finden sich auch hier und werden als Grundsätze der EU gefordert. Wenn die EU föderativen Grundsätzen verpflichtet sein soll, schließt es das GG – im Unterschied zum BVerfG in der Lissabon Entscheidung und anders als in der Maastricht Entscheidung – nicht aus, dass sich die EU zu einem Bundesstaat entwickelt.

Das Problem ist die Demokratie oder die demokratische Organisation der Europäischen Union. Die EU lässt sich – da herrscht Übereinstimmung – nicht als Demokratie im nationalstaatlichen Sinne bezeichnen, weil das Parlament nicht über ausreichend Rechte verfügt und für seine Wahl das Prinzip der Gleichheit der Stimmen nicht gilt. Denn die Kontingentierung der Abgeordneten nach Ländern führt zu einer Überrepräsentation der Bürger der kleinen Länder. Weil dem so ist, setzt die h. M. und das BVerfG als Prämisse: Suprastaatliche Organisationen oder Staatenverbünde müssen nicht demokratisch organisiert sein. Ein Staatenverbund erlaube vielmehr „Abweichungen von den Organisationsprinzipien innerstaatlicher Demokratie, die durch die Erfordernisse einer auf dem Prinzip der Staatengleichheit gründenden und völkervertraglich ausgehandelten Europäischen Union bedingt sind" (E 123, 267/ 347). Das unbestrittene **Demokratiedefizit der EU** wird gerechtfertigt, da die Mitgliedsstaaten weiter die Herren der Verträge seien.

Weil die EU kein Staat ist, braucht es keine Demokratie, aber umgekehrt wird auch ein Schuh daraus: Weil die EU nicht demokratisch ist, kann sie auch kein Staat sein. Die Prämisse ist aber falsch – nicht Staaten brauchen eine demokratische Willensbildung, sondern Organisationen, die für ihre Mitglieder allgemein verbindliche Entscheidungen treffen können, über die in die Freiheitsrechte der Mitglieder eingegriffen wird. Hier greift die zweite Rechtfertigungslinie der Lissabon Entscheidung: Die demokratische Legitimation erfolgt über die nationalen Parlamente, weil die Union nach dem Prinzip der **begrenzten Einzelermächtigung** konstruiert sei, d. h. die nationalen Parlamente ermächtigen über die Kompetenzzuordnung an die Union diese, in diesem Bereich verbindliche Entscheidungen zu treffen und legitimieren sie damit auch. Mit der verfassungsrechtlichen und demokratischen Begrenzung von Ermächtigungen, wie sie in der Wesentlichkeitstheorie und Art. 80 zum Ausdruck kommen, ist das allerdings kaum vereinbar. Kurz: das Bundesverfassungsgericht ist mit der Lissabon-Entscheidung auf einem nationalistischen Holzweg, wenn es über die Verfassungsidentität die Souveränität der Bundesrepublik verteidigen will. Die Maastricht-Entscheidung war weiter führend, wenn dort formuliert wird: „Entscheidend ist somit sowohl aus vertraglicher wie aus verfassungsrechtlicher Sicht, dass die demokratischen Grundlagen der Union schritthaltend mit der Integration ausgebaut werden und auch im Fortgang der Integration in den Mitgliedstaaten eine lebendige Demokratie erhalten bleibt“ (E 98, 155/ 212). Es fehlt den europäischen Institutionen an demokratischer Kontrolle und Mitwirkung, nicht an Beaufsichtigung durch überforderte nationale Parlamente, die das BVerfG gern sehen möchte.

C. Justiz und Verfassungsprozess

I. Grundsätze der Rechtsprechung

Die Rechtsprechung wird in der Bundesrepublik durch Gerichte wahrgenommen; die rechtsprechende Gewalt ist den Richtern anvertraut, heißt es in Art. 92. Dabei unterscheidet das GG zwischen dem **Bundesverfassungsgericht** und den **Bundesgerichten** als höchsten Instanzgerichten. Bundesgerichte sind einzurichten für die Gebiete der Ordentlichen-, der Verwaltungs-, der Finanz-, der Arbeits- und der Sozialgerichtsbarkeit (Art. 95). Die Unterscheidung von Instanzgerichten und BVerfG kennzeichnet die unterschiedliche Aufgabenstellung. Die Instanzgerichte legen einfaches Recht aus oder – rechtstheoretisch richtig ausgedrückt – betreiben Normarbeit auf der Grundlage des einfachen Rechts, währen das BVerfG ausschließlich dazu befugt ist, die Vereinbarkeit staatlicher Maßnahmen mit dem GG zu prüfen: Das BVerfG ist **keine Superrevisionsinstanz** – auch wenn die Abgrenzung manchmal nicht klar erkennbar ist.

Die Normarbeit mit dem Zweck der Streitentscheidung, also die Arbeit der Gerichte, muss im Rechtsstaat oder unter der Herrschaft des allgemeinen Gesetzes durch eine dritte Gewalt unabhängig ausgeübt werden. Die Unabhängigkeit der Justiz ist ein wichtiges Element des **Rechtsstaates**. Deshalb formuliert Art. 97: Die Richter sind **unabhängig** und nur dem Gesetze unterworfen. Andere wichtige Voraussetzungen eines rechtsstaatlichen Gerichtsverfahrens wurden im Zusammenhang mit dem Rechtsstaat erörtert. Die Unabhängigkeit der Richter bezieht sich auf deren Weisungsungebundenheit in der **Urteilsfindung**. Richter sind nicht in eine Verwaltungshierarchie eingeordnet und sind so mit Blick auf ihre Entscheidungen weisungsfrei und nur an das Gesetz gebunden. Natürlich sind sie nicht unabhängig von der Gesellschaft und immer in gesellschaftliche Strukturen eingebunden. Zudem sind sie, soweit es die Gerichtsorganisation betrifft (Besetzungen der Kammer, Zuweisungen von Räumen usw.), in die Gerichtshierarchie eingebunden. Die Unabhängigkeit gilt aber nicht für Staatsanwälte, die insofern als „normale“ Verwaltung arbeiten und einem Minister unterstellt sind.

Das GG enthält – selbstverständlich – nur Normen über Bundesgerichte, ansonsten gilt wie bei der Verwaltung: die Einrichtung der Justiz ist Länderangelegenheit, soweit sie dem Homogenitätsprinzip, d. h. der Verpflichtung auf den Rechtsstaat, genügt. Art. 92 bestimmt denn auch, dass die Rechtsprechung durch die im Grundgesetz vorgesehenen Bundesgerichte und durch die **Gerichte der Länder** ausgeübt wird. Die höchsten Gerichte der Länder sind deshalb in Zivilsachen das Oberlandesgericht und in Verwaltungssachen das Oberverwaltungsgericht. Deren

Besetzung wird in den Landesverfassungen geregelt, die meist Richterwahlausschüsse vorsehen.

Die Bundesrichter werden gemäß Art. 95 II vom Bundesjustizministerium gemeinsam mit dem **Richterwahlausschuss** berufen. Ernannt werden die gewählten Bundesrichter vom Bundespräsidenten. Der Richterwahlausschuss besteht aus den für das jeweilige Sachgebiet zuständigen Ministern der Länder, also den Justizministern, und einer gleichen Anzahl von Mitgliedern, die vom Bundestag gewählt werden.

Es werden also sechzehn weitere Mitglieder vom Bundestag gewählt, was nach den Regeln der Verhältniswahl geschieht, folglich zu einem **Parteienproporz** führt, wie er im Bundestag vertreten ist. Die Bundesrichter werden gemäß § 12 RiWG mit einfacher Mehrheit gewählt. Kritisiert wird an diesem Verfahren einerseits die starke Stellung der Exekutive, die immerhin die Hälfte der Mitglieder des Wahlausschusses stellen. Kritisiert werden damit die Vorschriften des Grundgesetzes, die eben dieses Verhältnis normieren. Da es um die demokratische Legitimation der Richterwahl geht, denn auch Richter üben letztlich Staatsgewalt aus, ist die Frage allerdings berechtigt, ob es nicht günstiger wäre, wenn die Abgeordneten des Bundes und der Länder stärker vertreten wären. In diese Richtung zielt die Kritik andererseits i. d. R. aber nicht, gemeint ist vielmehr, dass die Parteien oder allgemeiner „die Politik“ über die Minister und Abgeordneten starken Einfluss auf die Richterwahl nehmen und in vielen Fällen „gekungelt“ wird. Dabei wird auf eine halbwegs gleichmäßige Repräsentation der politischen Farben (wobei die „etablierten“ Parteien unter sich bleiben) bei der Richterwahl geachtet. Damit, so wird eingewendet, träten die Kriterien Qualifikation und fachliche Eignung in den Hintergrund. Als Alternative bleibt in der Regel aber nur die **Selbstrekrutierung** der Richter, was unter demokratischen Gesichtspunkten völlig inakzeptabel ist und zweitens vermutlich keineswegs dazu führen würde, dass die Zusammensetzung der Gerichte bunter und liberaler wäre.

Das BVerfG besteht gemäß Art. 94 aus Bundesrichtern und anderen Mitgliedern. Näheres ist im BVerfGG geregelt, das verlangt die Vollendung des 40. Lebensjahres, Wählbarkeit zum Bundestag und die **Befähigung zum Richteramt** als Voraussetzung, um Bundesverfassungsrichter zu werden. Die Mitglieder des Bundesverfassungsgerichtes werden je zur Hälfte vom Bundestag und vom Bundesrat gewählt. Drei Richter jedes der beiden Senate des BVerfG müssen aus den Richtern an den obersten Gerichtshöfen des Bundes rekrutiert werden.

Die anderen müssen „nur“ die genannten Voraussetzungen erfüllen. In der Regel setzt sich das BVerfG aus Bundesrichtern und Hochschullehrern zusammen.

Die Richter jedes Senats werden je zur Hälfte vom Bundestag und vom Bundesrat gewählt. Die beiden Organe wählen getrennt je die Hälfte der Bundesverfassungsrichter. Der Bundestag wählt nach den Prinzipien der Verhältniswahl einen Richterwahlausschuss, der aus zwölf Abgeordneten besteht. Zum Bundesverfassungsrichter gewählt ist eine Person, die im Wahlausschuss mindestens acht Stimmen erhält (§ 6 BVerfGG).

Hier ist gleichsam gesetzlich festgelegt, dass die Parteien im Richterwahlausschuss „kungeln" müssen, da keine Partei i. d. R. allein eine ⅔ Mehrheit im Parlament und damit im Richterwahlausschuss erlangen kann. So findet ein Austauschgeschäft statt nach dem Motto: Wählst Du meinen, wähl ich Deinen, wobei die „großen" den „kleinen" Parteien via Absprache oft ein Vorschlagsrecht einräumen – ausgenommen waren nach ihrer Gründung zunächst die Grünen und ist bisher die LINKE.

Das BVerfG entscheidet in Verfahren, in dem ihm vom GG die Zuständigkeit zugewiesen wurde. Das geschieht vor allem durch Art. 93 sowie durch Art. 100. Die Zuständigkeit nach Art. 93 lässt sich unterteilen in Streitigkeiten um Kompetenzen der einzelnen Verfassungsorgane und über die Einhaltung der Grundrechte. In der Mehrzahl der Fälle werden beide Streitigkeiten um die Geltung eines Bundesgesetzes geführt.

Beispiele: War für die Geltung des Gesetzes eine Zustimmung des Bundesrates erforderlich? Oder: Ist das Gesetz mit Art. 2 II vereinbar?

Das BVerfG erklärt ein Gesetz als mit dem Grundgesetz vereinbar oder unvereinbar oder für **nichtig** (§ 31 BVerfGG). Nach dieser Vorschrift haben die Entscheidungen des BVerfG (d. h. der Tenor, nicht die Begründung) über die Geltung von Gesetzen **Gesetzeskraft**, was durch Art. 94 II gerechtfertigt ist, nach dem ein einfaches Gesetz bestimmen kann, in welchen Fällen die Entscheidungen des BVerfG Gesetzeskraft haben können.

Die Möglichkeit, ein demokratisch beschlossene Gesetz durch ein Verfassungsgericht aufheben zu lassen ist keineswegs ein Selbstverständlichkeit und demokratietheoretisch problematisch. Die umfassende Kontrolle des Gesetzgebers auf verfassungskonformes Handeln durch ein Verfassungsgericht folgt dem us-amerikanischen Modell des **Supreme Courts**. Die **Weimarer Verfassung** kannte keine Verfassungsbeschwerde, sah zwar einen Staatsgerichtshof vor (Art. 108), dessen Kompetenzen aber durch einfaches Gesetz (Gesetz über den Staatsgerichtshof vom 9. Juli 1921 RGBl. S. 905) geregelt werden sollten. Der **Staatsgerichtshof** war danach darauf beschränkt, in staatsorganisationsrechtlichen Streitigkeiten zu entscheiden. Die konservative Staatsrechtslehre stritt in der Republik gegen den erbitterten Widerstand demokratischer Staatsrechtler um das Recht aller Gerichte, Gesetze wegen Verstoßes gegen die Grundrechte nicht anzuwenden oder für nichtig zu erklären. Die französische Verfassung kannte bis 1958 kein Verfassungsgericht, den **Conseil constitutionnel**. Als dieses eingerichtet wurde, war es zunächst im wesentlichen auf die Abgrenzung der Kompetenzen von Exekutive und Legislative bei der Normsetzung beschränkt. Seine Kompetenzen erweiterte das Gericht 1971 gleichsam selbst, indem es die Erklärung der Menschenrechte von 1789 zum Bestandteil der Verfassung erklärte, was dazu führte, das auch die Klagemöglichkeiten gesetzlich ausgeweitet wurden.

Für die **Demokratie** ist ein Verfassungsgericht zumindest ein theoretisches Problem, weil ein allenfalls abgeleitet legitimierter Spruchkörper (durch die Wahlausschüsse) Entscheidungen der direkt gewählten Legislative anhand doch sehr unbestimmter Verfassungsnormen verwerfen kann. Eine gute Rechtsprechung des BVerfG beachtet deshalb das Gebot der **Zurückhaltung gegenüber dem Gesetzgeber** und verzichtet auf Entscheidungen contra legem (anders: Zivildienstentscheidung – E 48, 127 /159) oder darauf, dem Gesetzgeber detailliert vorzuschreiben, was und wie das Gesetz regeln muss (anders: Schwangerschaftsabbruch II – E 88, 203 /251). Vorrang vor der Nichtigkeitserklärung hat die **verfassungskonforme Auslegung** eines Gesetzes, bei der eine Gesetzesvorschrift bis zur Grenze des Wortlautes so interpretiert wird, dass sie mit den Vorschriften des GG vereinbar ist.

Das BVerfG kann ausnahmsweise für die Auslegung von Landesverfassungsrecht zuständig sein, nämlich wenn ihm dies durch Landesrecht zugewiesen wird (Art. 99), etwa weil das Land kein eigenes Verfassungsgericht hat wie z. B. Schleswig-Holstein bis 2008.

II. Verfahren vor dem Bundesverfassungsgericht

Auf den ersten Blick existieren eine Reihe von Verfahren mit unterschiedlichen Beteiligten vor dem Bundesverfassungsgericht. Im Rahmen von Klausuren und Hausarbeiten soll in der Regel nicht nur überprüft werden, ob ein Gesetz verfassungskonform ist, oder ob ein Organ verfassungsgemäß gehandelt hat, sondern eben auch, ob dieses in einen Verfahren vor dem Bundesverfassungsgericht festgestellt werden kann. Jedoch lässt sich die Zulässigkeit gerichtlicher Verfahren in einer Klausur bzw. in einem konkreten Fall herleiten, ohne dass jedes Verfahrensschema auswendig gelernt werden muss, wenn beachtet wird, dass es Gemeinsamkeiten gibt. In der Klausur liegen Fehler oft darin, nicht genau herauszuarbeiten, wer das gerichtliche Verfahren betreibt bzw. Beteiligter ist (Beteiligtenfähigkeit) und wogegen gerichtlich vorgegangen wird (Beschwerdegenstand). Außerdem muss herausgearbeitet werden, was vorgetragen werden muss, damit eine Berechtigung besteht, mit dem Verfahren vor das Bundesverfassungsgericht zu ziehen. Hier muss entweder vorgetragen werden in eigenen Rechten verletzt worden zu sein (Antragsbefugnis/Beschwerdebefugnis); geht es nicht um eigene Rechtsverletzungen, sondern um das Ziel Recht und Gesetz objektiv zu überprüfen, müssen zum Beispiel aber auch Zweifel an der Gültigkeit des Rechts geltend gemacht werden.

Es kann generell zwischen **kontradiktorischen Verfahren** und **objektiven Überprüfungsverfahren** unterschieden werden.

In kontradiktorischen Verfahren gibt es immer zwei Beteiligte, die um ihre Rechte und Pflichten untereinander streiten. Es geht also immer um einen Interessenkonflikt, z. B. zwischen dem Parlament und der Regierung, oder zwischen dem Bund und den bzw. einzelnen Bundesländern. Im Rahmen der Beteiligtenfähigkeit gibt es somit auch immer zwei Beteiligte zu prüfen, Antragssteller und Antragsgegner. Kontradiktorische Verfahren sind insbesondere das „Organstreitverfahren" und der „Bund-Länder-Streit".

Die objektiven Überprüfungsverfahren überprüfen Rechtsnormen. Es kann unterschieden werden zwischen der **abstrakten Normenkontrolle** und der **konkreten Normenkontrolle**. Die konkrete Normenkontrolle wird deshalb auch gelegentlich „Richtervorlage" genannt.

Im Grunde sind immer ähnliche Prüfungspunkte vorzunehmen. Ein allgemeines Schema sieht wie folgt aus:

Zulässigkeit von Verfahren vor dem Bundesverfassungsgericht – Übersicht

I. Zuständigkeit (Verfahrensart / Rechtswegeröffnung)
Z. B. Art. 93, 100 (vgl. § 13 BVerfGG) – Hier geht es darum, dass das Bundesverfassungsgericht nur tätig wird, wenn es für das Verfahren eine Regelung gibt, die das Bundesverfassungsgericht für zuständig erklärt. In § 13 BVerfGG finden sich alle Verfahren genannt.

II. Antragsberechtigung (Beteiligtenfähigkeit)
Hierbei geht es um folgende Fragestellung: Wer kann in einem Verfahren vor dem Bundesverfassungsgericht Beteiligter sein? Dies können grds. Bürger als natürliche Personen sein, juristische Personen oder Staatsorgane. Beteiligt sein kann man sowohl als Antragssteller als ggf. auch als Antragsgegner, wenn ein kontradiktorisches Verfahren vorliegt.

1. Antragssteller
Hier existieren insbesondere folgende Regelungen im Bundesverfassungsgerichtsgesetz zur Beteiligtenfähigkeit: Für den Organstreit existiert eine Regelung in § 63 BVerfGG. Für den Bund-Länder-Streit gibt es § 68 BVerfGG, der vorgibt, dass für den Bund die Bundesregierung, für ein Land die Landesregierung beteiligtenfähig sind. Die Beteiligtenfähigkeit bei einer abstrakten Normenkontrolle ergibt sich aus § 76 I bzw. II BVerfGG.

2. Antragsgegner
Wenn ein kontradiktorisches Verfahren vorliegt, muss auch die Beteiligtenfähigkeit eines Antragsgegners geprüft werden. Hierbei geht es darum, ob der Antragssteller seinen Antrag gegen jemanden richtet, der in einem Verfahren vor dem Bundesver-

fassungsgericht Beteiligter sein kann. Bsp.: Darf der Bundestag in einem Organstreit gegen den Bundespräsidenten vorgehen? Dann müsste der Bundespräsident ein tauglicher Antragsgegner sein. Dies ergibt sich vorliegend aus § 63 BVerfGG.

III. Antragsgegenstand

Bei der Prüfung des Antragsgegenstandes geht es darum, womit sich das Bundesverfassungsgericht beschäftigen soll. Es kann Gesetze überprüfen (konkrete/abstrakte Normenkontrolle) oder die konkreten Handlungen einzelner Verfassungsorgane (Hauptfall: Organstreit). Im Rahmen der Verfassungsbeschwerde (siehe hierzu Lehrbuch Grundrechte) können insbesondere auch Gerichtsurteile überprüft werden. Es ist wichtig, den Antragsgegenstand richtig zu benennen, da dieser Auswirkungen auf die weitere Prüfung hat.

Hier existieren insbesondere folgende Regelungen im Bundesverfassungsgerichtsgesetz zum Antragsgegenstand: Für den Organstreit existiert § 64 I BVerfGG. Es bedarf daher einer „Maßnahme oder Unterlassung“. Im Rahmen des Bund-Länder-Streits verweist § 69 auf 64 I BVerfGG. Gegenstand der abstrakte Normenkontrollen nach § 76 I bzw. II BVerfGG ist Bundes- oder Landesrecht.

IV. Antragsbefugnis / Antragsgrund

Je nach Verfahren werden zum Teil unterschiedliche Begriffe benutzt (Antragsgrund, Antragsbefugnis/Statthaftigkeit/Klarstellungsinteresse). Gemeint ist im Kern damit: Warum darf der Antragssteller eigentlich die Sache vor das Bundesverfassungsgericht bringen? Nach deutschem Rechtsverständnis muss eigentlich immer eine mögliche Verletzung eigener Rechte vorliegen, dies wird als „Antragsbefugnis“ bezeichnet.

Beispiel: Der Bundespräsident verweigert die Ausfertigung eines vom Bundestag beschlossenen Gesetzes. Es tritt folglich nicht in Kraft. Diese Handlung bzw. dieses Unterlassen (= Beschwerdegegenstand im Sinne von § 64 BVerfGG) will der Bundestag im Rahmen eines Organstreitverfahrens überprüft wissen. Hierfür müsste der Bundestag antragsbefugt sein. Nach § 64 Abs. 1 BVerfGG ist der Antragsteller antragsbefugt, wenn er geltend macht, durch die Maßnahme des Antragsgegners in seinen verfassungsmäßigen Rechten verletzt oder unmittelbar gefährdet zu sein. Die behauptete Rechtsverletzung danach muss zumindest möglich sein (sog. Möglichkeitsformel – folgt aus dem Wortlaut „geltend machen“). Der Bundestag hat nach Art. 77 Abs. 1 Satz 1 das Recht, die Bundesgesetze zu beschließen. Dieses Recht würde leer laufen, wenn der Bundespräsident rechtswidrig die Ausfertigung verweigern könnte und beschlossene Gesetze damit nie in Kraft treten würden. Es besteht folglich zumindest die Möglichkeit, dass die vom Bundestag geltend gemachte Rechtsverletzung tatsächlich gegeben ist. Er ist folglich antragsbefugt.

Eine Verletzung eigener Rechte ist aber bei den objektiven Überprüfungsverfahren (abstrakte/konkrete Normenkontrolle) nicht notwendig – deshalb werden sie eben gerade als objektive Verfahren bezeichnet. Aber auch hier muss der Antragsteller dennoch einen Grund vorweisen, um seine Sache vor das Gericht bringen zu können. Nur die strengere Anforderung, in einem eigenen Recht möglicherweise verletzt worden zu sein, besteht nicht. Art. 93 I Nr. 2 fordert für die abstrakte Normenkontrolle „Meinungsverschiedenheiten oder Zweifel" über die Verfassungsmäßigkeit eines Gesetzes. Es muss also geprüft werden, ob diese Meinungsverschiedenheiten oder Zweifel vorliegen.

Die Antragsbefugnis für den Organstreit ergibt sich aus § 64 I BVerfGG. Im Rahmen des Bund-Länder-Streits verweist § 69 auf 64 I BVerfGG. Danach ist der Antrag nur zulässig, wenn der Antragsteller geltend macht, daß er oder das Organ, dem er angehört, durch eine Maßnahme oder Unterlassung des Antragsgegners in seinen ihm durch das Grundgesetz übertragenen Rechten und Pflichten verletzt oder unmittelbar gefährdet ist. Die abstrakte Normenkontrolle fordert daher wie geschrieben keine Antragsbefugnis. Art. 93 I Nr. 2 GG fordert „Meinungsverschiedenheiten oder Zweifel", § 76 I Nr. 1 fordert ein „für nichtig" halten. Diese Anforderung ist strenger. Es ist aber verfassungskonform vom geringeren Erfordernis der Zweifel auszugehen.

V. Form/Frist

Auf Form und Frist ist in der gebotenen Kürze einzugehen. Die Form ergibt sich immer aus § 23 I BVerfGG. Die Fristen sind wie folgt geregelt: Organstreit: § 64 II BVerfGG; Bund-Länder-Streit: §§ 69, 64 II BVerfGG; konkrete Normenkontrolle: § 80 II BVerfGG.

Übersicht über die einzelnen Verfahren

Im Folgenden sollen nur die wichtigsten Verfahren erläutert werden und deren Schemata dargestellt werden. Dies bedeutet, dass einige Verfahren nicht näher erläutert werden, wie etwa die speziellen Verfahren Präsidentenanklage, die Wahlprüfungsbeschwerde und das Parteienverbotsverfahren. Diese 3 Verfahren sollen hier nur kurz erwähnt werden. Die Individualverfassungsbeschwerde und die Kommunalverfassungsbeschwerde sollen ebenfalls nicht näher erläutert werden.

Für eine „Präsidentenanklage" nach Art. 61 Abs. 1 Satz 1 ist, gemäß dem Wortlaut, der erforderliche Vorsatz einer Verletzung des Grundgesetzes oder eines anderen Bundesgesetzes nachzuweisen. Der Präsident muss also willentlich und wider besseren Wissens Gesetze gebrochen haben. Dies wird in den meisten Fällen von Handlungen des Bundespräsidenten nicht vorliegen, da er selbst wohl immer von der Rechtmäßigkeit seines Handelns ausgehen wird. Außerdem hat die Präsidentenanklage ggf. die Amtsenthebung zum Ziel, bisher war es jedoch politisch nie gewollt, den Bundespräsidenten durch eine Anklage aus dem Amt entheben zu lassen. Es hat folglich in der Geschichte noch nie eine Präsidentenanklage vor dem Bundesverfassungsgericht gegeben.

Bei der Wahlprüfungsbeschwerde geht es um die Überprüfung der Wahl des Deutschen Bundestages. Die Wahlprüfung ist in Art. 41 geregelt. Im Grundsatz obliegt sie dem Bundestag, Art. 41 Abs. 2. Entsprechend Art. 41 Abs. 3 ist das Wahlprüfungsgesetz ergangen. Dass heißt, der Bundestag überprüft zunächst selbst, ob er sich für rechtmäßig gewählt hält. Eine Entscheidung des Bundestages im Rahmen der Wahlprüfung kann dann aber vor dem Bundesverfassungsgericht überprüft werden durch die sog. Wahlprüfungsbeschwerde. Die Zuständigkeit des BVerfG ergibt sich aus Art. 93 Abs. 1 Nr. 5 i. V. m. Art. 41 Abs. 1 S. 1, Abs. 2. Weitere Ausführungsbestimmungen enthalten §§ 13 Nr. 3, 48 BVerfGG. Damit das Wahlprüfungsverfahren vor dem Bundesverfassungsgericht zulässig ist, muss zunächst ein Einspruch gegen die Wahl nach § 2 des Wahlprüfungsgesetzes erfolgen, diesen muss der Bundestag ablehnen. Dann erst kommt die Wahlprüfungsbeschwerde in Betracht. Die Beteiligtenfähigkeit der Antragssteller einer Wahlprüfungsbeschwerde richtet sich nach § 48 BverfGG. Der Antrag selbst ist begründet, wenn das Wahlergebnis und die Mandatsverteilung rechtswidrig sind.

Das Parteienverbotsverfahren existiert, um verfassungsfeindliche Parteien verbieten zu können. Dies darf nur das Bundesverfassungsgericht, es hat für Parteien ein „Verbotsmonopol“. Es existieren zwei Verbotsentscheidungen: In den 50er Jahren wurden die rechtsextreme Sozialistische Reichspartei (SRP) und die Kommunistische Partei Deutschlands (KPD) verboten. Während erstere klar verfassungsfeindlich war, gilt das Urteil zum KPD-Verbot heute als juristisch zu „dünn“ und würde so wohl nicht mehr ergehen. Die Verfassungsfeindlichkeit der KPD war weit weniger gegeben als die Verfassungsfeindlichkeit der SRP.

Prüfungsschema Abstrakte Normenkontrolle

Die abstrakte Normenkontrolle dient dazu, ein Gesetz auf seine Verfassungsmäßigkeit zu überprüfen. Dies kann aber nicht durch einen einzelnen Bürger geschehen. Vielmehr bedarf es als Antragssteller nach Art. 93 Abs. 1 Nr. 2 die Bundesregierung, eine Landesregierung oder ein Viertel der Mitglieder des Bundestages. Die abstrakte Normenkontrolle ist also ein klassisches Verfahren, mit dem die parlamentarische Opposition Gesetze überprüfen lassen kann. Sie kann dieses tun durch ihr nahestehende Landesregierungen oder wenn sie mit einem Viertel der Mitglieder des Bundestages vor das Bundesverfassungsgericht zieht. Folgendes Prüfungsschema kann genutzt werden:

A. Zulässigkeit

I. Zuständigkeit

Die Zuständigkeit ergibt sich aus Art. 93 I Nr. 2, §§ 13 Nr. 6 BVerfGG.

II. Beteiligtenfähigkeit / Antragsberechtigung

Die Beteiligtenfähigkeit richtet sich nach Art. 93 Abs. 1 Nr. 2 und § 76 BVerfGG. Die Bundesregierung, eine Landesregierung oder ein Viertel der Mitglieder des Bundestages sind danach beteiligtenfähig. Dort werden Fraktionen nicht genannt, da die Aufzählung in § 76 BverfGG bzw. in Art. 93 I Nr. 2 abschließend ist. Folglich sind Fraktionen nicht antragsberechtigt. Die einzelnen Abgeordneten der Fraktion sind jedoch antragsberechtigt, wenn ihre Zahl mindestens einem Viertel der Mitglieder des Bundestages entspricht. Fraglich ist, wie viele Abgeordnete einem Viertel der Mitglieder des Bundestages entsprechen. Die Mitglieder werden nach Art. 38 Abs. 3 auf Grundlage des erlassenen Bundeswahlgesetzes gewählt. Nach § 1 Abs. 1 Satz 1 BWahlG hat der Bundestag mindestens 598 Abgeordnete. Es kommen aber auf Grund des Wahlsystems noch ggf. Überhangmandate hinzu. Hat der Bundestag also beispielsweise 622 Abgeordnete, ist zu fragen, wie viel ¼ von 622 ist. Dies wären mindestens 156 Abgeordnete. Die Abgeordneten einer Fraktion wären somit als Abgeordnete gemeinsam beteiligtenfähig, wenn sich mindestens 156 von ihnen zusammenschließen. Bei der abstrakten Normenkontrolle handelt es sich um kein kontradiktorisches Verfahren. Ein Antragsgegner ist daher nicht zu prüfen.

III. Prüfungsgegenstand

Es müsste ein tauglichen Prüfungsgegenstand vorliegen. Dies richtet sich nach Art. 93 I Nr. 2 und § 76 Abs. 1 Nr. 1 BVerfGG. Hiernach kann die Vereinbarkeit von Bundesrecht mit dem Grundgesetz überprüft werden. Jedes Bundesgesetz ist folglich ein tauglicher Prüfungsgegenstand.

IV. Zweifel hinsichtlich der Vereinbarkeit / Klarstellungsinteresse

Die Antragsteller müssten ausführen, inwieweit sie den Prüfungsgegenstand für verfassungswidrig halten. Fraglich ist, welcher Maßstab hieran anzulegen ist. Grundgesetz und Bundesverfassungsgericht legen hier unterschiedliche Anforderungen in Art. 93 Abs. 1 Nr. 2 und § 76 Nr. 1 BverfGG fest. In Art. 93 Abs. 1 Nr. 2 genügen bloße „Zweifel", § 76 Nr. 1 BVerfGG fordert hingegen, dass der Antragssteller das Gesetz „für nichtig hält". Die Verfassung steht jedoch in der Normenhierarchie vor dem einfachen Gesetz. Es genügen daher jedenfalls Zweifel, wie es in Art. 93 Abs. 1 Nr. 2 formuliert ist. Wenn der Antragssteller Zweifel hat, ist dieses folglich ausreichend. In manchen Schemata wird noch geprüft, ob ein „Klarstellungsinteresse" besteht, dies wird jedoch in den meisten Fällen durch die vorgetragenen Zweifel bestehen und muss daher allenfalls geprüft werden, wenn hier wirklich Bedenken bestehen.

V. Form /Frist
Nach § 23 I BVerfGG bedarf es eines schriftlichen Antrags mit Begründung. Eine Fristenregelung existiert nicht.

B. Begründetheit
Die abstrakte Normenkontrolle ist begründet, wenn das angegriffene Gesetz nicht im Einklang mit Vorschriften des Grundgesetzes steht.

I. formelle Verfassungsmäßigkeit
Hier sind insbesondere Zuständigkeit, Verfahren und Form zu überprüfen. Die Zuständigkeit ergibt sich aus den Art. 70 ff. Das Verfahren aus den Art. 76 ff., wobei hier noch einmal zwischen Einleitungsverfahren und Hauptverfahren unterschieden werden kann. Die Form ergibt sich aus Art. 82.

1. Zuständigkeit
2. Verfahren
3. Form

II. Materielle Verfassungsmäßigkeit
Zu überprüfen ist, ob das Gesetz in Einklang mit den Grundrechten steht oder gegen Grundsätze der Verfassung verstößt, z. B. aus Art. 20 Abs. 1.

Prüfungsschema Konkrete Normenkontrolle

Die konkrete Normenkontrolle ist in Art. 100 geregelt. Hierbei geht es darum, dass ein Gericht Bedenken hat, ein Gesetz anzuwenden, weil es dieses für möglicherweise verfassungswidrig hält. Es kann dann dem Bundesverfassungsgericht die Sache zur Entscheidung vorlegen. Es liegt also ein konkreter Rechtsstreit vor, innerhalb dessen gesetzliche Grundlagen für die konkrete Entscheidung verfassungsrechtlich überprüft werden. Dies muss auch im Prüfungsschema deutlich werden. Die Begrifflichkeiten sind daher anders. Nicht ein Bürger oder ein Verfassungsorgan regen als Beteiligter die konkrete Normenkontrolle an, sondern ein Gericht legt vor. Statt von Beteiligtenfähigkeit ist folglich von Vorlageberechtigung die Rede. Statt von Antragsgegenstand ist folgerichtig vom „Vorlagegenstand“ zu sprechen. Das vorliegende Gericht kann nicht selbst in eigenen Rechten verletzt sein, es ist folglich nicht von der Beschwerdebefugnis die Rede, sondern vom „Vorlagegrund“.

Beispiel: Das Amtsgericht in B hat über die Strafbarkeit eines Angeklagten zu entscheiden. Richter R hält die anzuwendende Strafvorschrift aber für verfassungsrechtlich bedenklich, sie sei zu ungenau geschrieben und verstoße deshalb gegen das verfassungsrechtliche Bestimmtheitsgebot für Strafgesetze, zudem sei die Strafvorschrift schon unverhältnismäßig, weil sie zuwenig Spielraum beim Mindestmaß der Strafe lasse. Kann Richter R die Strafvorschrift vom Bundesverfassungsgericht überprüfen lassen? R will nur die Verfassungsmäßigkeit des Gesetzes überprüft wissen. Nach Art. 100 ist das Verfahren auszusetzen, wenn ein Gericht ein Gesetz, auf dessen Gültigkeit es bei der Entscheidung ankommt, für verfassungswidrig hält. Wenn es sich um eine Verletzung des Grundgesetzes handelt, ist nach dieser Vorschrift die Entscheidung des Bundesverfassungsgerichtes einzuholen. Beim Amtsgericht müsste es sich daher um ein Gericht im Sinne von Art. 100 handeln. Ob noch ein Rechtsweg in höheren Instanzen möglich ist, ist irrelevant, es kommt also nicht darauf an, ob eine Entscheidung des Amtsgerichtes noch vom Landgericht, Oberlandesgericht oder Bundesgerichtshof überprüfbar wäre. Folglich kann Richter R dem Verfassungsgericht die Sache vorlegen und eine Entscheidung über die Anwendbarkeit der Strafvorschrift einholen. Er muss allerdings genau darlegen, warum er die Rechtsvorschriften für verfassungswidrig hält.

A. Zulässigkeit

I. Zuständigkeit
Das Bundesverfassungsgericht ist nach Art. 100 Abs. 1, § 80 Abs. 1 BVerfGG zuständig.

II. Vorlageberechtigung
Vorlageberechtigt ist nach Art. 100 Abs. 1 „ein Gericht“. Hierunter fallen alle Gerichte, es kommt nicht darauf an, welche Instanz vorlegt. Es kann also auch die erste Instanz vorlegen (Amtsgericht, Verwaltungsgericht, Finanzgericht, Arbeitsgericht, Sozialgericht, Finanzgericht).

III. Vorlagegegenstand
Vorlagegegenstand ist nach Art. 100 ein Gesetz, auf dessen Gültigkeit es bei der Entscheidung ankommt, bzw. auf dessen Anwendbarkeit es in dem Rechtsstreit des vorlegenden Gerichtes ankäme. Es muss sich um ein formelles Parlamentsgesetz handeln.

IV. Vorlagegrund
Nach Art. 100 muss das vorlegende Gericht das zu überprüfende Gesetz für verfassungswidrig halten und es muss für eine Entscheidung auf die Anwendbarkeit ankommen. Es muss folglich davon überzeugt sein, dass das Gesetz verfassungswidrig ist, und dieses muss für den Rechtsstreit erheblich sein.

V. Formerfordernisse
Zu beachten sind § 23 BverfGG sowie § 80 Abs. 2 BVerfGG. Das vorlegende Gericht muss nach letzterer Vorschrift insbesondere begründen, warum es die Rechtsvorschrift im Rechtsstreit für erheblich hält und warum die Vorschrift mit dem Grundgesetz unvereinbar ist.

B. Begründetheit

Die Begründetheit ist nicht anders zu prüfen als bei der abstrakten Normenkontrolle. Auch die konkrete Normenkontrolle ist begründet, wenn das angegriffene Gesetz nicht im Einklang mit Vorschriften des Grundgesetzes steht.

I. formelle Verfassungsmäßigkeit
Hier sind insbesondere Zuständigkeit, Verfahren und Form zu überprüfen. Die Zuständigkeit ergibt sich aus den Art. 70 ff. Das Verfahren aus den Art. 76 ff., wobei hier noch einmal zwischen Einleitungsverfahren und Hauptverfahren unterschieden werden kann. Die Form ergibt sich aus Art. 82.

1. Zuständigkeit
2. Verfahren
3. Form

II. Materielle Verfassungsmäßigkeit
Zu überprüfen ist, ob das Gesetz in Einklang mit den Grundrechten steht oder gegen Grundsätze der Verfassung verstößt, z. B. aus Art. 20 Abs. 1.

Prüfungsschema Organstreit

Beim Organstreit handelt es sich um ein kontradiktorisches Verfahren, ein Beteiligter richtet sich gegen das Handeln oder Unterlassen eines anderen Beteiligten.

A. Zulässigkeit

I. Zuständigkeit
Das Bundesverfassungsgericht ist für die Entscheidung über den gestellten Antrag nach Art. 93 I Nr. 1, § 13 Nr. 5 BVerfGG zuständig.

II. Beteiligtenfähigkeit

1. Antragssteller
Gemäß § 63 BVerfGG sind in einem Organstreitverfahren vor dem Bundesverfassungsgericht die dort genannten Bundesorgane parteifähig, ebenso deren Teile, wenn diese im Grundgesetz oder in den Geschäftsordnungen von Bundestag oder Bundesrat mit eigenen Rechten ausgestattet sind.

2. Antragsgegner
Weiterhin müsste der Antrag sich gegen einen in § 63 BVerfGG genannten Antragsgegner richten. Dies sollte nicht vergessen werden, der Organstreit ist der häufigste Fall eines kontradiktorischen Verfahrens.

III. Antragsgegenstand

Es muss ein geeigneter Antragsgegenstand vorliegen. Nach Art. 93 I Nr. 1 ist Voraussetzung hierfür ein Streit über Rechte und Pflichten aus dem Grundgesetz. Dies wird in § 64 I BVerfGG konkretisiert, indem die Anträge sich gegen eine Maßnahme oder Unterlassung des Antragsgegners richten müssen.

Beispiel: Der Bundespräsident entscheidet auf Grundlage von Art. 68 vorzeitig den Bundestag aufzulösen, nachdem eine Vertrauensfrage des Kanzlers keine Mehrheit gefunden hat, und der Bundeskanzler den Bundespräsidenten um entsprechende Entscheidung gebeten hat. Die Entscheidung über die Auflösung stellt als Handeln eine Maßnahme dar, ein Antragsgegenstand gemäß § 64 I BVerfGG ist folglich gegeben (nach BVerfGE 114, 121).

Als Maßnahme, die als Antragsgegenstand in Betracht kommt, kann in bestimmten Fällen auch ein Gesetz in Betracht kommen. Das Bundesverfassungsgericht hat ausdrücklich ausgeführt, Maßnahme im Sinne des § 64 Abs. 1 BVerfGG könne nicht nur ein punktueller Einzelakt, sondern auch der Erlass eines Gesetzes sein (BVerfGE 118, 277).

IV. Antragsbefugnis

Nach § 64 I BVerfGG ist der Antragsteller antragsbefugt, wenn er geltend macht, durch die Maßnahme des Antragsgegners in seinen verfassungsmäßigen Rechten verletzt oder unmittelbar gefährdet zu sein. Die behauptete Rechtsverletzung oder -gefährdung muss daher nach dem Vorbringen des Antragstellers zumindest als möglich erscheinen.

Beispiel: Der Bundestag gibt sich selbst Verhaltensregeln in einem Abgeordnetengesetz. Hiernach müssen die Abgeordneten über Nebentätigkeiten Auskunft geben und auch ihre daraus resultierenden Einkünfte offen legen (nach BVerfGE 118, 277). Dies stört verschiedene Abgeordnete, die im Wege des Organstreits dagegen vorgehen. Unter anderem führen sie aus, Abgeordneten müsse auch während der Wahrnehmung des Mandats die Ausübung ihres Berufs gestattet bleiben, damit sie nach dem Ausscheiden aus dem Deutschen Bundestag ohne Probleme in diesen zurückkehren könnten. Müsse man über die Einkünfte Auskunft geben, schrecke diese aber möglicherweise ab Tätigkeiten an zunehmen. Dies verstoße gegen den Grundsatz des freien Mandats und gegen Art. 48 Abs. 2 GG, wonach niemand gehindert werden dürfe, das Amt eines Abgeordneten zu übernehmen und auszuüben. Die entsprechenden Regelungen des Abgeordnetengesetzes über die Auskunftspflichten werden wegen ihrer daraus resultierenden Pflichten als Antragsgegenstand angegangen. Die Abgeordneten müssten hierzu antragsbefugt sein. Ihr Antrag ist nach § 64 Abs. 1 BVerfGG zulässig, „wenn nicht von vornherein ausgeschlossen werden kann, dass der Antragsgegner Rechte des Antragstellers, die aus einem verfassungsrechtlichen Rechtsverhältnis zwischen den Beteiligten erwachsen, durch die beanstandete rechtserhebliche Maßnahme verletzt oder unmittelbar gefährdet hat". (BVerfGE 118, 277). Die Abgeordneten können eine Verletzung ihres Abgeordnetenstatus (Art. 38 Abs. 1 Satz 2 und Art. 48 Abs. 2 GG) Regelungen geltend machen. Es erscheint nicht ausgeschlossen, dass die Auskunftspflichten die Ausübung des freien Mandats beeinträchtigen, das in Art. 38 I Satz 2 verfassungsrechtlich garantiert wird, den Abgeordneten werden im Rahmen ihres Mandats schließlich Pflichten auferlegt. Sie sind folglich antragsbefugt.

V. Frist und Form

Schließlich müssen die Anträge auch frist- und formgerecht gestellt worden sein. Anträge im Organstreitverfahren sind binnen sechs Monaten ab dem Zeitpunkt zu stellen, in dem die beanstandete Maßnahme des Antragsgegners dem Antragsteller bekannt geworden ist, dies ergibt sich aus § 64 III BVerfGG. Die Form richtet sich nach §§ 23 S. 1, 64 II BVerfGG.

B. Begründetheit

Der Organstreit ist begründet, wenn das Handeln/Unterlassen verfassungswidrig war und den Antragssteller in seinen verfassungsmäßigen Rechten verletzt.

Die Prüfung kann unterschiedlich erfolgen. Es kann entweder gefragt werden, in welchem Recht der Antragssteller verletzt wird, dann kann geprüft werden, ob diese Verletzung gerechtfertigt ist. Dies ist fast vergleichbar mit einer Grundrechtsprüfung (Schutzbereich, Eingriff, Rechtfertigung).

Dann ergeben sich also folgende Prüfungspunkte:

I. Bestehen eines Rechts des Antragstellers

II. Eingriff

III. Rechtfertigung

Es kann aber auch anders geprüft werden: Existiert für das Handeln eine konkrete Vorschrift, die zum Handeln ermächtigt, kann geprüft werden, ob deren Voraussetzungen vorliegen und ob sie konkret verfassungsgemäß angewandt wurde.

Dann ergeben sich also folgende Prüfungspunkte:

I. Ermächtigungsgrundlage

II. Formelle Vorraussetzungen

III. materielle Vorraussetzungen

IV. Ergebnis unter Berücksichtigung der Rechte des Antragstellers

Prüfungsschema Bund-Länder-Streit

Der Bund-Länder-Streit ist vergleichbar mit dem Organstreit, allerdings streiten nicht Bundesorgane untereinander, sondern eben ein Bundesland oder mehrere

Bundesländer mit dem Bund. Geht es bei dem konkreten Streit um die Rechtmäßigkeit eines Gesetzes, kommt auch eine Normenkontrolle in Betracht. Es wäre also ein Fehler, nur weil ein Bundesland und der Bund beteiligt sind, lediglich an den Bund-Länder-Streit allein zu denken. Nicht näher thematisiert werden soll der sog. „Zwischenländerstreit“ – hier streiten Bundesländer untereinander, es handelt sich nach der Terminologie des Grundgesetzes nach Art. 93 Abs. 1 Nr. 4 um eine „andere öffentlich-rechtliche Streitigkeit“ zwischen verschiedenen Ländern.

Beispiel: Der Bund erlässt im ordnungsgemäßen Verfahren ein neues Gesetz. Das Land N ist hierüber verärgert. Es ist überzeugt, nur die Länder könnten solche Gesetze erlassen, die Gesetzgebungskompetenz läge bei ihnen. Die Landesregierung möchte in einem Verfahren klären lassen, ob der Bund das Gesetz erlassen durfte. Welche(s) Verfahren vor dem Bundesverfassungsgericht könnte die Landesregierung anstreben? Es kämen sowohl eine abstrakte Normenkontrolle als auch ein Bund-Länder-Streit in Betracht. „Angegriffen“ werden könnte somit entweder das Gesetz selbst oder der Bund, der das Gesetz erlassen hat. Sowohl Bund-Länder-Streit als auch die abstrakte Normenkontrolle sind zulässig. Fraglich ist jedoch, welches Verfahren zweckmäßiger ist. Nach § 69 i. V. m. 67 BVerfGG stellt das Bundesverfassungsgericht beim Bund-Länder-Streit nur den Verstoß der beanstandeten Maßnahme oder Unterlassung gegen eine Bestimmung des GG fest. Nach § 78 BverfGG wird bei der abstrakten Normenkontrolle grundsätzlich die Nichtigkeit der beanstandeten Norm festgestellt. Diese Rechtsfolge ist weitergehend. Folglich ist die abstrakte Normenkontrolle zweckmäßiger.

A. Zulässigkeit

I. Zuständigkeit

Gemäß Art. 93 Abs. 1 Nr. 3, §§ 13 Nr. 7, 68 ff. BVerfGG ist das Bundesverfassungsgericht zuständig.

II. Beteiligtenfähigkeit

1. Antragsteller

Antragsteller können die Bundesregierung für den Bund sowie eine Landesregierung für ein Land sein, dies ergibt sich aus § 68 BVerfGG. Die Landtage sind nach dem Wortlaut folglich nicht beteiligtenfähig. § 68 ist auch insoweit verfassungskonform, eine andere Auslegung von § 68 BVerfGG lässt sich verfassungsrechtlich nicht herleiten, auch wenn es um den Streit über Gesetzgebungskompetenzen geht (Bundesverfassungsgerichtsbeschluss vom vom 19. August 2011, 2 BvG 1/10).

2. Antragsgegner

Antragsgegner können die Bundesregierung für den Bund sowie eine Landesregierung für ein Land sein, § 68 BVerfGG.

IV. Streitgegenstand

Streitgegenstand sind nach Art. 93 Abs. 1 Nr. 3 „Meinungsverschiedenheiten" über Rechte und Pflichten des Bundes und der Länder. Die §§ 69, 64 Abs. 1 BVerfGG fordern Streit über eine konkrete, rechtserhebliche Maßnahme des Antragsgegners bzw. ein Unterlassen. Eine Maßnahme gilt als rechtserheblich, wenn sie geeignet ist, in den Rechtskreis eines der Beteiligten einzugreifen.

V. Antragsbefugnis

Der Antragsteller muss geltend machen, durch eine Maßnahme oder Unterlassung des Antragsgegners in eigenen, ihm durch das GG übertragenen Rechten und Pflichten verletzt oder unmittelbar gefährdet zu sein, § 69 i. V. m. § 64 Abs. 1 BVerfGG.

VI. Form und Frist

Die Form ergibt sich aus § 23 i. V. m. §§ 69, 64 Abs. 2 BVerfGG. Es gilt eine Frist von 6 Monaten nach Bekanntwerden der Maßnahme, § 69 i. V. m. § 64 Abs. 3 BVerfGG.

B. Begründetheit

Der Antrag ist begründet, wenn die Maßnahme oder Unterlassung des Antragsgegners den Antragsteller in seinen ihm durch das Grundgesetz verliehenen Rechten verletzt oder unmittelbar gefährdet, § 69 i. V. m. § 67 BVerfGG. Es kann also wiederum geprüft werden:

I. Bestehen eines Rechts des Antragstellers

II. Eingriff

III. Rechtfertigung

Stichwortverzeichnis